刘志侠 卢岚 著

梁宗岱文踪

Sur les pas de
Liang Tsong Tai

SPM 南方出版传媒 广东人民出版社

·广州·

图书在版编目（CIP）数据

梁宗岱文踪 / 刘志侠，卢岚著 . —广州：广东人民出版社，
2019.8
ISBN 978-7-218-13316-4

Ⅰ . ①梁… Ⅱ . ①刘… ②卢… Ⅲ . ①梁宗岱（1903—
1983）—人物研究 Ⅳ . ① K825.6

中国版本图书馆 CIP 数据核字（2019）第 000228 号

LIANGZONGDAI WENZONG
梁 宗 岱 文 踪

刘志侠 卢岚 著

出 版 人：肖风华

策划编辑：王俊辉
责任编辑：胡扬文 谢 尚
责任技编：周 杰 吴彦斌

出版发行：广东人民出版社
地 址：广州市海珠区新港西路 204 号 2 号楼（邮编：510300）
电 话：（020）85716809（总编室）
传 真：（020）85716872
网 址：http://www.gdpph.com
印 刷：广东鹏腾宇文化创新有限公司
开 本：889 毫米 ×1194 毫米 1/32
印 张：12 字 数：280 千
版 次：2019 年 8 月第 1 版 2019 年 8 月第 1 次印刷
定 价：68.00 元

如发现印装质量问题，影响阅读，请与出版社（020-85716826）联系调换。

1929 年，梁宗岱在阿尔卑斯山。

梁宗岱（1903—1983）是我国著名诗人、学者和翻译家。广东新会人，先后就读于广州培正中学和岭南大学。一九二四年远赴欧洲，就学瑞士日内瓦大学、法国索邦大学、德国柏林大学和海德堡大学。一九三二年开始，先后任教于北京大学、复旦大学、中山大学、广州外国语学院等知名学府。研究领域广及诗歌创作、中外文学翻译和文艺批评，在 20 世纪中外文化交流史和中国文学史上均有不容忽视的地位，并为我国西方语言文学教育和跨文化人才培养做出了卓越贡献。

目　　录

前言后记

其他

心灵长青

他来了，宗岱师。身穿一件翻领运动衫，一条短裤，手拿一本教科书，穿过校园，来给我们上课。五十五六岁的人了，可脚步十分坚稳、轻快，像个精神抖擞的年轻人。满溢红光的脸庞，总是开朗明快；笑起来样子像顽童，坦坦荡荡的，却带着一股睿智的风采。

每逢他来到一个场合，不管什么场合，人多或人少，大伙的注意力会马上被他吸引过去。连同周围的场景，教室里的桌子椅子，或校园的花草树木，仿佛都转身向着他，好凑个热闹。

他喜欢讲逗趣的话，又略带夸张。在场的人觉得好玩，都笑起来了，他也笑得爽朗，永远的爽朗。气氛一时轻松愉快起来了，大伙争着说话，也有人趁机跟他"抬杠"。

俏皮话说来往往一针见血，比如提及某人的一本著作，他竟肆无忌惮地说："这样的书也好印出来，简直是浪费纸张！"你知道他心直口快，但还是惊异于他的天真。

一旦涉及语言文学，无论教室内外，他显得既认真又执拗。同学、老师课前课后随便走在一起，谈谈身边发生的事情，有人用法文说："C'est incroyable（真不可相信）!"他马上纠正："Non，在这种情况下，应该用 inimaginable（不可思议）!"然后把这两个字的区别点滴不漏地解释一番。认真得很，且不留情面。对学生如是，对同事也如是。对同事怎好这样？他就是这样。谈起某位教师，他说："中文都说不好，还要来教外文，误人子弟!"不，他不是故意挑毛病，在这种关节上头，他的作家兼诗人的气质表露无遗，感性盖过了理性。

四年门下，四年同事，我有机会接触到宗岱师敏感、浪漫、长青的心灵。

1959 年，大学一年级，我和港澳生潘惠明同学在校园散步，走经他家门前，被他叫了进去。那时他住在中山大学外语系西区，一座两层的楼宇里，房子面积不大，间隔小巧玲珑。一走进客厅，被墙壁上两幅国画吸引了，我径直走过去，呆头呆脑看起来。冷不防他指着其中一幅，问我那画是什么意思，我想起陶渊明的淡远明静，随口回答："抚孤松而盘桓"。随后又指着另一幅，一个人，一片无涯空间，我想了想，说："宇宙一何悠"。他的眼睛一阵发亮，荡然自喜，直望着我微笑，若有所得。

梁宗岱在广州中山大学
（约 1960 年）
广东外语外贸大学
梁宗岱纪念室收藏

我感到他看的不是我的脸，而是看到我的脑瓜里头去，又似乎在我身上捕捉到一点什么。什么东西？我一点也不知道，只是隐约感到，它属于我个人所有。后来，我从旁得知宗岱师最爱陶潜诗，年青时代游学法国，出版过《陶潜诗选》法译本，得到巴黎文学界很高的评价。直到那时候我才明白，为什么他的客厅挂着这两张画，为什么我的回答触动了他的灵府。

有一回在课堂上讲解一篇文章，要大家在 transparent 这个字上头轮着译出中文，磨蹭了很久。大伙都译成"透明"或"明显"，他总觉得不够贴切，在课室里来回踱步，不肯就此带过，迫着大家找其他字眼。一个接着一个，轮到我，我说是否可译成"露骨"？这两个字一出口，他高兴极了，脸庞也显得明亮，他的高兴就这样特别，不是因为得到一个王国，而是学生找到一个适当字眼。按照他的习惯，平日对学生总是诸多批评，只有背面才会向旁人称赞几句。要是有人写出一段好文字，他宁可拿到别的班级去示范。但今回他例外地表示开心，得意洋洋了老半天。

他说过，他的感受不单靠感官，更多运用的是心灵。女学生的漂亮脸孔他既然喜欢，让他的心灵得到满足，他会更开心。他的开心真的很特别。一节课下来，如果讲台上下都配合得很好，进程顺利，课后会皆大欢喜，师生间谈笑风生。他把膀子伸出来，炫耀它怎样粗壮结实，说全是平日坚持运动，尤其打沙包、洗冷水浴的结果。又嘲笑我们这些后生不长进，手臂不及他的粗壮，力气不及他大，衣服也穿得太多。我们指着他的臂膀，闹着说："看呀，你的鸡皮疙瘩冒起来了！你的皮肤发紫了！"

轮到我们开心的时候，可是另外一回事。十多岁年纪上头，是怎样的一种德性，可以想象。用我们自己发明的下作话是"没有一个好屁放"。当着他面"老师""老师"叫得甜，背后却切切察察说这说那。他教晓我们 gaillard（大模大样）这个字，我们背后就叫他 gaillard；他教晓我们 délire de grandeur（自大狂），我们背后就说他 délire de grandeur，还扳着指头细算，他自认了多少个"第一"。连同下乡劳动挑重担"第一"在内，总共不亚十个八个。又说他，牙痛给你绿素酊，肚子痛给你绿素酊，扎伤了脚板还是给你绿素酊。其他老师我们都有一番编派，只是对他编派得格外起劲。

有些老师苦口婆心，要我们课前备课，但既然不备也可以混得过去，也就能省则省了。宗岱师的课，我们从来不敢混，还备得十分认真，宁可牺牲其他课程备课的时间。因为一旦有基本错误让他揪着，他会把你整治得下不了台，甚至当场哭鼻子。他骂我们"扶得东来西又倒""牵牛上树""水过鸭背"。今天他骂得凶，明天我们会认真些，只有他才能将我们整治得了。

教科书是一回事，老师的知识面、记忆力、生活经验、授课的方式方法又是另一回事。宗岱师从来不照本宣科，站到讲台上打开讲义，即随意抒放，开阖自如，你不知道讲义对他有什么用处。一节课下来，你恼恨他迫人太甚，以整治你为乐；也服气他的学究天人，却平易贴近，妙在你不知不觉一个小时的过去，下课铃声又响起来了。

有一回，课堂上有人提起制酒问题，他随手在黑板上画了一套简易图，中文、法文并用，详细解释了酿制过程。虽说临时发挥，同样得心应手，使我们分外惊奇，至今不曾忘记。他说："我却只是野狐禅，事事都爱涉猎，东鳞西爪……"事实上论知识面的宽广和深度，系里无人能出其右。至于他早年的作品，不管是诗论（"诗与真""诗与真二集"）或是诗歌、诗译，语言优美精深，经得起时间考验，在文坛上可谓独树一帜。从20世纪30年代的《中国新文学大系》，到90年代最新的中国现代诗选，几乎没有一个选本不选取宗岱师的诗或诗论的。

逢年过节，我们会到他家里走走。他爱热闹，显得特别开心，会随口给我们讲讲他的过去，比如与新文学时代的作家的交往，说自己跟朱光潜先生吵得最多。后来在他的作品中也看到："我们差不多没有一次见面不吵架……为字句，为文体，为象征主义……"

欧洲游学七年，是他最怀念最感珍贵的日子，不时向我们提及，点到即止，不多说。他说之所以没有取得法国大学文凭，是因为听从瓦莱里（Paul Valéry, 1871—1945）的忠告：重要的是文学实践，而不是汲汲于一纸文凭。每当提及他的恩师瓦莱里，为他的《陶潜诗选》法译本作序的大诗人，语气间就有浪迹欧洲的风日，有异国朋友的聚散离合，有对往事的有思有恋，却无长恨。后来，我们用了多年时间追踪《陶潜诗选》的法译本，终于追到了，这是一部为法国国家图书馆收藏在"珍本部"的书；我们也用了多年时间追踪《水仙辞》的中译，没能找到第一版，却知道它迷倒了许多读者。宗岱师不止一次给我们背诵维永（F. Villon）的诗句："Où est la neige d'antan?"（去年白雪今安在?）你听过以后，就以一辈子时间去破译。他也曾把法国一位知名画家为他画的速写像给我们看，这张画像当时挂在书房的墙壁上，后来是不知所终了。

他和《约翰·克利斯朵夫》的作者罗曼·罗兰（Romain Rolland, 1866—1944）的交情，也是他的经常话题。离欧回国前夕，他到莱蒙湖边，向罗曼·罗兰告别，这是他们的第二次见面，也是最后一次。那天的天气，每一个细节，每一句对话都珍藏在他脑子里。那天刚好是九月十八日，日军入侵东北。得到消息之前，他好像预感到国家的灾难，在罗曼·罗兰跟前一时涕泪滂沱。最后优雅地告别，带着一种精神离去。他珍藏着罗曼·罗兰以及梵乐希给他的十来封信，我们都有机会看过。这些保存了数十年的宝贵文物，"文革"中都被当做"四旧"，付诸一炬。

他走了，宗岱师，那是上完两节课以后。永远的翻领运动衫，一条及膝短裤。拍拍手上的粉笔灰，手拿讲义，一路与学生交谈着离开教学大楼。他步伐坚稳，沿着校园的林荫道走回家。同样的情景重复过千回后，最后在路的另一端消失，永远不再回来。作为一个教师，想来理所应当是这样走完他的人生道路。可惜的是，现实并非这样。

甘少苏女士在她生命最后的日子里，奋力写成《宗岱与我》这部传记（重庆出版社出版）。内文叙述宗岱师在"文革"中多次被毒打，袭击到他身上的，不只是拳头、脚板，而是"软鞭、铁尺、和单车链条，没头没脑地抽打宗岱，打得他满地乱滚，全身发黑，头部左侧被打破了一个洞，流血不止"，头上的"伤口已经可以看见里面的骨头"，"回到家里，已经成了个血人，两件厚皮衣都浸透了鲜血，可以拧出血水来。"从此他的健康被严重破坏了。

高等学府，同事师生，在他的脑子里原是一个充满理性、和平的世界。他自己天生一片童真，也以这片童真来面对世界。如今遭此毒手，恐怕产生了从未有过的自身的拷问，甚至悔恨当初选择了自己所从事、所热爱的事业？像一个唱得热热闹闹的演员，突然在台上刹住，他不知道自己为什么要唱，是否应该继续唱下去？

最后，他皈依了基督教。更详细的过程，甘女士没有提及，只知道她本人于1962年到香港探亲时，受洗成为基督徒。宗岱师原是个无神论者，但到了事业成败皆毫无意义的时候，要苟活也只能求助于神，祈求自己能战胜邪恶。连无奈也到了无奈的地步！

一贯以来，他就是不服"输"。他热爱生活，充满了生的乐趣，抓紧每一时刻，教书、制药、写作、翻译、种蘑菇、栽花草，还要在校园里兜揽闲事。无穷身外事。哪一位同事生了病？哪一对夫妇还未养小孩子？要不要把自制的绿素酊送去？学生、同事当中，许多人都收到过他送上门的自制的绿素酊。现实中他付出了真情，得到的却是撒旦的回报，使人怅然若失，像面对残墙瓦砾。

"文革"结束后，他想追回失去了的时间。在七十三岁年纪上头，带着一身伤残，重译了《莎士比亚十四行诗》，计划重译《浮士德》，还准备把建国初期的生活记录下来。但壮志空怀，他已"力不从心，拿起笔来，手却动弹不得"。再下来是身体瘫痪、神志不清，最后是死亡在即的绝望争斗。他弥留前一两天所发出的闷雷似的吼叫，只有宗岱师本人才明白其中含义。

作为他期待过的学生，我是在法国的天空下翻看《宗岱与我》的。薄薄的一个本子，却几回掩卷，难以避开不落爱憎。在尚未远去的风萧马嘶的杀伐中，为之无言伫立。他送给我的亲笔签名照片和两大册《法兰西学院词典》，当年去国后不知所终。记得照片后面，还抄录了一首他自己写的赞颂林则徐烈马的诗，第一段是这样的：

> 林则徐公有烈马，冲锋陷阵无其亚，
>
> 侧身注目鬷态雄，振鬃长啸万马哑。
>
> …………

一场社会风暴能使物质消散，却抹不去留在大家记忆中的爽朗笑容，顺境逆境中的笑容。最真的情大抵如是。这是他为人的极致。

不，我宁可相信他给学生上完课后，拿着蘸满粉笔灰的讲义或课本，踏着轻捷的步伐，穿过校园回家。一路上跟人招呼点头，偶或停下脚步跟人交谈几句。那挺拔厚实的背影慢慢远去，最后在远处消失……我宁可相信他是这样，在 1983 年 11 月，以八十岁的高龄，以他一贯的潇洒，走出我们的世界。

1993 年 11 月 1 稿

2017 年 10 月修订

历史再发现

随风舒卷

卢岚

　　1997年4月回国，在广州与中学同学聚会，黄元女士（版画家黄新波女儿）把一大本用原稿纸誊写的手抄稿副本交给我们，封面大字写着"梁宗岱与甘少苏"，下面一行小字"写于一九八九年五月十三日"。她知道梁宗岱是我们的老师，她说文稿来自彭燕郊先生。

　　这份资料关系到宗岱师，我们当然很感兴趣。《宗岱与我》出版不久，国内朋友也给我们寄来了，返回巴黎后便左三眼右三眼对着读起来，很快便发现手抄稿就是《宗岱与我》的原始草稿。《宗岱与我》的作者署名甘少苏，手抄稿没有作者名字，却以三个人不同的口吻叙述，一个是宗岱师本人，一个是甘少苏女士，另一位是宗岱师培正中学时期的同学吴耀明。由于第一人称和第三人称混杂使用，"我"字可能是三个人中的任何一个。这实际上是一份由访问口述作主体的记录，里面的原始素材，《宗岱与我》基本上都采用了，还花了相当工夫进行过结构的重组和文字润饰。

　　《宗岱与我》1991年出版，阅读后曾经写过一篇小文，今回对着手抄稿再读，觉得还是有些话要说。

宗岱师从 1942 年以后，没有多少作品问世。与同时代的徐志摩和朱光潜相比，名气也不及他们。但他自有独特的诗人、教授形象。他以精辟的诗论、灵透的诗句和诗译，在 30 年代文坛名重一时。从欧洲游学回来，以二十八岁的年纪，进入北京大学主持法文系。从 1931 年开始，涉足各大名校：北大、清华、南开、复旦、中大等。

他是个才子，但才子不够，还必须风流，所以，他风流倜傥，喜欢漂亮女孩子。《宗岱与我》中有这么一段：

"你想找梁宗岱吗？哪里女学生最多，那中间就有他。"竟成了当时流传在巴黎某些留学生青年中的佳话。

但凡认识宗岱师的人，或同事，或门下学生，谈起他的时候，往往未说先笑，就是因为这些流传已久似真若假的逸事，还有他与众不同的作风，都是些开心的话题。

在我们眼中，宗岱师总是坦坦荡荡，不是那种懂得收敛、隐藏自己的人，哪里有他，哪里就有热闹。只要他出现，就成为视野的中心，你一眼就会看见他。等到你多少知道他的经历，你又觉得，你可以看见他，却不能看透他。宗岱师是教授、诗人、翻译家，却没有一点架子，人前人后谈笑风生，争强好胜，昂然自若，不服输；然而他的生活波澜不断，也是一个失职的丈夫和父亲；他曾经有过大劫，却"并不埋怨党和政府，认为这只是一小撮人制造的一场人为悲剧"。每一个表面现象背后，都藏着一个谜。

恶之花

《宗岱与我》有关宗岱师妻子沉樱的笔墨极少，该书由甘少苏署名，自然不奇怪，手抄稿也一样，想来宗岱师有难言之衷。

他的第一次婚姻由祖母包办，所谓发妻何氏，于他是一阵风。1934年，由于胡适夫妇的介入，宗岱师被何氏告上法庭，闹得满城风雨，轰动了整个北平，最后付出二千大洋赡养费了结。刚好那时候，沉樱也与她的纨绔子弟丈夫结束婚姻。当他们走到一起时，双方都是"久在樊笼里"的不幸的人，有相似的人生轨迹。当他们"复得返自然"，走到一起之后，立地成为神仙眷侣，双双东渡扶桑度蜜月去。他们在东京见到巴金，结识了一些日本朋友。在这段幸福日子里，沉樱爱上日本的樱花，为落英大为动容：

> 我本来喜欢看落花，但没有想到樱花落时竟如此壮观。樱花开时，一夜之间，堆满枝头。樱花落时，一日之间，落得干干净净。

梁宗岱和沉樱在广西百色与家人合影（约1937年）

唐玉莲女士（梁宗岱甥女）收藏

沉樱是一位情怀细腻、笔触婉约的女作家，1929年至1935年间发表了《喜筵之后》等五部小说，也曾在复旦和中学任教。

她和宗岱可谓才子佳人，十分搭配，两人有说不完的共同话题。接着两个女孩子出生了，这个家有千条万条理由成为幸福的家庭。但他们的好日子只维系了七年，1941 年，梁宗岱返回广西百色处理遗产，遇上乡村粤剧女伶甘少苏，这个家一下子就支离破碎了。

梁宗岱与甘少苏的认识过程，借用通俗的三部曲说法，是听戏、同情、打抱不平。诗人第一眼看见的她，是穿着戏服在舞台上做做唱唱，还多少带点浪漫色彩。后来知道她是个不幸的女人：

> 你的悲剧角色扮演得太好了，真不知道你是如何达到这种境界的，我想……也许我不该问，你自己一定有多少悲惨的经历吧？

已经有过两次失败婚姻，第三次也同样不幸的甘少苏，提到"悲惨的经历"，自然有千般苦向他诉，有千滴眼泪向他洒。她的苦，她的泪，成为把他们捆到一块去的红绳。然而，这绝非一场相称的婚姻，连甘少苏自己也在《宗岱与我》第四章这么说：

> 我不过是一个戏子，社会地位低下；容貌也算不上漂亮，特别是又经过两次不幸婚姻的折腾，面上刻满了苦难的痕迹，加之体弱多病，比实际年龄衰老得多，当时体重仅仅六十多市斤，真可谓"骨瘦如柴"。

以中国人的世俗观念，一般人不容易接受这类女性。任你贾宝玉般的情种，爱情也必须具备一定条件，一个诗人、教授岂能接受一个一嫁再嫁、"不漂亮"、"骨瘦如柴"、几近文盲的女人？究竟是怎么回事？沉樱女士翻译的褚威格的《同情的罪》，扉页上印着两句话：

> 同情是把两面有刃的利刀，不会使用的人，最好别动手。同情有点像玛啡，它起初对于痛苦确是有效的解

救和治疗的灵药，但如果不知道使用的分量和停止的界限，它就会变成最可怕的毒物。

那么就是这种"同情玛啡"令他"我看中她的灵魂"了？答案能说服人么？好吧，不说同情，说怜悯，一种宗教式的怜悯，把受罪的人解救出来，放到自己的能力范围内保护起来。然而，这是西方人的理念了，你不敢肯定是同情，或怜悯。

在这件事情中，牺牲至大的是沉樱。你一定会问，他们之间发生了啥事？是否两人之前已有裂痕？自从百色消息传出后，不曾听说她有过任何激烈行动，只是搬开另住。是否她强忍痛苦，死抱最后希望，等待丈夫迷途知返？他们唯一的儿子是在分居之后才出生的，可见依然维持着夫妻关系。本来按照中国人传宗接代的老思想，这个儿子能够使父亲回到他们母子身边。然而，这场"拔河赛"，四个人最后输给了一个人，结局令人目瞪口呆。秘密何在？

沉樱带着三个孩子到台湾后，依旧继续作育人材，依旧从事写作、翻译，作品相当丰富。到了上世纪50年代，宗岱师通过在香港的同学转接，与沉樱重通鱼雁，其中几封信收在林海音的《隔着竹帘儿看见她》里。谈到往事，梁信以"聊乘化以归尽，乐夫天命复奚疑"来避开；沉信表面话家常，却隐藏着深沉的痛苦，令人不忍卒读。她以一份教职及课余的笔耕，抚养大三个孩子。随着时间过去，这位尊敬的女士把心里的酸楚，升华成对一位老朋友的牵挂，对一位永远的心上人的思念。信中言辞令人心碎，也令人起敬。

据他们的长女思薇说，沉樱去世前把老日记烧掉，唯一可供了解真相的线索不复存在，他们之间的谜成了永远的谜。我们姑且设想，宗岱师是以诗人的梦想来塑造现实，把生活当做一首诗来做。这首诗很特殊，很出人意表，不要人间天堂，不要工整对称，要的是痛楚的美，是病态的情，是生的忧郁。一首波德莱尔的《恶之花》。

写到这里，必须补充一点。甘少苏拆散了一个幸福的家庭，但是在宗岱师下半辈的忧患人生道路上，在"文革"的炼狱里，她尽力护卫及照顾宗岱师，两人共同生活了四十二年。当年的大错，她已经赎回。

苏维埃的镜子

游学法国，是宗岱师的人生大事。师从瓦莱里，跟罗曼·罗兰的两次会面，是游学七年的大事中的大事。他说：

> 但是影响我最深彻最完全，使我亲炙他们后判若两人的，却是两个无论在思想或艺术上都几乎等于两极的作家：一个是保罗·梵乐希，一个是罗曼·罗兰。
>
> 因为禀性和气质底关系，无疑地，梵乐希影响我底思想和艺术之深永是超出一切比较之外的；如果我底思想相当的严密，如果我今日敢对于诗以及其他文艺问题发表意见，都不得不感激他。

他曾经告诉笔者，1931年动身回国前夕，在莱蒙湖畔的奥尔迦别墅第二次会见罗曼·罗兰，谈起日本对中国的欺凌时，忍不住在罗曼·罗兰面前掉下眼泪。他们还谈到苏联问题，这段谈话在手抄稿中出现，但在《宗岱与我》中被弃用了：

> 于是我们不知不觉便转到亚细亚和苏维埃问题上去，他这两年来政治的视线差不多都集中在这上面的。
>
> "这么一个大规模的实验，"我说，"实在是一种最高的理想主义，也是任何醉心于理想主义的人所必定深表同情的。不过我们文人究竟心肠较软，对于他们底手

段总觉得不能完全同意。"

"可不是!"他答道,"我对于他们底弱点并不是盲目的,我在最近给他们的一封信里曾经指出个人主义和人道主义不独和他们不悖,并且一个真正的苏维埃信徒同时也必定是真正的个人主义者和人道主义底赞助者。"

他从抽屉里找出那封信稿给我看。当我读到"……什么时候都有伪善者,在种种利益里,在种种旗帜下。你们队伍里也有伪善者。这是一些尾随狮子的狼……"的时候,我深切地了悟他这思想上的新转变并非由于一种老朽的感伤的反动,像外间人所说的:他仍然用同样英勇犀利的目光去揭发他所同情的主义底症结。……

这不是新资料,宗岱师曾经写进《忆罗曼·罗兰》一文中。文章写于1936年月20日,为庆祝罗曼·罗兰七十岁寿辰而作。这段文字除了是重要的历史的见证,还让我们了解到,罗曼·罗兰在30年代对苏联的看法与宗岱师是一致的。

罗曼·罗兰是法国30年代众多"左倾"作家之一。早在1917年,布尔什维克一夺得政权,他立即发表文章《向俄国革命致意》,表明他的左派同路人的立场。但他本人是个非暴力主义者,甘地的信徒,1923年写过甘地传记。罗曼·罗兰从来没法把革命思想和他的非暴力精神在内心统一起来,这也是当时好些"左倾"文人没法解决的问题。

罗曼·罗兰1935年六七月间访问苏联归来,写下《莫斯科日记》(Le voyage à Moscou)。这次访问由高尔基出面邀请,罗曼·罗兰受到了无所不用其极的礼遇,几乎可以跟一个国家元首相比,就差不曾检阅仪仗队吧,连他自己也惊讶不已。但他到底拥有自己的人格,在这个他向往的国度里,还是以一贯的理念和良心来面对现实。他发现苏联领导人在制造个人崇拜,所有同自己讲话的人，"最后都以一段不可或缺的献给斯大林及其伟大同志们的台词告终。而这绝不是有趣的，因为就像执行官方命令……"

他谈到苏联青年人，印象是如此可悲：

> 苏联青年具有非常好的品质，但同时又是生硬，甚至是残忍的……这是过早了解死亡和绝望的代价。年轻人知道他们的熟人中有人死了，但晚上照旧去电影院。他们已学会不露声色。而这是可以理解的。不能过于高声说话。谁倾诉衷肠，谁就暴露了自己。

> 年轻人彼此不信任。一些事实与昨晚所说的有点矛盾。集中营预定不仅仅给刑事罪犯用。有独立见解的，不善于谨慎地保持沉默的人会消失不见。

至于轰动一时的基洛夫事件呢？"基洛夫被谋杀后匆匆处决了上百人"，无须事先证明他们有罪，也不管这上百人有否直接参与事件，目的只是杀鸡儆猴。还有，为了援救被流放的作家维克多·塞尔日（Victor Serge），他跟保安局首脑阿戈达交谈过。这是一个曾经做过许多令人恐惧事情的人，"即使你知道一切，看着阿戈达正直而温和的眼睛，你也会因为自己的怀疑而感到罪过。"他后来在斯大林面前再次为塞尔日求情，在他努力下，塞尔日次年被斯大林下令驱逐出境，后来定居在法国，继续写作。

高尔基是罗曼·罗兰的推心置腹的朋友，罗氏承认自己仰慕极深。这次访问让他发现高尔基的另一面：

> 高尔基与斯大林相比形成鲜明的反差。

> 我觉得，在他身上掩藏着深深的忧伤。

> 革命使他陷入彻底的道德慌乱。起初他不理解革命，革命的不可避免的残酷使他感到震惊。在那些年见过他的人（南森和其他人）得出一种印象：他的生活

遭到破坏，他号啕痛哭，陷于濒死状态。

罗曼·罗兰眼见的一切，不可能不在他的内心引起震撼。何况，一年后斯大林发动了惊心动魄的"大清洗"，还有"古拉格群岛"对异己的毁灭，等等。

罗曼·罗兰写下《莫斯科日记》，同时决定五十年后才发表。到期出版后，由于苏联已分崩离析，再没有重大的现实意义，不曾引起多大反响，很多书店都没有出售。但宗岱师这段关于罗曼·罗兰的文字，使我们从熟悉的人那里，证实了当年的左派同路人内心的矛盾和痛苦。罗氏的彷徨早在访苏之前已经开始了。

> 1997 年 6 月 1 稿
> 2017 年 10 月修订

独立市桥人不识

卢岚

　　一个被封圣的人，总是生前受尽折磨，死于非命。耶稣被钉上十字架，巴蒂黎米被剥下一层皮，贞德被火活活烧死。

　　造就一个名作家的因素呢？首先是才能，对社会的贡献，有时也需要新闻、绯闻、灾劫、早逝，两者几乎成正比，如徐志摩，萧红，郁达夫。被称为"儿童莎士比亚"的诗人蓝波，十七岁成名，二十岁开始地狱般的生活，经历了不可言喻的折磨，三十七岁就去世；阿兰·傅尼叶二十八岁在第一次世界大战中牺牲；诗人查理·贝玑，四十岁在西线战死沙场。他们福寿皆损，却留下了一个个响亮的名字。

　　但，以这种法则建立起来的作家神庙，也有错失的情况。《新法兰西评论》的出色专栏作家，写了三十部作品的著名作家让·普雷沃（Jean Prévost，1901—1944），在第二次世界大战末期牺牲，卒年仅四十三。离世后的六十年时间里，他的作品只有一部重版。文学史，各种文献，日常报刊也不见他的名字，他走出了大家的记忆。

　　笔者初识普雷沃这个名字，也不在法国，而是在广州外语学院的梁宗岱赠书室。那是改革开放初期，第一次进入书柜装满精装书的书库里，它面积不大，却意想不到地，在那里看到了普雷沃和他的家人给宗岱师的三部赠书。
一部是他本人的著作《梅林》（Mer-
lin），第二次世界大战前出版，扉页
有他的亲笔签字；另一部是他的儿子
米歇尔·普雷沃的作品《在桥的那
边》（Au delà du pont），扉页上有这
样的题辞：

给梁宗岱，我几乎没有谈到
过去，然而，你是我们家庭的成
员。致热忱敬意。米歇尔·普
雷沃

J'ose à peine parler de souve-
nir, et pourtant vous êtes membre
de la famille.

普雷沃与梁宗岱交往时期的
照片（约 1930 年）
资料照片

第三部是随笔《司汤达的创造》（La création chez
Stendhard），由亨利·马蒂诺（Henri Martineau）作序。那是普
雷沃牺牲后，由伽利玛出版社重版的。该书由他的前妻奥克莱尔
（Marcelle Auclaire）题辞赠送：

给梁宗岱，为纪念让，这部书不久前出版了。是唯
一的一部。可惜！玛塞勒·奥克莱尔

笔者将几部作品一再翻看，普雷沃这个名字虽然陌生，依然
感到跌宕自喜，因为他与宗岱师有关。后来再上藏书室，在徐真
华老师的热心帮助下，将签名和题辞影印了带回来，权作一种纪
念收藏着。

数年后，在书店看到一部传记《给普雷沃》（Pour Jean
Prévost），作者是法国《新观察》杂志的副总编加尔桑（Jérome
Garcin），1994 年由伽利玛出版社出版。在成行成市的传记文学
中，马上把这一部买下，想看看里面有否提及宗岱师，既然他是
普雷沃的朋友。该作品资料丰富，以散文体写成，出版后获得
"美第奇文学奖"。阅读过程中你目标明确，干脆是打捞梁宗岱

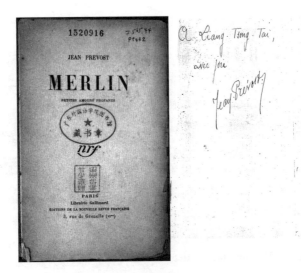

普雷沃赠梁宗岱《梅林》及题辞（约1927年）
广东外语外贸大学梁宗岱纪念室收藏

踪迹的过程。然则，当我翻阅了大半部作品，失望地相信不会有任何收获的时候，才忽然看到一句简单的话：

> 一位中国文人梁宗岱先生，甚至将远东哀歌的秘诀传授给他。

一笔带过，再找不到第二个句子了。我还是高兴了老半天。意外的收获是，读过全书以后，对普雷沃，宗岱师的朋友，有了较全面的认识。

普雷沃的样子是怎样的？从照片看来，方正的前额，方正的腮骨，雄气丰沛的脸庞。他喜欢运动，是大学的拳击冠军，因此，想象中他的肩膀也是方方的，健壮得像米开朗基罗笔下的人物。一个人外形方方正正，行为不一定也方方正正。天使般的面孔底下，可能是个魔鬼。而在普雷沃身上，行为的方正，就像他外形的方正。

他在亨利四世中学就读时，是著名哲学家阿兰（Alain）的学生。1919年进入高级师范学院，却不打算当教师，他醉心的是文学。30年代他成为《新法兰西评论》的专栏作家。该杂志颇负盛名，是当时巴黎文学界的中心。普雷沃写小说、诗歌、散文，研究波德莱尔、蒙田、瓦莱里、司汤达。发表的短篇小说中，有《拳击运动员的一天》《晨早的狩猎》等。1925年，伽利玛出版了他的《体育运动的乐趣》。但普雷沃这个人，你最好不要以温文雅尔的文人去想象他，要求他。在当时的文人圈子里，他以缺乏教养而闻名。语言粗俗，向女孩子指出她脸上的粉敷得不均匀，向狗扔石头，婚礼上形容新娘子是丑陋的猪蝇。举止行藏如此令人咋舌，每到一处地方，皆名声狼藉。你距离他三丈远，最好先却步，以提防出事。他精力充沛，在树林里狂跑，用牙齿咬断树枝，一头栽到草地上打滚，在自行车上要杂技，在乡野间追逐女孩子，将她们扳倒在地上。他必须发泄身体里过多的力气，胡闹成为他释放精力的活阀。可爱而可怕。纪德对他很感兴趣，是对小动物的那种兴趣，他以观察小动物的好奇心来观察这个野小子。

普雷沃出身于外省一个小学教师家庭。家族成员中，有手工业者、木匠、铁匠、泥水匠，都是些又朴素又老实的手作者。在这种环境中成长的普雷沃，他的直肠子，他的粗鲁妄为，是一件自然不过的事！他爱过无拘无束的自由生活，学校的纪律，一概不放在眼内；社交的清规戒律，全不当一回事。他要做他自己，陶醉在个人的粗犷野性中，恍如一举一动只是他一个人的事，与任何人无关。这样的我行我素，在某些人眼里不无可爱；在另一些人眼里，尤其在巴黎高贵的文人圈子里，却不无可怕。

他的粗中有细是喜欢读书，读书是他的生活的重要一面，巴不得读尽天下的书。也热衷于写作，写作于他是一种活动。文如其人，个性造就了作品的风格。他笔下的人物个性激烈，总在命运的角力场上激战，互相厮杀。他们缺乏理智，与其说服从于理性，不如说服从于最基本的生物本能。人物粗线条，却有血有肉。他们顽强固执，在艰苦环境中努力不懈，以不顾一切的疯狂劲头往前走，总是狂妄战胜理智，自然本性战胜教养。在当时的文坛中，他以拳击小说来跟心理小说唱对台戏。更糟糕的是，他老实地承认，自己是为挣饭钱而写作。对某些自视高人一等的大作家，如萨特，这种毫无保留的坦白，无疑是一种冒犯。左右着伽利玛出版社的巨头们，纪德，科克托，普鲁斯特，莫鲁瓦，眼看这个外乡穷小子混到自己的队伍里，企图以多题材的写作捞点什么，都不以为然。弗朗沙·莫里亚克（François Mauriac）是普雷沃的好朋友，就他的作品《孤独的尝试》（Tentative de solitude）写信给他说："从文学角度而言，我觉得你没有比这篇小论文写得更好的了，它属于你的私家花园——很独特的理智的抒情表达方式。它使巴雷斯和瓦莱里感动，而我则觉得什么也不像。"莫里亚克以"大朋友"的态度给他忠告。

忙于读书、写作，却依然不安于"室"。普雷沃总想要超越生活，超越平庸，脚踏实地的生活使他厌倦，冥冥中追求着某种幸福、某种伟大。年轻时候，他内心就隐藏着一个遗憾：未能参加第一次世界大战。他对战争中死去的作家查理·贝玑，表示十分钦佩。年轻人战死沙场，死于风华正茂，止于壮志未酬，在他眼里，正是荷马史诗所歌颂的美和伟大。

第二次世界大战爆发，德军入侵法国，他与《小王子》的作者圣·艾克须佩里一起，决定参加抵抗运动。两个顽头犟脑，"孺子不可教"的大男孩，预感到最后日子的迫近，却高高兴兴走上战场，谈笑着展望"当赢得了这场仗以后"的岁月。普雷沃化名为"戈代维尔上尉"，转战法国南北。从此，他的生命不再属于自己，而属于某个目标。这个目标有着双重意义，本义和引申义。在韦科尔的时候，他一手持枪，口袋里一把尖刀；而他的蒂罗尔挂袋中，尚有一部未完成的《波德莱尔研究》的手稿，一部打字机。当深夜来临，战事暂停，他利用时间写作。

战胜难以表达，展示晦暗隐蔽，使无声事物歌唱。

1944年，已届战争末期，杀伐之气依然不减，8月1日，普雷沃与他所领导的游击队在德国人的伏击底下壮烈牺牲。那时候，手稿尚未完成，却以四十三岁的生命完成了一部出色的作品，他自己的史诗。他以牺牲的精神给生命以意义，以加速的脚步走向永恒，一如他的好友圣·艾克须佩里，7月31日也献出了生命，时间只差一天。

1940年，他给第二位妻子写了这样一首诗：

> 克劳德，如果前途未卜的战争，
>
> 在一个美丽的早晨将我带走
>
> 脚向前行，
>
> 别将我名字写在大地上，
>
> 我盼我灰
>
> 随风飞散。

1943年，他对"新小说"的先锋派克劳特·莫里亚克（Claude Mauriac）说：

> 如果我选择投身和承受所有行动的危险，是出于个人的尊严，出于个人对荣誉的追求。更因为我相信，一个人只有在他的生活中，尝试过和接受过多次死亡的危险，才有权利说话，写作和生活。

粗野的普雷沃后面，隐藏着另一个普雷沃，对生命意义有执著追求的普雷沃。虽然未能活到"赢得了这场仗以后"，将经历付诸文字，但他的牺牲能使天地低回，跟珍贵的生有同等的分量。普雷沃一手握笔，一手持枪，是个文武双面人。使人感到不平的是，他身后绝大部分作品无出版社问津，这是加尔桑决心为他立传的原因。加尔桑苦心孤诣，以丰富的资料使普雷沃在战场上复活，在文坛上复活，希望能引起出版界的重视，重版他的作品，使新一代读者对他有所认识。加尔桑的声音得到回应，现在普雷沃的《司汤达的创造》《晨早的狩猎》《蒙田生涯》《伤口上撒盐》等随笔和两部小说，已经出了普及本。普雷沃从被遗忘中走了出来。

笔者在传记中寻找宗岱师的踪迹，一如在陌生人群中寻找一位熟人。尤其想在外国人当中发现他的行踪。其实普雷沃的前妻奥克莱尔与她的女儿合作的《母女回忆录》，对宗岱师谈得相当详细。这部书出版于 1978 年，书中谈及他们与梁宗岱在 1928 至 1930 年间的交往，当时他只有二十来岁。她觉得这位中国青年面孔漂亮，文化修养突出，知识渊博，谈吐热情。他上门来和普雷沃讨论中国古诗翻译，从此结下永志不渝的友谊。1955 年奥克莱尔访问中国，欲见梁宗岱未竟。两三年后，一位在联合国教科文组织工作的朋友到访中国，他是奥克莱尔的儿子的朋友，给她带回梁宗岱的消息是，他在中山大学工作，他们再次联系上。她经常收到他的红茶、绿茶，自制的绿素酊，"文革"前夕，她寄来三部法国草药书。他们之间的友谊，一直维持到"文革"后的 80 年代。

普雷沃比文人多了一管枪，比战士多了一支笔。一个咬文嚼字的文人，一旦有了某种精神力量，也可以成为一座攻不破的堡垒。而这座坚强的堡垒，是梁宗岱老师大半个世纪前，在法国结识的朋友。从后来找到的资料中还得悉，他们之间有过密切的文化交流。梁宗岱离开欧洲后，普雷沃曾经对他发出动人的隔洋呼唤，而梁宗岱永远不曾知道。普雷沃对梁的影响，仅次于瓦莱里。

2000 年 3 月 1 稿
2017 年 10 月修改

寻找法译《陶潜诗选》

刘志侠

在梁宗岱老师的文学道路上，1930 年在巴黎印行的法译
《陶潜诗选》是一个重要的里程碑，他曾自述个中因缘：

> 这时我刚好在寒假期内把陶渊明代表作（十几首诗
> 和几篇散文）译成法文，原是为了一时的高兴，丝毫没
> 有把它们发表的意思。后来一想，为什么不寄给罗曼·
> 罗兰看，使他认识我自己所最爱的一个中国大诗人呢？
> 信去后接到罗曼·罗兰底回信说："你翻译的陶诗使我
> 神往，不独由于你稀有的法文智识，并且由于这些歌底
> 单纯动人的美……"接着便问我想不想把它们在《欧
> 洲》杂志上发表，说这杂志是随时都愿意登载我底文章
> 的。但同时梵乐希，我一切习作都交给他评定的，也很
> 爱这些翻译，劝我把它们印单行本，并答应为我作序。
> 我便把这情形回覆罗曼·罗兰。（梁宗岱《忆罗曼·罗
> 兰》）

这段文字平铺直叙，但两位大师你争我夺的热情跃然纸上。
他们在法国 20 世纪文坛的地位何等显赫，《欧洲》杂志（*Revue*

Europe）被视为知识分子的大纛，至今仍屹立不倒，两人不约而同被陶诗迷倒，可见梁译水平之高。最难得的是还有下文，竞争失败一方的罗曼·罗兰接到新书后，高高兴兴给宗岱师复信：

> 我已经收到你那精美的《陶潜诗选》，我衷心感谢你。这是一部杰作，从各方面看：灵感，迻译，和版本。（出处同上）

念大学时就听闻了法译《陶潜诗选》，本来作为宗岱师的学生，近水楼台先得月，可是书店找不到，大学图书馆没有收藏，宗岱师从未拿出来炫示。几十年间，此书像都德笔下的"阿尔勒姑娘"（L'Arlésienne），只闻其名，不见其影，更不要说庐山真面目了，也没有听说其他同学或老师见过。

愈是见不到的东西，愈教人惦念。离开大学三十多年，宗岱师去世快二十年，一切本该淡忘，独有法译《陶潜诗选》无计排遣。

梁宗岱藏书室

1999 年初应黄建华老师邀请，回穗参加亚洲辞典学会双年会。开幕式一结束，便直奔广东外语外贸大学的梁宗岱先生纪念室，主要目的便是寻找《陶潜诗选》法译本，以了多年心愿。纪念室就在图书馆旁边，徐真华老师在百忙中抽空等候我的到来。此室面积不大，里面一个玻璃柜放着几本著作和纪念文章，还有零星的几页手稿。著作中有一张撕下来的杂志散页，上面印着一篇古文《左氏浮夸辨》，署名"英文专科梁宗岱"。看来这是学校刊物，但不知何校何时出版，这是笔者第一次看到宗岱师的古文作品。在手稿中，最引人注目的是几页英文圣诗的翻译，没有注明年份，以毛笔书写在宣纸信笺上，字迹秀丽而强劲，留有一改再改的痕迹。看到熟悉的笔迹，不禁心潮起伏。这份手稿是时代的见证，在生命最黑暗的岁月里，翻译圣诗让他得到心灵的光明。

纪念室还有几个书架，存放家属捐献的宗岱师藏书，除了小部分中文书外，其余都是外文书，英文比法文更多，大都陈旧得很，书背上的油墨或烫金书名已十分模糊，加上灯光不足，若隐若现，看起来很吃力。很明显，藏书尚未编排，次序杂乱无章。

笔者尽挑法文书翻阅，一本一本从架上抽下来看，始终不见《陶潜诗选》法译本的踪影，正在失望之际，忽然发现一本法文杂志《交流》（Commerce），扉页上印着"梵乐希、法尔格（Léon–Paul Fargue）和拉尔波（Valéry Larbaud）出版的季刊"字样，目录页有两项令人精神一振：

> Paul Valéry *Petite préface aux Poésies de T'ao Yuan Ming*（梵乐希:《陶渊明诗选小序》）

> T'ao Yuan Ming *Oraison funèbre sur sa m mort* Trduit du chinois par Liang Tsong Taï（陶渊明:《自祭文》，梁宗岱译自中文）

以前读过梵乐希（这是宗岱师当年的译名，现在通译瓦莱里）的生平，他和志同道合的朋友在 1924 年创办这本纯文学杂志，八年间出版了二十九期，发表过许多名家作品，包括超现实主义开山祖师布勒东（André Breton, 1896—1966）的《娜嘉》（Nadja），至 1932 年停刊，但从未听说过宗岱师在该刊发表过文章。

这是一个惊喜，闻名数十载，现在出现眼前，尽管不是全译本，到底是一种运气。谁知翻开一看，倒抽一口冷气，有关页张不知何时被裁掉！莫非宗岱师在疯狂年代亲手销毁，或者某一个雅贼胡为？失望，深深的失望！抚摸发黄的纸边，心想：莫非自己真的与此书无缘?

然而此行仍有一得,纪念室的藏书有十多册法国作家签赠的书籍,这是宗岱师在巴黎文学活动的具体见证。在这些书里,不见罗曼·罗兰的作品,相反地,经过四五十年历史动荡,尤其十年"文革"浩劫,仍有五册梵乐希著作保存下来,扉页上都有他的亲笔签名,附上漂亮工整的题辞:

> 送给诗人、朋友和译者梁宗岱的书。(《致 C 夫人信》,*Lettre à Mme C……*)

> 这些罗盘针摆动送给梁宗岱。(《罗盘针上之诸点》,*Rhumbs*)

> 亲爱的梁宗岱,我本想以中文在这本《幻美》书上给你写几个字,书中有你翻译的《水仙辞》,但是——我仍在等候懂得中文。(《幻美》,*Charmes*)

> 送给梁宗岱先生的书,我喜欢他的头脑如此开放,如此具有文学才华。(《太司提先生》,*M. Teste*)

> 送给梁宗岱,请不要把此书译成中文,问好。(《答案》,*Réponses*)

题辞变化多端,别具心思,流露出梵乐希对宗岱师的欣赏和期望。其中 1927 年出版的《太司提先生》的签名后面,盖有中文篆书印章"梵乐希印",此章应是宗岱师所赠,而且深得大师钟爱。因为宗岱师回国后,趁盛成先生 1935 年重赴法国,托他捎给梵乐希的礼物正是两枚图章,一阴一阳(盛成:《旧世新书》,第 41 页)。身为法兰西"桂冠诗人"的梵乐希,欣然接受宗岱师替他起的中文名字和中国印章,足证他们的交情不比寻常,远超作者和编者、文艺小青年与大师的关系。

到底宗岱师如何迷倒梵乐希?

梵乐希以诗歌成名,青年时代醉心于象征主义,与这个诗歌流派的祖师爷马拉美是好朋友。后来停笔了一段时间，潜心研究数学。复出后诗风大变，强调诗学应该跟数学一样严谨。其作品风靡了一代人，他本人成为20世纪20年代的诗坛祭酒。宗岱师能够得到一个内行人的注意，已经很不容易。即使如此，一位炙手可热的法兰西院士，降尊纡贵，替一个相差整整一辈的外国无名小卒写一篇长序，这里面应该有一个谜。

谜底就在长序里面。宗岱师1934出版的《诗与真二集》，收入过这篇序言的中译，由他的北大学生王瀛生翻译，经宗岱师校改。该书绝版已久，到80年代中才由外国文学出版社重版，我们很迟才读到。这是一首十二度高音的赞美诗，充满褒词。当时还没有看到原文，后来找到了，卢岚立即把序文重新翻译了一次。

返回巴黎后，把徐真华老师为我们做的纪念室影印件放在桌上文件堆里，每次找资料都翻到《交流》的目录，仿佛看到法译《陶潜诗选》的影子。期间发过几次狠劲，拜托国内朋友跑遍广州、北京和上海各大图书馆，仍然一无所获。眼看这不是长久之计，既然在国内和香港不得要领，何不在法国找寻？于是决心挤出时间，去拉丁区的旧书摊大海捞针。花了几个月时间，终于在一家小得不能再小的旧书店里，找到一册《交流》月刊，如获至宝捧回家里。然而这个收获带来的喜悦很短促，因为只有一首诗的译文，令人更加失落，找寻原书的愿望变得更加强烈了。

"很大图书馆"

一个冬日周末，趁着罕有的阳光在花园散步，脚下是沙沙的落叶，忽然想起几个月前，看到法国国家图书馆总目录准备上网

法国国家图书馆密特朗馆外观

（法）Faël Isthar 摄

的消息，何不看一下？匆匆走回书房，打开电脑，键入
www. bnf. fr 几个字母。总目录刚向公众开放，图书馆特别在首页
发布新闻。忙不迭钻进去，在作者栏输入五个字母：Liang
（梁），奇迹出现了，不过数秒钟，荧光幕显示出答案，那里不
仅藏有法译《陶潜诗选》，还有梁译《水仙辞》，全部存放在
"花园层"（Rez－de－jardin）！赶快打开打印机，把网页印出来。

　　第二天下午推掉所有工作，把电脑、白纸、圆珠笔和铅笔塞
进书包，拿起就向法国国家图书馆跑。离开大学那么久，忽然像
大学生那样去钻书堆，感觉十分奇妙。我说的国家图书馆不是已
有近三百年历史的老馆，而是 1996 年才开幕的新馆。这是前总
统密特朗在 20 世纪 80 年代倡建的"总统五大工程"之一，起了
一个十分独特的名字，"很大图书馆"（La Très Grande
Bibliothèque）。密特朗去世后，继任者为了纪念他，改以他的名
字命名。

　　老实说，笔者对以大建筑物名留青史的做法没有好感，尤其
当国家处于经济不景气中，街上游荡着无家可归的新贫，花费几

百亿法郎替政客脸上贴金，实在有渎职之嫌。何况很多专家反对这座庞然大物，一来面目可憎，毫无美感可言；二来水泥大厦不利书籍保存，尤其是古籍必须以空调来控制温度和湿度。正因为如此，图书馆建成三年多，笔者仍没有兴趣去看一眼，这番为了寻宝，才决心走一趟。

高高兴兴地出发，从城西到城东，好不容易横越整个巴黎，一下车却愣住了。面前就是著名的新图书馆，四座数十层高的大厦，东南西北各占一角，互相间以一排楼房连接，全部绕以木条钉成体育场看台那样的阶级，整整三四层楼高，这是"城墙"，整体就是一座大城堡。果然跟的士司机所说的那样："现代建筑师都是玩 Lego 积木游戏长大的，所以设计那么丑陋！"

最要命是建筑师不知哪儿来的灵感，把"城门"藏起来，沿着"城墙"走，找不到任何入口。好不容易发现一个指示牌，才晓得"城门"在"城墙"上头，要攀墙才能进入。六十级的木条阶级，不是密封，空隙下面乌黑一片，不知深浅，很容易令人晕眩。小心翼翼攀上去，到了一个大水泥平台，再拐两个弯，前面一条露天自动载人扶梯，斜斜往下数十米，那里才是"城门"。

图书馆保存和普及人类知识，应该伸开双手迎接读者，这里却摆出拒人千里的姿态。果然，进口大堂其大无比，只有疏疏落落十来人，全是大学生模样的年轻人，大概来找论文资料。我拿着从互联网下载的图书目录，向询问处打探。那位小姐向"城门"一指："先到读者指导室！"好不容易进来，又要出去？老大不明白，到了"城门"探头探脑，忽然看到右边一个角落，藏着"读者指导室"的招牌，赶忙走进去，递上目录。坐在那儿的两位接待小姐，一个修指甲，一个看电脑荧光屏，其中一人不等我解释便开腔："给你一个号码，等候图书馆员接见，再决定是否让你进去！"

等待的耐性还是有的，墙上灯号终于打出自己手中的号码。走进去，里面一排座位，以隔板隔开。女图书馆员倒是和颜悦色，看到我手上的目录，知道有备而来，很爽快地说："给你使用两次的入馆证，不够再回这里来申请！"然后索取身份证，查问个人资料、地址、入馆目的……一面输入电脑。良久，"行了，到外面拿另一个号码！"

拿了号码呆坐了好一会，看到灯号又亮了，走进去，就在刚才馆员的隔壁，原来这儿负责发放入馆证。照例再次索取证件、个人资料、地址，忽然，那位小姐说："向右边看！"看什么？等不到弄明白，闪光灯闪了一下，原来右边墙上有摄影机。不久电脑制卡机便吐出一张崭新的入馆证，上面印着傻头傻脑的个人彩色照片，卡上镶着一个圆形电子线路。这是一张聪明卡，世界上很多银行的信用卡至今仍不肯采用，因为成本不菲。拿到卡，还要出去大堂收费处缴交三十法郎，入馆证才算大功告成。前后花了近一小时，五六个人替我服务，我终于明白了每年交那么多税，原来跑到这里来了。

珍本部

第一天就这样过去了。一宿无话，次日背起书包再出发。这次有了经验，再加上接近目标，兴致冲冲，木阶级不再难爬，人行自动扶梯也似乎缩短了。进了"城门"，依照指示牌，像乘地铁那样首先通过检卡机，然后乘扶手电梯下去两层，到达"花园层"。这一层的高度出奇的高，超过两层楼，面积宽广，颇有王宫气派。按道理这里低于马路水平，属于地下层，可是透过上方玻璃窗，可见天日。电梯尽头有一个接待处，没有上网订位者在这里补办手续，正式入馆前还要再一次通过检卡机。如此啰唆，原来这是闭架书库所在地，收藏全馆精华，难怪要经过这么些繁文缛节的手续，才能进入这里。

根据目录，宗岱师两本书就在这里，由"珍本部"（Livres rares）收藏。到了花园层，乘电梯返上一层才到达。进去时先按铃，由馆员开门。面积不大，只放三张长桌子，大约三十个座位。通过四周玻璃窗，可以望到下面辽阔广大的闭架阅览室，相比之下，有若小花园与大草原。

不知"珍本"以什么作标准，对宗岱师来说，这应该是"失而复得的书"。"文革"时抄家，人进牛棚，书进书牢；发还的藏书去世后献给大学，数量虽多，但本人著作却独付阙如。很可能在"文革"中被焚被毁，亦可能被有心人拿走。他一定没有想到，这两册在他的文学生涯中占重要地位的书，七十年后竟然完好无缺地保留在法国国家图书馆里。图书馆始建于16世纪，距今四百多年，藏书以千百万计，能进入"珍本部"的著作只得二十万册，包括禁书在内，沧海一粟而已。宗岱师一人占去两本，九泉之下足可告慰。

新法国国家图书馆给人大而无当的感觉，"珍本部"却是一颗近乎完美的珍珠。去了三次，每次只见十来个读者，服务人员倒有五六人，包括一位分馆长。读者首先填妥借书单，说明借阅目的，然后按指定号码到座位等候。书不在室内，不知放在哪个书库，总得半小时左右才由馆员端出来，每本书都有一个硬套保护。馆员把书捧到读者桌上，打开照明灯，小心翼翼从硬套中拿出书，翻到中间，压上一条长约三十厘米的管状布条，里面盛着沙子状重物，作用与镇纸相同，既方便阅读，又避免手指过度接触纸页。

读者中途外出用膳或办事，必须把书交还馆员，回来后，馆员再次把书捧出来，小心翼翼，一丝不苟地重复同一动作。这种贵宾式服务，开始时很不习惯，有点像餐馆侍应生把饭送进自己嘴巴一样，但转念想到这些书的历史价值，心中才释然。还有进口桌子贴着一张很小的打字纸条："本室只准使用铅笔"。并非为了方便读者在书籍上作记号——这是绝对禁止的，而是避免圆珠笔或墨水笔不小心玷污了书页，无法清洁复原。室内为此设置一个大铅笔刨，不时听到刨铅笔的声音。看到人家上上下下把书本当宝贝，千方呵护，心中感慨万分。

寻找《陶潜诗选》法译本数十年，等候馆员找书这二三十分钟最漫长，一次又一次引脖张望。馆员终于出现，双手捧着两本书，不徐不疾走过来，轻手轻脚分放桌上左右。法译《陶潜诗选》大度开本，二十五乘三十三厘米，馆员首先在桌上加放一个 V 字形木座，包裹着红色天鹅绒，张度约一百二十度，然后把书放到座上打开，显然为了避免书本过分张开而损坏装订。一切停当后，轻声一句"Bonne lecture!"（慢读!）便离去。

我几乎不敢相信自己的眼睛。面前两本书面世超过四分之三世纪，仍然崭新得跟刚从印刷厂出来一样。说不定在这漫长七十年中，我是第一个，也是唯一一个借阅者。怀着虔诚的心情，我轻轻打开两书从头阅读。

《陶潜诗选》法译本由巴黎勒马日出版社出版（Editions Lemarget），地址在巴黎第六区 43，rue Madame，扉页写着两行字，"出版者敬意，1930 年 10 月 28 日巴黎"。根据珍贵书籍的规矩，扉页背面标示印数，总共只印了三百零六册，每册编号。目下这本排行"八十九"。宗岱师的法文前言《致让·普雷沃》和《陶潜简介》放在最前面，中间夹着梵乐希的长序，然后是陶诗译文。书内还有几张黑白插图，第一张陶渊明全身像，作者 Hwang Shen，图像不很清楚，但从豪放的笔法看，应该是清代"扬州八怪"的黄慎。另外三张中国山水画风格的腐蚀版画

出版商题送法国国家图书馆的梁宗岱

法译《陶潜诗选》（1930 年）

法国国家图书馆收藏

（Eaux – fortes），原版拓印（Original），署名 Sanyu。这是旅法油画家常玉先生（1901 – 1966）的惯常署名（有时加上一个中文字"玉"），台湾某些画廊按读音分拆成两个字 San Yu，但欧洲人只认识 Sanyu，发音 Sa Niu。

《水仙辞》线装本深蓝色封面，十三乘十九厘米，上面贴着白底黑字的标题签，全书典雅端庄，十分精致，民国二十年由上海中华书局印行。扉页上有梵乐希的亲笔签名及题辞：Offert à la Bibliothèque Nationale（赠给国家图书馆）。扉页之后是译者献词：

> 谨呈刘燧元
>
> 他比我更适宜于翻译这诗的
>
> 宗岱 一九二八，夏间

　　刘燧元先生（1904——1985）是宗岱师的新会中学和岭南大学同学，1923年共同创立广州文学研究会，后改名刘思慕，先后担任多家报刊及出版社总编辑，最后职务是中国社会科学院世界历史研究所所长。同页后面印着四句《楚辞》：

　　　　朝饮木兰之坠露兮

　　　　夕餐秋菊之落英；

　　　　采芰荷以为衣兮

　　　　集芙蓉以为裳……

　　　　——录屈原离骚句

　　由于时间紧迫，赶快收起激动的心情，打开电脑，插上电源，开始集中精神转录。前后两天，才算抄完及校对一遍。当我最后把图书交还给馆员时，心中一阵快慰：从今又添，一双诗朋书侣。

2001年4月至7月

2017年10月修订

索邦大学的"瓦莱里热"

刘志侠　卢岚

梁宗岱曾进入巴黎索邦大学读文学，但没有得过文凭，这是很多人都知道的事实。按照张瑞龙在《诗人梁宗岱》的说法："是瓦莱里告诫他，要重实学，不慕虚名。青年宗岱遂以对当时一般留学生趋之若鹜的'博士'学位视之如敝屣。"

句中"博士"一词要解释一下。梁宗岱巴黎时期的法国大学文科，仍沿用拿破仑 1808 年订立的三级学位制，Baccalauréat（学士）、Licence（硕士）和 Doctorat（博士）。中学及格可得文科学士学位，进大学后，三年完成硕士课程，博士则要再读五年。这些都是国家文凭，由政府部门签发。

教育普及是 19 世纪末开始的事情，在此之前，拿到学士文凭的人数不多，已经可以进入社会，轻易找到工作。如果读完硕士，更加不愁没有好职位。文科博士学位专为那些有志于高深研究的人而设，索邦大学有一个很漂亮的圆形厅，专门用作答辩之用。由于要求严格，答辩时间可能长达六小时，加上出路有限，一般大学生都不敢染指。想更上高楼的人，多数报考高级师范学院，以求取得受人尊重的法国高级教师文凭。

19 世纪末，从欧洲各国涌来大批外国留学生，政府专门为他们增设一批学位和文凭，由大学校长签发，一般人称为"大学文凭"，以和"国家文凭"区分，由于是为外国人而设的，一般被视为二流学位。如果瓦莱里曾经告诫梁宗岱"不慕虚名"，应该是指这些含金量不高的文凭，而非真才实学的国家学位（外国学生也可以报考）。

梁宗岱没有文凭，引起后人一些想当然的臆测。许渊冲在他的回忆录《追忆逝水年华》中，这样描写梁宗岱：

> 法国中学毕业生叫"学士"，入大学后，要通过考试，得到四张证书，才算大学毕业……中国留法学生有规规矩矩考到四张证书，和法国大学生一样拿到学位的，如我的法文老师吴达元，《红楼梦》法译者李治华等。有"同朋友吸烟谈学，混一年半载，书才算读'通'了"的，最有名的是梁宗岱和傅雷。

最后一句"吸烟谈学"之后使用逗号，和后面连接读完，给人的印象是梁宗岱和傅雷是最有名的"吸烟谈学"好手，两个公子哥儿在"混"大学，而非去学习。接着又以大段的文字，讲述他们两人的文学成就，似乎这样的留学生活才够潇洒，才能学业成功。事实上，梁宗岱在索邦大学的几年生活十分潇洒，但绝对不是吸烟浪荡，不务正业，而是像其他法国学生那样勤奋好学。这里的气氛自由、认真、活泼，极适合他的性格，对他的熏陶影响了他一生的文学生涯。

"瓦莱里热"

笔者这样肯定，是因为在图书馆的发黄旧杂志里找到一篇文章，出自索邦大学文学系一位女同学笔下，她是梁宗岱的同级同学，文章的主题就是梁宗岱和他翻译的瓦莱里《水仙辞》。

NARCISSAE PLACANDIS MANIBUS
以安水仙之幽靈

哥呵，悠淡的白莲永慈思着美艳，
把永赤裸裸地浸在休洛溶的清泉，
而向着休女神水的女神呵，
永来這百静中默呈永无端的涙點。
无边的静傾聽着永，永向希里傾聽.

梁宗岱手抄《水仙辞》译稿（1928 年）
法国杜塞文学图书馆收藏

女同学名叫玛丽 – 玛德兰·马蒂诺（Marie – Madeleine Marti-neau），发表文章时，只使用复名第二部分作笔名，简化为玛德兰·马蒂诺（Madeleine Martineau）。她在 1908 年出生于一个文学家庭，父亲亨利·马蒂诺（Henri Martineau，1882-1958）本是医生，但酷爱文学。他从十五岁开始写诗，二十五岁医学院毕业，提交的论文竟然扯上文学，从医学角度研究左拉的"长河小说"《卢贡 – 马卡尔家族》（Rougon-Macquart，由二十本小说组成的系列）的科学性。他送呈评委审阅的文字除了论文，还附上刚出版的第二本个人诗集，结果以全级第三名的优秀成绩毕业。随后，他返回家乡悬壶济世，为了保持和文学界的联络，在 1909 年创办了小型文学期刊《长沙发》（Divan），十六开本，每期四十八页。再过两年，他放弃了医生职业，全家移居巴黎，专心期刊业务，为了糊口和支持出版，开了一间书店，以商养文。

《长沙发》是少见的长寿纯文学期刊，每月出版，甚至第二次世界大战也未能令它中断。但因为纸张匮乏，曾经在一段时间内改为季刊。就这样，一直坚持到1958年才结束，这一年也是

老马蒂诺生命的最后一年。他尝对人解释对这本杂志的感情："一个人一生，必须包养一个舞蹈女郎。我不去咖啡店，《长沙发》便是我的舞蹈女郎。"

马蒂诺有这样一位文学父亲，受到影响是不言而喻的。她曾在《长沙发》登表过诗歌，这篇文章则刊登在1930年12月10日《法兰西诗神》（*La Muse française*）第9年第10期上，这一期是《瓦莱里专号》，全部文章都以瓦莱里为题：

瓦莱里先生与索邦大学

随着岁月令我加深对自我的认识，我对瓦莱里先生的评价更高。但于我而言，他的名字将永远跟索邦大学的一些记忆分不开。在那里，我这个年轻的女孩子已经喜爱他，跟一群志趣相投的同学，一起赞颂他。大家都刚出中学校门，大家都发现了他。

事实上，我不打算在这里探讨瓦莱里先生跟索邦大学的种种关系，也非像评论家有能力做的那样，去研究他对不同的学生小团体作出的影响，亦不是要列出索邦大学的讲座清单，曾经谈及瓦莱里的，或者他本人曾经讲过话的。我只想唤回一小群人的共同记忆——那个年代，我们每三个句子就有两句提及我们的偶像，我们引述他的诗句语录，滔滔不断朗诵他的作品，甚至编成打油诗，当我们找不到语言来描述阅读他的作品所激起的热烈感情，我们便舒畅地长叹一声。

这个说："啊！《海滨墓园》！真美！"

"在《欧帕里诺斯》（Eupalinos）里，有一个和大海有关的句子，'海水淹没赤足，浸透，越过，再回落到上面'，你们可记得？"

所有人的脸孔都因为激赏而红光四射。另一个人从室外气喘吁吁跑进来，在明亮的课堂里高声喊叫：

> 你终于闪耀着了么，我旅途底终点！
>
> 今夜，像一只麋鹿奔驰向着清泉，
>
> 直到他倒在芦苇丛中方才停喘，
>
> 狂渴使我匍匐在这盈盈的水边。

（按：诗句来自《水仙底断片》，梁宗岱译文）

上课了，先来一条语录才开始。下课时，有时来一首打油诗：

> 啊，沉闷长课后犹流荡着的温柔，
>
> 课上完了，邻座之爱亦溜走！
>
> 呵欠几许，倦怠无力，但填满了
>
> 温柔地被压成一团的学识…

（按：原诗句子的梁宗岱译文：

> 啊，日力消沉后犹流荡着的温柔，
>
> 当他归去了，终于给爱灼到红溜，
>
> 慵倦，缠绵，而且还暖烘烘地炙手，
>
> 此中蕴蓄着无量数的宝藏……）

又有一天，另一个学生俯首在一杯清水上面，虔诚地诵读：

> 芳泉，我底泉，冷清清平流着的水。

《水仙底断片》（Les Fragments du Narcisse）得到这么样特别的宠爱，可能是因为我们的朋友梁宗岱正好在翻译，要介绍给中国的读者认识。

听他［用中文］朗读《水仙辞》的时候，真使人感到好奇！他使用一种跳跃的声音，抑扬顿挫，清脆奇异，像铃声颤抖，穿透出一种青柠檬的微妙酸味。

怎么就听出这是饱含柔软与温暖的瓦莱里音调！而梁宗岱信誓旦旦，说在汉语里，同样非常悦耳。

仍然是他，为一个金头发高个子年轻人下定义："一个了不起的家伙，能够从头到尾背诵《年轻的命运女神》。"他又提到另一个人："他不够聪明，再说他不喜欢瓦莱里。"

然而，这些表现不过是一种瓦莱里热发作的外部迹象，我们每个人都深刻地感觉得到身上这种热。我们阅读他的作品，一读再读，深思苦索，几乎全部吸收过来，语录和打油诗一样，来自同一个源泉。为了描述自己的思想情绪，他心爱的词语不断回到我们的嘴边：纯粹，秘密，寂静。他的诗歌对我们真是无孔不入。

使我们特别赞叹的是，他如此透彻地进入激情深处，在字词认识方面走得那么远。在那些玄妙的领域里，似乎只有音乐才能诠释的地方，他却游刃有余。他的诗歌逮住了感觉最微妙和最丰富的精细变化，一如它逮住了最抽象思维的暗示。

华兹华斯（William Wordsworth, 1770－1850）认为每一种感觉都值得写进诗歌，泰纳（Hippolyte Taine, 1828－1893）谈到他这句话时说："我们每个人，只有三四件事值得叙述。"瓦莱里不断回到他所关心的三四件事，从不同的情感角度和强烈程度来入手，我们以为这些是最重要的事，也最令人入迷。寻找认识自我，寻找观察感情和思想如何在自己身上产生，如何互相纠缠碰撞，以及从这种寻求中产生出来的自然道德观，对年轻脑袋的贪婪求知渴望，还有什么东西更具有吸引力的呢！

然而我们毕竟年轻，比起大师缺少练习，比如这些对感性的深入自我分析，或者这种令人晕眩的学识飞腾，我们既没有跟他同样丰富的学问，也没有同样的思考储备，我们不时迷失在陌生的光线里，但还未能登堂入室。

我们就像年轻的诗人济慈（John Keats, 1795 – 1821）那样，一个尚未开垦的思想的房间向我们打开大门，里面有很多阴暗的角落。于是我们争论，我们求索，我们在把握不定的探索中互相带领。

我们胜利欢乐的日子，是居斯塔夫·柯恩先生（Gustave Cohen, 1879 – 1958）在索邦大学讲解《海滨墓园》那一天。这有点像一出压轴戏，我听到教授以他的美丽而低沉的声音开始朗读：

这片平静的房顶上有白鸽荡漾。

它透过松林和坟丛，悸动而闪亮。（卞之琳译文）

这时候，我不知道是怎样的一种颤栗占据了自己。绝对的静寂，比起我们最专注听课的时候更甚。这是一种既沉思又激动的静寂。只有一个声音，一个饱满的声音，不断把我们沉浸在这首熟悉的诗歌里，它的崭新面貌使我们惊愕。正如我们听同一首交响乐，从来不会有两次相同那样，这首诗朗读得那么出色，跟我们一样带着虔诚的崇敬来朗读，在这座梯形教室里突然获得了一种簇新的色调和宽广度。

讲解对我们有帮助，但我们对这首诗足够熟悉，不至于在某些细节上完全认同讲课者的意见，这让我们后来非常开心地互相之间你争我论。

瓦莱里本人在课室里，我们认出他在听众之中，像一个听话的学生，专心听人家解释他的诗。我们偷偷地看他，他跟普通人无异，心中当然感到惊奇。然而，他的出现为我们的欢乐增加了一种十全十美的圆满属性。我们所处的状态，是极度的狂热。

柯恩先生讲解之后，瓦莱里先生说话了。

他从座位一下子站起来，对教授表示感谢，对解说给予好评，阐释了一个难点，或者不如说提出自己的看法。他对我们说，他的诗一经发表，便不再属于他本人，任由我们以个人气质去理解，将我们想要的东西放进去。我们要在自己的身体内，去吸收他送给我们的这件礼物所包含的内容。

我们青少年时期就养成爱上这些诗歌，毫无疑问，随着感性变得更有自我意识，这些诗歌一定呈现出更深刻更珍贵的意义，事实已经是这样。还是济慈这么写道："我们阅读美文，在没有到过作者到过的地方之前，永远不会完整地领会。"我们能否指望走过瓦莱里走过的所有道路？他在路上撒下敏锐非凡的智慧。有谁知道呢？此时此刻，我们仍在寻寻觅觅，醉心于困难的事物，像太司特先生（M. Teste，按：瓦莱里笔下人物）的创造者那样。

《法兰西诗神》是一本历史久远的诗歌刊物，1823 年创刊，发起人包括当时初露头角的雨果和维尼，曾经被视为浪漫主义诗歌的大本营。此后一个半世纪中，这本杂志好像一面大旗，经历了一场又一场风雨，从这个人的手传到另一个人的手，多次倒下去，又多次重新竖起来，最后的掌旗者是老牌出版社加尼埃（Librairie Garnier），1922 年接手，到 1940 年德军入侵被迫结束。这家出版社以文学名著丛书起家，在行内很有名气，直到 1983 年才结业，刚好存在了一个半世纪。

马蒂诺在文章开头，摆出一副老气横秋的样子，但很快便露出真面目。她写文章时不过二十二岁，离开大学不久。整篇文章满溢青春气息，不是一个曾经沧桑的人能写出来的。她把大学生的"瓦莱里热"描绘得活灵活现，最重要是以当事人身份，寥寥几笔勾勒出一个活鲜的梁宗岱形象，让我们知道他不仅像法国大学生那样上课，而且是校园文学活动的积极参加者，属于瓦莱里爱好者圈子的活跃分子。她笔下的梁宗岱正是我们所熟悉的梁宗岱，一个自信、直爽、开朗的诗人。同时也旁证了他翻译《水仙辞》自有因由，并非一蹴而就，而是白天黑夜都放在心上，挂在嘴边，不管人家是否懂汉语，只顾高声朗读自己的译文。

文中提及的演讲会很有名，居斯塔夫·柯恩是一位文学史家和评论家，1925 年起在索邦大学任讲师，1932 年被任命为教授。演讲会在 1928 年 2 月 24 日星期五下午举行。这是一次文学系课程，在最大的黎塞留梯形教室（Amphithéâtre Richelieu）举行，这里有九百个座位，俨如一个小剧场。瓦雷里以普通听众身份静悄悄出现在学生席上，但很快便被人认出。他的出现是一个谜，他的传记作家、索邦文学教授雅雷蒂（Michel Jarrety）在 2008 年出版的《瓦莱里传》中提出两个解释。一是他事前接到柯恩的邀请，但这样一来，作为嘉宾，他没有理由坐到学生中间去。另一个解释是他在前一天晚上，曾经到过同一个梯形教室，参加一个政要、名士群集的研讨会，由国防部长主持，讨论欧洲合作问题。可能在进出的时候，看到课程告示牌，一时好奇，第二天一个人跑来参加。

课程按时开始，柯恩详细解读《海滨墓园》全诗，朗诵一段，评述一段，学生听得入了神。讲课结束，柯恩请瓦莱里提意见。他是否正确理解了这首诗呢？马蒂诺在文中记述了瓦莱里的答案，"任由读者理解"，这也是他一贯坚持的立场。马蒂诺当时还年轻，又是"瓦莱里迷"，只是一味感到兴奋，却不知道瓦莱里心中百感交集，回到家里在记事本写下感想。他说自己当时好像分裂成两个人，一个活着，另一个已经死亡，活着的人坐在学生席上，聆听讲坛上的老师讲解死去的人的作品。他结束讲话时，引用了《海滨墓园》的一句诗："我在这里吸吮自己未来的烟云"（Je hume ici ma future fumée）。柯恩的演讲经过整理后，次年1月刊登在《新法兰西评论》上，1933年再印成单行本，瓦莱里为他写了一篇序言，仍然坚持"任由读者理解"。

马蒂诺的文章没有提及梁宗岱是否在场，但他既然属于瓦莱里迷的文学小圈子，想来一定不会错过这个盛会。

访问记

看过这篇文章，我们知道梁宗岱在索邦大学的日子"浪漫"，但不"浪荡"。他在这里得到的文学浸淫，对他的成熟起了决定性作用。如果把他的文学生涯比喻为一架飞机，他在广州培正中学和岭南大学几年所写的新诗，相当于飞机在跑道上开始滑行，其文名止于文学研究会范围，在同时代的大批青年诗人中未见特别突出。真正的起飞是在巴黎索邦大学，短短三四年，他掌握了法语，完成了一批分量极重的作品：中译《水仙辞》、论文《保罗·瓦莱里评传》、法译《陶潜诗选》以及一批英法文诗。《水仙辞》发表在1929年《小说月报》上，轰动一时，他的名字也从此镌刻在中国现代翻译史上。

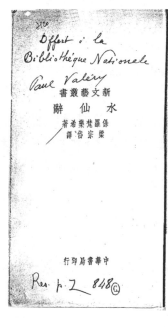

瓦莱里题送法国国家图书馆的梁宗岱中译《水仙辞》（1931 年）

法国国家图书馆收藏

所有接触过瓦莱里作品的人，都知道他的思想不仅深沉仿如哲学，文字上同样深不可测，难以一眼读懂，非要反复咀嚼，仔细寻味。就以他为梁宗岱法译《陶潜诗选》所写的序言为例，虽然是散文，没有普鲁斯特式的长句，也没有现代派的古怪词语，但翻译起来，要弄通其真正含义所花的时间和脑力，比任何作家的文章都要多几倍，甚至几十倍。梁宗岱在《论崇高》的注解中，曾经提及瓦莱里奠基作品之一的《达文奇方法导言》（*Introduction à la Méthode de Léonard de Vinci*），他感喟道："原文思想太浓密，字句太凝炼，译出来颇不易解"。戴望舒是翻译翘楚，他的译诗集（湖南人民出版社 1983 年版）只有瓦莱里一首十四行诗《消失的酒》（*Le Vin perdu*），非不为也，实不易为也。

然而瓦莱里的论著言之有物，含意深刻，往往寥寥数句，就足够评论家发挥成一篇长文。诗歌也是一样，朗读起来，那么悦耳，那么协调，意境那么深邃完美，即使听者未必句句明白，已经觉得是一种享受。可以说，瓦莱里的作品令人既爱且恨。索邦大学的瓦莱里迷大学生既然"每三个句子就有两句提及我们的偶像"，自然不会不知道这一点，因此当梁宗岱向他们透露正在翻译《水仙辞》，在他们中间必定引起过波澜。这些波澜传到学校的围栏以外，触动了一位报刊撰稿人，跑到梁宗岱住处探访，事后写了一篇访问记：

汉语瓦莱里

他们可能会满不在乎反驳说："多此一举，大家已经当这是中国货"，"至少，我不觉得有需要译成中文"。一些人心怀恶意，另一些人愚不可及，他们要吹响已经破裂的挖苦小号！吹吧，不停地吹吧！

面对这道从西方射向东方的悠长光芒，人们到底会感到惊奇的。瓦莱里肯定不会否定印度神秘主义和中国哲学的某些真理，这些真理不是无足轻重的。中国人面对瓦莱里，难道还有比知道他们的反应更使人感兴趣的吗？

为了先一步知道，我拜访了幸运的翻译家。梁宗岱——既然要说出他的名字——是一位前途无量的年轻中国诗人。《欧洲》杂志在让·普雷沃提议下，发表了他的一首诗《回忆》，以及王维的短诗《酬张少府》的译文。

梁宗岱怎么样翻译起瓦莱里的作品呢？有点出于偶然，也像经常发生的那样，有更深层的原因。三年前，他还在瑞士学习法文，一位同学向他揭示了瓦莱里，而这位未来译者马上对他的诗歌狂热崇拜起来，《水仙辞》在他脑袋里歌唱。

梁宗岱喜欢瓦莱里的诗歌，更甚于散文。他告诉我，这是因为在诗歌里，瓦莱里的思想与形式连结最紧密。他又说："如果想通过瓦莱里的诗来分析他的思想，就会缩小他的思想。"梁宗岱跟我说，他在《水仙辞》里感受到的这种恬静，这种纯粹，令瓦莱里必然更接近某些中国诗人，因为里面包藏着一种令人不安的虚无主义。比如王维，他的诗如此理性，又如此感性，还有已知的中国第一个诗人，著名的屈原。后者甚至表现出惊人相似之处，尽管及不上瓦莱里。他年轻时代写下的三十八行的《橘颂》，正是瓦莱里《棕榈树》的中国对称诗篇。橘树象征屈原，就像棕榈树象征瓦莱里。

只不过，中国诗人有一种道德观点，我们的诗人瓦莱里完全没有。那就是有一天，屈原这样回答渔父："举世皆浊我独清"。有谁知道新近某一天，特司太先生不曾这样回答过舍提（Sète）的渔父呢？

作者鲁佐（Maurice Rouzaud）也是年轻人，1907年才出生，但出道很早，迅速成为当时文学刊物撰稿人的一颗新星。除了书籍和作家评介外，他从1928年开始，撰写了系列性的作家访谈录，记录他们发表的对文学批评的观点。他的文章风格新颖，叙述生动，与一般的访问记大不相同，很受读者欢迎。尽管他是新人，但很多大作家都愿意接受他的访问，其中包括当时红透半边天的瓦莱里。访谈录陆续发表在《文学艺术科学消息报》（*Les Nouvelles littéraires, artistiques et scientifiques*）上，这是一份大开本的周刊，出版方是以编印辞典及百科书籍而出名的拉罗斯出版社。由于主要内容是文学艺术，一般人简称为《文学消息报》，该刊也从善如流，在1956年正式改用此名。

访谈录系列连载至1929年下半年结束，鲁佐把文章结集出版，题名《批评往何处去？》（*Où va la critique?*）。由于记载了当时的作家和批评家的不同看法，对文学史来说具有重要的价值，至今仍为很多学者和专家引用。鲁佐对梁宗岱所作的访问记，没有收在这本集子中，而在早几个月出版的《思想体育》（*Sport des idées*）里。根据作者在前言的说明，此书是笔记、信简和报刊文章的结集，作家访问录集中在《名片》（*Cartes de visite*）部分，有关梁宗岱的访问是六篇之一。观其内容及文笔，应该在报刊上发表过。书的序言日期是1928年8月，王维译诗刊登在《欧洲》杂志1928年3月号上，我们可以由此确定访问日期在这一年3月至8月之间。至于发表文章的刊物，到现在仍未能找到。笔者囿于时间，只在图书馆翻阅过1927年至1928年的《文学消息报》周刊，使用文章标题及作者名字作"关键词"，进行"快速视觉搜索"（浏览），花了一天时间，结果无功而还。

回头再说《思想体育》，笔者在旧书摊觅得此书，编号T，在印数两千册中排第二十五位。书前有一张钢笔素描的鲁佐肖像，作者是柯克多（Jean Cocteau, 1889 – 1963），著名的诗人、戏剧家、小说家和画家，1955年当选为法兰西文学院院士。鲁佐的《批评往何处去？》有他们两人的对谈录，后来柯克多当做自己的作品，收入到全集中。柯克多画笔下的鲁佐温文尔雅，一个二十岁出头的美男子，眼睛半带沉思直视前方，一种对未来充满信心的神气。作者也的确雄心勃勃，书中附有他的著作表，已出版的书只有一本诗集《*Voiles*》（本词有两个意义，"薄纱"及"船帆"，由于找不到原著，不敢随便翻译），"准备中"（En préparation）的作品则一长串，总共十种。可惜天不假年，两年之后，1931年4月，报纸突然刊出鲁佐的去世消息，死因没有透露，只说他得年二十四岁。

他留下这篇访问记《汉语瓦莱里》，提供了《水仙辞》翻译时期梁宗岱的第一手信息，其中对瓦莱里诗歌的评价，认为最接近王维与屈原，是以前没有见过的。访问记中有一句话需要解释一下，"一种令人不安的虚无主义"。瓦莱里从来不是虚无主义者，也没有专文论及虚无主义，更没有提倡，可是法国文学史却有"瓦莱里虚无主义"（le nihilisme valéryen）的说法。这是评论家创造的词组，有其特定的内容，使用时多少带点贬义。笔者认为梁宗岱不会认同这个说法，因此，这句话应当是访问者插进去的。

2012年6月

巴黎文学沙龙

刘志侠　卢岚

　　随着梁宗岱的著作被学术界重新发现，他的生平愈来愈多人感兴趣，国内经历大家所知不少，但他在法国长达七年的生活，却少有同时代中国人的记叙或回忆。除了郑振铎、徐志摩、刘海粟等人在书信或日记中只言片语提及外，最主要来自梁宗岱本人的三篇文字，《保罗·梵乐希先生》《水仙辞·译后记》和《忆罗曼·罗兰》。至于法文资料，同样片鳞半爪，一般人只知道法译《陶潜诗选》的献辞及瓦莱里序言，以及奥克莱尔女士及其女儿的《母女回忆录》(*Mémoire à deux voix*)。虽然坊间有几种长短不一的梁宗岱传记，但关于这个时期，都是经过辗转相传的叙述。由于没有注明出处，不知道来自何人何时何地，加上缺少同时代文献佐证，因此留下一些待解的谜。

　　在甘少苏的《宗岱和我》（重庆出版社 1991 年版）中，有一段梁宗岱与巴黎文艺沙龙的叙述：

　　　　经由瓦莱里的引荐，宗岱有机会进入巴黎一位著名律师的沙龙。这位律师曾为自己的朋友纠正了一桩冤案。朋友是位有名的医生，因妻子的突然死亡，而被判谋杀罪入狱十年。律师对医生的人品十分了解，经深入调查，终于证实了其妻是因爱美心切，吃了美容膏引起中毒身亡的。医生平反后得到坐监十年的损失补偿费，律师也因此得到十万法郎的报酬，这个沙龙就是他用这笔钱办起来的，每到周末，著名学者、艺术家便云集在这里，高谈文学艺术问题。

这段经历没有出现在 1981 年写成的《诗人梁宗岱》（张瑞龙，《新文学史料》1982 年 3 月号）中，也没有为十三年后出版的《梁宗岱》（黄建华、赵守仁，广东人民出版社 2004 年版）所采用。可能无法核实，故弃而不录。

笔者当年也心中存疑。然而，文中第一句"经由瓦莱里的引荐，宗岱有机会进入巴黎一位著名律师的沙龙"应该出自梁氏之口，因为《宗岱与我》的原始资料不仅来自甘少苏的回忆，还有梁氏本人口述的一些笔录，来源相当可靠，而以甘少苏的经历，很难虚构出巴黎沙龙。

文艺沙龙今昔

文艺沙龙是西欧独特的文学现象，最早出现于法国，这是有其历史背景的。17 世纪初叶，法语面临一个重要转型期。这种源于拉丁语的语言，现存的最古老文献只能上溯至 8 世纪，到了 1539 年才由国王谕令立为官方语言。这是一种"年青"的文字，正在"发育"期间，远未"成年"，不断变化，无论拼写、词性、动词变位和句法，没有公认的规则，各师各法，随心所欲。哲学家蒙田（Michel de Montaigne, 1533 – 1592）身历其变，曾经在著作中坦言，担心后世人看不懂他的著作。

与此同时，绝对君主制度日渐形成及加强，各说各话的语言巴比伦塔现象不利于中央集权，统一国家语言成为政治需要。路易十三的宰相黎塞留枢机主教在 1635 年创立了法兰西文学院，指定两个任务：规范法国语言和管理扶助文学与艺术的私人捐赠。四十位院士的首要任务是编纂《法兰西文学院辞典》（*Dictionnaire de l'Académie française*），目的是让法国人不分阶层，不分南北，使用同一种文字。

使用行政命令可以迅速规范书面语言，但口头语言却鞭长莫及：如何把改革贯彻到日常生活，使普通人使用的文字和口头语言也改变？当年的法国，经历多年的内战和动乱，加上亨利四世宫廷留下轻文重武的坏传统，造成社会流行说话鄙俗，行为粗野的风气，这不是几条语法规则就能改变的现象。文艺沙龙便在此时应运而生，创始者是朗布叶侯爵夫人（Marquise de Rambouillet, 1588–1665），她定期邀请一班贵妇淑女，到她在卢浮宫对面的府邸餐叙，谈文论艺，朗诗诵书，弹琴歌咏，期以优美谈吐和高雅举止匡正这种现象。其他沙龙也相继出现，主持人多是女性，早期的参加者也以女性居多。

历史学家认为，文艺沙龙对纯净法语和推动文学发展起过正面作用，尤其是参加者不乏诗人、作家及戏剧家，他们的作品对社会有相当大的影响力。沙龙创造了不少新词或短语，其中一部分被收入《法兰西文学院辞典》。但是像一个铜板有两面那样，由于太过强调抛弃"低级语言"，创造"高贵语言"，有些人走火入魔，为了自示高人一等，连一些最基本的日常生活用语也弃而不用，以其他方式表达，转弯抹角，最后变成无人能懂的怪物。例如"活动的美女"（手）、"亲爱的受苦者"（脚）、"静寂的火炬"（月亮）、"沐浴体内"（喝水）。莫里哀是这个时代的喜剧家，也是文艺沙龙的常客，他对这种现象不以为然，写了一部喜剧《可笑的女才子》来嘲讽，里面记载的词语一个比一个精彩："风韵顾问"（镜子）、"谈话的舒适设备"（椅子）、"请您满足一下椅子拥抱您的愿望"（请坐）……

沙龙虽然被人非议，但并未消失，反而开枝蔓叶。随着男性慢慢成为沙龙主力，其功能有明显的变动。一些沙龙继续书生聚会，谈文说艺，另一些把注意力转向社会和政治，闳议国事民生，启蒙运动和法国大革命的一些思想家便是沙龙的常客，他们对历史的进程产生了巨大的影响。

法国大革命后，沙龙回归文艺，但失去影响社会的作用，成为上流社会交际的一种形式。这个文艺现象继续存在至20世纪上半叶，直到第二次世界大战才中断。战后虽然仍有零星出现，但已无昔日光彩。

从出现之日起，除个别例外，都是由公侯华胄的夫人主持沙龙，19世纪下半叶起增加富豪巨贾家的女性，当然也有男主人邀集的沙龙，但数量极少。主持人除了有良好的文学及艺术教养，还要家财万贯、交游广阔。因为不是请来宾喝杯清茶、吃些点心便了事，作家或艺术家多是阮囊羞涩之人，常常要在经济上支持他们，开销不菲。就算送钱也不容易，要找出种种名堂，以保持双方面子。最常用的方法是设计一些不用坐班的工作，变相地让受益者支取干薪。

沙龙基本上是有闲阶级的昂贵玩意，前面引文中那位律师的"十万法郎"约合今天的五万欧元，想来难以应付。而客人方面，也不是谁想进去就能进去。对一位文学青年来说，能够身历其中毋宁是一个重要的经历，如果是外国青年，更是难上加难。笔者还没有机会读到中国学生出现在法国沙龙的中文记载，倒是不久前机缘巧遇，发现一位法国作家写过这样的一位中国学生，而这个人正是梁宗岱。

雷惠兰沙龙

记载的文字不是报刊文章，而是一封信，在一本 2004 年出版的书信集《天色已变》(*Le ciel a eu le temps de changer*)里。书名来自内文一句话："从这页纸这头到那头，天色已变"，含有"世事无常"的意思。书内所收的不是日常书信，而是上世纪 20 年代，两位有志于文学创作的青年，相约把通信作为文章来写，属于法国传统的书信体随笔。第一位塔尔狄尔 (Jean Tardieu, 1903–1995) 后来成为诗人，另一位厄尔贡 (Jacques Heurgon, 1903–1995) 是有名的拉丁文学者。

有关梁宗岱的信出自塔尔狄尔笔下，日期是 1930 年 2 月 2 日，篇幅相当长。第一部分谈论个人近况，第二部分叙述参加一位朋友的订婚仪式，在描述整个活动之后，笔锋一转：

雷惠兰夫人油画像（1913 年）

（法）Ernest Laurent 绘

法国奥赛美术馆收藏

有人将我介绍给雷惠兰夫人，她邀我第二天参加瓦莱里的每月例会，还说她非常喜欢我的诗，让瓦莱里读过，这令我充满自豪（至于瓦莱里的看法，天晓得！我不想冒险，只是心中默念："没有意见就是认许！"）封登和我在门口汇合，我们两人都是独身汉。

次日，我去先贤祠广场，到雷惠兰夫人家里。瓦莱里已经在那里，没有戴单片眼镜，靠近桌子。雷惠兰夫人以几句动听的话把我介绍给他，然后让我们单独在一起。瓦莱里望着地板，而我感到这块地板正在我身体内升高，就像毒药在苏格拉底双腿里上升一样，一个无法逃避的荒谬场面。不过，你留意，我要说的是尽管毒药发作，我却突然变得聪明。这时候，我开腔了，我说："嗯，我们已经见过面，几年前的事，在哈里逊女士家。"他猛然抬起头回答说："雪弗斯街。"然后又垂下脑袋。我想，"他已经评审过我了"。不过，他友善地努力降低身份俯就我："呀，你写诗哩。这是一门很困难的职业（注意：职业），这是我的职业（注意：我的）"。我傻头傻脑表示同意。他又挤出一句："写过这些诗后，还做了什么？"我背书似的答道："我服完兵役，目前正在找一个……"今回他的表情显得感兴趣，接过话题……"找一个社会地位？呀！是这样吧！我呀，我还在找呢！"

这时候，爱米尔·波雷勒来搭救我了，他是物理学家，以前当过内阁部长。他拿着一个小馅饼突然出现在面前，就像在一出预先写好又排练得当的喜剧里那样，他问瓦莱里怎么看某人的文章……是关于光线性质的。我终于能够不必听懂了！真是赏心乐事！不用走开我就消失无形。我听见波雷勒追问黑色的概念定义，瓦莱里很机智以某位院士的权威作为依据，提出一个说法：黑色是一个洞。瓦莱里——越发像瓦莱里了——又说："这是带有洞的颜色的某种东西"。

不久后，梁宗岱来了，这位年轻的中国诗人——"瓦莱里的中国人"，他是瓦莱里认为唯一能及得上自己的人。他得意洋洋，神气活现，我以前在索邦大学和约瑟夫·巴鲁兹家里见过他，当时他还相当腼腆的。现在好像自视为在他的主子之后，他是雷惠兰府邸的第二条支柱。且不知他出于怎样的卫生考虑或者要独树一帜，隆冬季节，穿着一件衬衫，丹东式的开领翻到短外套上边。我非常喜欢梁宗岱，他以前把一首可爱的小诗朗诵给我听，这是他从中文翻译过来的，后来在《欧洲评论》发表了。

与他交谈，比起跟瓦莱里更加没有灵感。我对他说，我在他的国家某个省份旅行过，但他全不在意，毫不惊奇，还比不上他跟我说，自从上回见面，他到过塞纳—瓦泽省（译按：巴黎北郊地区）那样令我惊奇。他不晓得如何回答我，说了一句绝妙的话："云南那边的政治局势好像相当混乱。"

再说他像磁针找回磁极那样急急忙忙要抽身离开，因为瓦莱里在邻室已经开始滔滔不绝地说话，围着他的人越来越多。梁宗岱像奔向母猫怀里的小猫，肩肘并用，很快钻进到他的磁极左边，然后动也不动了。他听着，表情好像在说"这个位置属于我的"。

我也在听，拉劳大声大气的插话妨碍了我，他是唯一说话的听众，在他对面的瓦莱里，声音低沉快速，几乎听不清。他提到马拉美，提到诗歌。说得有点翻来覆去：舞蹈，技术……我们都知道我们的瓦莱里是什么样子。当他反复说他坚信诗歌的高超技巧，却又听见他补充说，好像旁白那样："技巧以外，还有些东西。"

我一早告辞，因为要赴华尔特夫妇的晚餐，跟爱美莉·努勒重会，这是两年多来第一趟。雷惠兰夫人指给我看，她特别为我把九月二十七日那期的《新法兰西评论》（*Nouvelle Revue Française*）摆在客厅桌子上，并且邀请我以后再来。我很感动，但不知是否会回去。我自我感觉那么暗淡无光，思路迟钝——又这么不善交际！

信中人名不少，封登、巴鲁兹、华尔特、爱美莉·努勒都是写信人青年时代的文学好友，其他几个人需要简单介绍一下。哈里逊女士（Jane Ellen Harrison, 1850－1928）是英国剑桥大学教授，著名的希腊文学专家。第一次世界大战期间来法定居，至1926年返英。博雷尔（Emile Borel, 1871－1956）是法国科学院院士，教授，曾短期入阁担任海事部长。拉卢（René Lalou, 1889－1960），英语教授、翻译家，一位当时有影响力的文学史家和批评家。他们都是瓦莱里的朋友，也是沙龙常客。

至于女主人雷惠兰夫人（Noémie Révelin, 1872－1953），她是一位铸造工业家的女儿，继承了家族遗产。十八岁下嫁非洲探险家班热（Louis Gustave Binger, 1856－1936），三年后班热被任命为法属刚果第一任总督。1900年她离婚再嫁，丈夫路易·雷惠兰（Louis Révelin, 1865－1922）是一位左翼知识分子，曾任《人道报》主笔。她与前夫的独生女，是创建结构主义的哲学家巴特（Roland Barthes, 1915－1980）的母亲。雷惠兰夫人很早便开始沙龙活动，她对瓦莱里十分崇拜，每月为他在家中举行一次聚会，以他为主宾。

一个诗人的命运

这封信的记述十分生动，但带着明显的嘲讽味道，无论瓦莱里或是梁宗岱，写信人似乎和他们格格不入，这就必须解释一下信后的背景。

塔尔狄尔与厄尔贡是中学时期好朋友，两人都酷爱文学。完成中学学业后，塔尔狄尔进入索邦大学念法律，厄尔贡在名校孔多塞中学（Condorcet）念高级教师文凭预备班，他的希腊文老师名叫德雅尔丹（Paul Desjardins，1859－1940），在教书之余，还活跃于文学圈子，是赫赫有名的"庞蒂尼十日谈"（Décades de Pontigny）主持人。

法国作家塔尔狄尔
（20 世纪 30 年代）
资料照片

庞蒂尼是一个地名，在巴黎东南两百公里的地方。那里有一座大修道院，1906 年法国议会通过政教分离法律，国家没收了一批教会财产，其中一部分拿出来拍卖，这座修道院在名单上，由德雅尔丹购得。从 1910 年开始，每年学校暑假，他广邀文化界人士来聚会。由于环境清静，占地广阔，房间数量很多，可以同时接待数十位来客，很受欢迎。从 1910 年开始，除了第一次世界大战中断了四年，每年举行一次，每次十天，最后一次在他去世前一年的 1939 年。

这个聚会也称"庞蒂尼座谈会"（Entretiens de Pontigny），相当于现代流行的学术研讨会。参加人数不定，最多可达三四十人。除了诗人作家，还有文学圈的其他人士，例如评论家、出版家等。每天由一位参加者主讲，然后自由交换意见。虽然事先设定议题，范围却很广泛，除了文学，还旁及哲学、宗教、政治等。同时代很多名家都曾接受邀请到会，纪德、莫洛亚、迪加尔等是常客，也有外国人参加，瓦莱里在1926年和1938年曾两次出席。这是一个层次很高的文学小圈子，可以说是现代化的沙龙，名声超出法国。

德雅尔丹很赏识厄尔贡这位学生，从1922年开始，让他来参加十日谈。厄尔贡带同两位朋友前来，塔尔狄尔是其中之一。这几位小青年既胆怯又兴奋，和名作家作如此近距离的接触，不言而喻，受到很猛烈的冲击。

这一年聚会的主题与瓦莱里无关，但他成为参加者的议论中心，因为他的诗集《幻美集》（*Les Charmes*）刚在一个月前出版，引起轰动，到会的人全是他的支持者，赞美之词不绝于耳，瓦莱里也因此成为塔尔狄尔的偶像。从这时开始，塔尔狄尔决心要成为诗人，而厄尔贡的愿望是写小说。也是从这年冬天开始，两人开始通信，后来更相约把通信变成文学随笔。

英国学者哈里逊女士是十日谈的客人，塔尔狄尔认识她后，应她的请求，为她补习法文，和修饰她的法语讲稿文字，因此有机会参加她在家中举行的朋友聚会。1923年，就在这样的一次聚会中，塔尔狄尔第一次见到瓦莱里。可以想象，两人之间地位如此悬殊，难以作任何交流，塔尔狄尔只能静坐一角，高山仰止。

塔尔狄尔结识了一批文友，进入了巴黎文学圈子，不时被邀请到不同的沙龙。他对诗歌的热情愈来愈高，1924年干脆放弃学了一半的法律课程，转入文学系。梁宗岱也是在这个时期从瑞士来到法国，两人就在索尔邦大学认识。

1927年9月27日，《新法兰西评论》第168期刊登了塔尔狄尔三首诗歌，《异乡人》（*Étranger*）、《二人行》（*Couple en marche*）和《追逐》（*Poursuite*）。这是一本法国主流文学杂志，作为新作者能够在上面发表作品，等于一只脚踏进了文坛。

然而，他刚在此时完成大学课程，按规定要服兵役两年。他被派往法国殖民地河内，在参谋部任秘书，这也是他后来有机会踏足中国的原因。当时他的父亲在河内筹办美术学院，塔尔狄尔住在父亲家里，不必留守军营。生活条件很好，但因为环境变化很大，他中断了诗歌创作，只断断续续翻译了德国诗人荷尔德林的一些作品，余下时间都花在通信中，写了很多长信给在法国的友人，其中有一封给厄尔贡，用了四十页信纸。

1929年服完兵役回国后，塔尔狄尔的当务之急是要找一份工作。在现实面前，他明白不能以写诗为职业，而且他的未婚妻父母提出条件，要求他找一份稳定的工作，才让女儿和他成婚。他因此作出决定，先解决生活，诗歌暂且靠边。就在这封信的第一部分里，他把自己的决定告诉厄尔贡，"我已犯下'向诗歌再见'的恶行"。

但命运弄人，他努力找工作，朋友也尽力帮助，却屡试屡败，心情十分低沉。可是在雷惠兰沙龙里，瓦莱里和梁宗岱都不知道他的境遇，结果这边无心、那方有意，一些很平常的话，很平常的表现，都变成了射向他的利箭。尤其是瓦莱里的几句话："（写诗是）困难的职业"、"我的职业"、"我还在找（社会地位）呢"，更是箭箭见血。因此，他在这封信里的描述与其说是尖酸的讥讽，不如说是一种苦涩的自嘲。何况塔尔狄尔是一位很有幽默感的人，他后来的著作有几部是幽默作品。

他和诗歌道再见的时间不长，因为他到底是一位有文学才华的人。1932年，在朋友协助下，塔尔狄尔进入一家书刊发行公司当文书，负责撰写书籍介绍，生活终于安定下来，并且实现了结婚的愿望。仅仅一年之后，1933 年，他便写出第一本诗集，雷惠兰夫人曾经把排印样本拿给瓦莱里看，瓦莱里说喜欢其中一首《隐藏的河流》（*Le Fleuve caché*），这本集子后来以此诗标题作书名，不知道与瓦莱里的话有没有关系。至少，塔尔狄尔一直把瓦莱里的鼓励记在心中，1945 年瓦莱里去世时，他已经有一定名气，阿拉贡邀请他参加《法国文学》周刊（*Les lettres françaises*）7 月 28 日纪念瓦莱里专号，他写了一首文情并茂的散文诗《保尔·瓦莱里之墓》（*Pour un tombeau de Valéry*）。

　　第二次世界大战后，塔尔狄尔进入国家电台工作，继续诗歌创作，并旁及戏剧等，作品源源而出，先后得到很多文学奖，其中包括法兰西文学院诗歌大奖（1972 年）和法国文人协会大奖（1986 年）。他被认为是法国 20 世纪一位重要诗人。

2012 年 4 月

"我等待你归来"

刘志侠　卢岚

梁宗岱欧洲游学时受知于瓦雷里与罗曼·罗兰，他曾写下长篇文字，记录了和这两位大师的交往。但是，对他影响很大的还有第三个人，一个只比他年长两岁的青年作家——普雷沃（Jean Prévost, 1901 – 1944）。在有关梁宗岱的几种传记中，我们要等到作者叙述他的晚年，才看到普雷沃这个名字的出现，而且资料来源限于普雷沃的前妻、女作家奥克莱（Marie Auclair, 1899 – 1983）的回忆录。

我们不能责怪这些传记的作者，因为普雷沃的作家光芒长期以来被他的抗德烈士英名所遮盖，不仅中国读者陌生，法国人也要等到20世纪70年代后，才重新发现这位多才多艺的作家，重印他的作品，为他立传，举办展览和研讨会。

笔者知道普雷沃的名字很晚，第一次在20世纪90年代初读甘少苏的《宗岱与我》，由于叙述不多，得到的印象只是两人是普通文友而已。到了2000年，为了准备梁宗岱文集的编辑出版，几经努力，终于在法国国家图书馆找到法译《陶潜诗选》。打开书，第一页不是那篇著名的瓦莱里序文，而是一段献词《呈让·

普雷沃》（À Jean Prévost）。

　　这是一个冲击。一方面，梁宗岱坦白承认在翻译过程中，普雷沃给予很大的帮助，这种对文学的诚实，多数人缩减为在序跋中夹上只言片语的谢词，有些干脆装聋作哑，像《陶潜诗选》那样以献词方式出现，殊不多见。另一方面，这是一篇出自内心的感谢辞，充满感情，令人感到两人的交往不像一般单纯的技术合作，非只限于修改语法或润色文字那么简单。自此之后，普雷沃这个名字深刻在笔者脑中，开始留意这位作家。2008 年，《新文学史料》季刊郭娟女士约写梁宗岱欧游创作，在整理资料过程中愈来愈觉得，普雷沃在梁宗岱的文学生涯中可能起过重要作用。因此在写成的文稿《梁宗岱欧游时期的译作》（刊《新文学史料》2009 年 1 月号）中，特辟一章节《与让·普雷沃的友谊》，比较系统地介绍了他的生平。但感觉归感觉，具体的事实仍告阙如。

　　成文后，普雷沃的影子更加抹不去，可惜囿于时间，不能像专业研究者那样系统地全面搜索。即使能够，也不能保证立即有收获，因为时间已过去了大半个世纪，普雷沃的"重生"又来得很晚，新资料仍在断续零星出现，想得到收获，运气可能比努力更重要。

　　笔者耐心等候和跟踪，功夫总算没有白费，虽然捡拾到的仍然是大块小块的马赛克，不足以还原他们友谊的全景壁画，但已经为描绘一个比较完整的草图准备好一些画笔和颜料。

法译《陶潜诗选》评论

　　1929 年，梁宗岱把法译《陶潜诗选》献给普雷沃，两年之后，1931 年，普雷沃以一篇书评作为回答，文章在该年 7 月号

《新法兰西评论》第214期上发表，全文如下：

法译《陶潜诗选》

在瓦莱里和梁宗岱之后，谈论这些诗歌是一件困难的事情。前者基本上表达了一个有文化的欧洲人面对中国的感想：惊讶，然后对理智的高度运用感到亲切，最后是赞叹这么多中庸之道与精微之处。这些短小完美的作品，同时包含了诗歌与智慧，译者梁宗岱在评论时，指出了陶潜的本质：他超越了斯多葛主义。

余下来，只要看看他如何超越。斯多葛主义包含了克己捐弃，一种以爱比克泰德（Epictète，50－约125）为象征的故作反诘，一种面对世界及其财富不断进行心灵修炼，提升到脱离虚荣心的高度，一种自我作主、平静面对死亡的态度。但是斯多葛主义到底严酷，害怕纯化感情，因而摒除了人类文化很多东西，它看来比雅典派更接近斯巴达克派。最后特别要提及，斯多葛派实践的见解自律，消除威望，这一切都是负面的。斯多葛派惧怕想象力，企图消灭想象力。

陶潜刚好相反，他利用想象力，驯服想象力，来达到他的高贵目标，获得美感的欢悦。他在哲人欢悦之上，加上梦想，加上与梦共乐的艺术，却又不眷恋，也没有眷恋过。东方智慧超越我们之处，正是这种艺术，去掉想象力的个人色彩，清除普通人用以滋养想象力的追求和激情。

在这方面，陶潜是大师。他的行为是斯多葛派，他有怀疑主义者的轻松笑容和满不在乎，他怀疑自我，接受诸子百家，接受世界美丽事物。他的逻辑温和而富创造性，意象纯粹，有如秋天的树林。他的思想和诗歌浑然一体。像雨果吗？可是雨果的思想只是诗歌。像卢克莱修斯吗？卢克莱修斯的诗歌不过是一种伟大的思想要抓住真实的激烈行为。陶潜倒是让我们想起柏拉图的空想，如果他没有这种对宏大和无限抱有怀疑的话。这是中国古典作家和印度的不同之处，令他们更接近我们，却又令我们感到困惑，因为这是我们本身没有的习性。

至于译文，我自然无法判断其准确性。我看过翻译工作如何进行，细心缜密，千方百计扣紧原文，反复润色，我因此知道这是一部带着真诚与爱意完成的作品。法语译文显示出一种对语言微妙之处的辨识力，以及外国人极其罕见的悦耳音调。

书评不长，大概按杂志标准来写，风格专业，没有吹捧，但最后一句高度评价译文的质量。

文章发表时间距离书的出版日期超过十二个月，这时梁宗岱已经离开法国，在德国逗留近一年，正在意大利游学。按道理，普雷沃不应该等那么久才对一本献给自己的书作出反应。原来在《陶潜诗选》出版前一年，1929年3月，他向英国剑桥大学申请法文教师职位，同年六月接到聘书出发，停留两年，1931年夏天回国，文章就是此时写成的。于是我们也就明白了，梁宗岱的献词最后那段话的含义："这些诗陆续移译成法语，我们一起读过，后来我作过许多细微润色，但我相信你仍认得它们"，换而言之，1929年下半年至1930年初，《陶潜诗选》法译进入最后修改和定稿阶段，普雷沃不在梁宗岱身边，一切由梁宗岱独力完成。

《复兴》杂志中国专号

梁宗岱1931年秋回国，此后和普雷沃参商永隔，原因可能就是普雷沃去了英国。盛成先生在回忆录《旧世新书》中提及，1935 年再次前往法国时，梁宗岱托他带了两方图章送给瓦莱里。梁宗岱不知道，万里外的普雷沃却紧记着他，正是在这一年，他为一本杂志主编中国专号，梁宗岱的名字出现其中，放在突出的位置。

这本杂志的全名叫《法国艺术与豪华工业复兴》（*La Renaissance de l'art français et des industries de luxe*），一般人简称《法国艺术复兴》或《复兴》，创刊于 1918 年，最初的出版周期是月刊，1933 年后频率不定，有时两期合刊，最后变成季刊，至 1939 年大战前夕结束。这是一本高档文艺刊物，大开本，大图片，印刷精美，售价昂贵，普雷沃主编那一期才七十二页左右，售价却高达三十法郎。当年的豪华杂志《时装指南》（*L'Officiel de la mode*）也是大开本，八十页，售价才八法郎。

这期中国专号并非杂志社老总心血来潮，而是 1935 年 11 月伦敦举行盛大的中国艺术国际展览会（London International Exhibition of Chinese Art），宣称网罗了中国三千多年历史的艺术精华，上溯公元前 17 世纪，下至 19 世纪，展品来自十多个国家的王室、博物馆，及个人收藏，总数三千件。北京故宫博物院的藏品第一次送出国参展，数量七百八十五件。展览会在英国皇家艺术学院（The Royal Academy of Arts）举行，轰动了整个欧洲，各国王室名流纷至沓来，盛极一时。1936 年 3 月闭幕时统计，入场观众超过四十万人次。

为配合展览，杂志社出版了一期双月合刊（一九三五年十一二月），题名《中国及伦敦展览会专号》（*Numéro spécial sur la Chine et l'Exposition de Londres*）。内容分为两部分，一部分谈中国历史和艺术史，重头文章是著名汉学家伯希和（Paul Pelliot, 1878－1945）所写的《伦敦展览会的中国艺术》（*L'Art chinois à l'Exposition de Londres*），其余两篇介绍中国历史和绘画。有研究者认为，伯希和是这次展览会的发起人，这是很有可能的，他身为法国人，而被英国人挑选作为主要专家，前往中国参加选择展品。展览会开幕后，他举行了两场个人演讲会。

专号另一部分介绍中国文学，由普雷沃负责组稿和编辑，杂志的目录为此加上醒目说明："本期四十四张插图和十篇首次发表的中文译文由普雷沃汇集及挑选"。

普雷沃按规矩写了一篇简短的引言：

呈梁宗岱

亲爱的朋友，你回中国去了，留给我几篇翻译，我拿到这里发表。

你没有治好我对中国的无知，但是你让我的无知心醉神迷。你敬重考古家和社会学家的努力，他们揭示了中国极为独特的东西。不过，你认为艺术和诗歌能够让我们认识中国的人性，你跟我说过，"中国和法国最为相似，而在法国，都兰区最相似"。

中国的艺术和思想为人类的进展增光，在金属刚硬上面突屹而立，但是，当西方的艺术和思想（除了几位雅典派），要在我们身上增加世界及世界以外的负荷时，中国画家和诗人的毛笔却减轻这种负荷。

伦敦展览会让我想起你翻译的王勃诗句：

纤歌凝而白云遏。睢园绿竹，气凌彭泽之樽……
[穷且益坚，] 不坠青云之志

我对中文经典作品只能够间接地认识，最通常借助你，我由此所知只有你们国家的思想，但是像我这些对中国的无知者，艺术能够提供对其风格最直接的接触。

作为引言，标题《呈梁宗岱》无疑独创一格，也令人立即

梁宗岱《呈普雷沃》献辞（1930 年）

原刊法译《陶潜诗选》

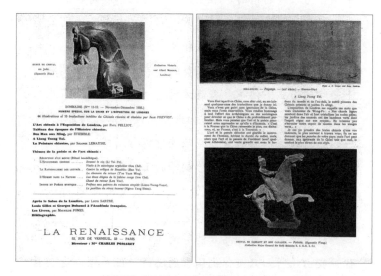

普雷沃《呈梁宗岱》献辞（1935 年）

原刊《法国艺术与豪华工业复兴》杂志中国专号

想起上面提及的梁宗岱献辞，两者完全对称。因此可以认为，这篇引言也是一篇献辞，普雷沃把这期专号献给梁宗岱。在文人相轻的圈子里，这种礼尚往来的君子作风殊为难得。

尤其梁宗岱并非专号的主要作者，虽然引言说他留下几篇翻译，但发表的十篇译文中，只有《后赤壁赋》一篇署名"梁宗岱"，这是第一次见到他翻译的苏东坡诗词。普雷沃主动拿出来发表，表达了他对远方朋友的怀念。他本人署名的《前赤壁赋》，位置却放在后面，可能他不知道前后赋之分，但更可能特意让梁宗岱占头位。无论如何，两位朋友，一起发表两篇姐妹作的翻译，不啻是一个友谊的象征。

普雷沃署名的译作除了《前赤壁赋》，还有陶渊明《归去来辞》、陆游《邻水延福寺早行》、柳宗元《愚溪诗序》和欧阳修《醉翁亭记》，总共五篇。

余下四篇《比丘受戒》（译自《大藏经》）、韩愈《谏迎佛骨表》、李白《对酒》和苏轼《腊日游孤山访惠勤惠思二僧》，出自艾田蒲（Etiemble, 1909 – 2002）笔下。这是一位学识广博的学者，念完高级教师文凭后才进入东方语言学院读汉语，当时还很年轻，在后来漫长岁月中写出很多关于中国的书籍，成为一位著名的汉学家，而这只是他众多衔头中的一个。

"小林琴南"

看到这里，可能有人会问，普雷沃懂中文吗？是否汉学家？答案是否定的，他从来没有读过汉语。在这点上，可以说他是法国的"小林琴南"，说他"小"，因为和林琴南有两点区别。一是他本人通晓多门外语，希腊文、拉丁文、英语、德语和意大利文，也翻译过这些语种的诗歌。另一方面，他以母语法文写作为主，翻译工作只是文学生涯的一个小括号而已。

再者，笔者对林琴南式翻译毫无偏见，因为所有不直接根据原文语言转译出来的作品，都属于这一类。中国新文学时期，很多人从日文和英文转译德文、俄文、古希腊、拉丁文等著作，其中不乏文学大家，例如鲁迅、周作人、郭沫若等。如果没有这些"林琴南"，中国人认识外国文学会推迟好多年。

问题在于这些转译的质量如何？普雷沃在这点上无懈可击，这与他的翻译方法有很大关系。在中文之前，他翻译过西班牙语的诗歌，一种他不懂的语言，他之所以要犯难，因为他的太太奥克莱尔（Marcelle Auclair, 1899 – 1983）精通西班牙语。奥克莱尔虽然在法国出生，但七岁随家人移居智利，在那里接受教育，到二十四岁才独自返回法国发展，后来成为著名的作家和翻译家。她又是法国当代两大妇女杂志创办人之一，1937 年的《玛丽·克莱尔》（*Marie Claire*），以及 1945 年的《她》（*Elle*, 1988 年起出版的简体字版译名《世界时装之苑》）。1927 年她和普雷沃结婚后，两人都从事写作和翻译，交换意见是很自然的事情，由此再进一步，普雷沃涉足西班牙语诗歌，也就不足为奇了。

1959 年 11 月，奥克莱尔在著名的文艺月刊《法兰西水星》（*Mercure de France*）第 1155 期发表了一篇长文《热爱翻译》（*L'Amour de traduire*），其中一节回忆当时普雷沃的翻译情景：

> 译者应该熟识自己的语言和所翻译的语言，可是我知道一个例外，给人印象深刻，值得一提。这位译者只谙自己的语言，但极为精通。他就是让·普雷沃。
>
> 他在《诗歌爱好者》（*L'Amateur des poèmes*）一书中，翻译了拉丁文、希腊文、意大利文、德文和美国文的诗歌，这些是他完全掌握的语言。但他也翻译了西班牙文，甚至中文，这是一种没有人能够责怪他不懂的

语言。

他翻译加西亚·洛尔加（Federico Garcia Lorca, 1898－1936）、洛佩·德·维加（Lope de Vega, 1562－1635）和其他卡斯蒂利亚大诗人，以及民间"四行诗"（coplas），一种看似无法翻译的诗歌，他却完全准确表达出来，不仅字面准确，精神和难以捉摸的韵致也天衣无缝。他是这样进行的：

我替他把诗歌逐字直译，然后朗诵原文给他听。这样，他就明白意义，听到声调、节奏和色彩。他这样做，比起不时想借助辞典，即使是蒙胧的念头，可能更加感觉敏锐。所得结果是旁人无法能及的，我相信没有人曾经及到过。他翻译加西亚·洛尔加的作品绝对精确，从今以后，《月亮谣》（La romance de la lune, lune）、《摇篮曲》（Berceuse）《血姻缘》（Noces de sang）在法国文学中有其地位。一如《七圣诗》（Les Sept Psaumes）和《仿效基督》（l'Imitation de Jésus－Christ），全靠高乃依，成为法国的重要诗歌。

奥克莱是很有名气的作家，本身又是西班牙语翻译家，她不避亲嫌赞扬普雷沃的林琴南式译诗，证明这些作品真的达到很高的境界。

《试谈我对中国的无知》

文中提及普雷沃的《诗歌爱好者》，出版于1940年，收入了历年翻译的外国诗，来自七种不同的语言，分为九章，每章开头有一段简短的说明。中国诗放在最后一章，诗篇数目并非最多，但引言最长，题目是《试谈我对中国的无知》（Essai sur mon ig-

norance de Chine）。开篇第一句便提到梁宗岱的名字：

　　十二年前，我认识了梁宗岱。这是一位完美的中国文人。他熟识英语，法文说得几乎跟我一般好。我们的古典诗和自由诗，很快便对他无秘密可言。他很年轻，一副孩子脸孔，最严寒的天气，只穿一件开领衬衣和一条长裤，加上一件单薄的短外套。他把寒冷看成是感觉官能的错误，并且以自己的理性去判断，不受其束缚。

　　我们结为朋友后，他不时带来一首诗歌，用他的语言给我诵唱，为我即兴翻译，我既赞叹又不安。诗歌很完美，梁宗岱的翻译和学者马古列斯（Margouliès，1902－1972）的译文互相吻合，还多出一种优雅和措辞用字的火焰。我们很快便着手修改，他说这些即兴翻译，以及学者的译文，只缺少一样东西：原文的极度简洁精炼。我们于是试图把每个译句浓缩，原来的长句子，变成数量不多的和谐单词。在这种练习中，我学到很多东西。

　　我真想学汉语，但必须忘记我为了生计花了七年工夫读预备班的苦心。我只好认命，通过纱幕来猜度中国。

　　我阅读法国汉学家的书，他们很快便令我相信，我没有权利享受这些诗歌。译文带给我的一些平庸乐趣是虚假的，因为每个思想都隐藏着三个有出典的暗喻。对自然最微小的观望，虽然以完美的词语翻译过来，却隐藏着奥秘和宗教意义，无法确切翻译。

　　我有时这样究诘梁宗岱：中国文学和中国思想是否离我们太远，以至根本不可译？他答道："在西方各有差异的心灵中，法国与中国最相似。在法国各有差异的心灵中，都兰区最能令人想起我的国家的思想。"

"但是那些奥秘的意义呢？"

他说："你不能够把《圣经旧约·雅歌》（Le Cantique des Cantiques）当爱情诗歌读吗？人家也说它有很多奥义。那天你为我翻译贺拉斯的《将进酒》[*Maintenant il faut boire*（*Nunc est bibendum*）]，与罗马的宗教仪式有关，但是这杯酒，虽然按照宗教礼仪喝掉，难道就失去酒的滋味吗？"

我们又回到诗歌上头，我再也不敢推却我的乐趣的。

无论瓦莱里，梁宗岱曾翻译过他的作品，无论我自己，都再没有他的消息。每读起这些诗篇，新的怀疑向我袭来。我冒险收入这里，只当作是我的无知的幻象。

书中还有一段回忆《赤壁赋》的翻译过程，他们两人如何一起进行细致的修改，其方法和奥克莱尔所叙述的几乎完全一样。如此认真的翻译写作态度，对梁宗岱的影响是不言而喻的。十年后，他在《一切的峰顶》的序言里陈述过自己的翻译方法：

至于译笔，大体以直译为主。除了少数的例外，不独一行一行地译，并且一字一字地译，最近译的有时连节奏和用韵也极力模仿原作——大抵越近依傍原作也越甚。这译法也许太笨拙了。但是我有一种暗昧的信仰，其实可以说迷信：以为原作底字句和次序，就是说，经过大诗人选定的字句和次序是至善至美的。如果译者能够找到适当对照的字眼和成语，除了少数文法上地道的构造，几乎可以原封不动地移植过来。我用西文译中诗是这样，用中文译西诗也是这样。有时觉得反而比较能够传达原作底气韵。不过，我得在这里覆说一遍：因为

69

限于文字底基本差别和译者个人底表现力，吃力不讨好和不得不越轨或易辙的亦不少。

可以看到，这种方法和他与普雷沃时期的翻译方式一脉相承，其主要精神是尽量"依傍原作"。笔者过去认为这是瓦莱里严格的诗歌理论教训的结果，看到这些新资料后，才明白应该加上当年与普雷沃一起磨炼的影响。

《试谈我对中国的无知》虽然只谈翻译及介绍有关诗篇，笔者读完后心情却久久不能平静，并非因为里面满溢友谊的叙述，以及坦白真诚的自剖，而是到了文章最后，普雷沃突然笔锋一转，直接和梁宗岱对起话来：

中国和无知是两个言之不尽的主题，但是我到此为止，亲爱的梁宗岱，我等待你归来。

每次回头读，笔者都回避这句话。这位万里外的朋友从心底里发出"何日君再来"的召唤，要是梁宗岱当年听到，两人重逢，该是何等美好。可是如今，一位壮烈牺牲在法西斯子弹之下，另一位带着"文革"深刻的伤口抱恨离开了这个世界，在他们之间留下永无尽期的遗憾，也留下这一声永不消逝的友情呼唤。

2012 年 9 月

萨伦逊的《鼓》

刘志侠　卢岚

　　瓦莱里为梁宗岱的法译《陶潜诗选》撰写的序言，以一大段褒语开头，其中有几句教人无法不注意："我的喜悦很快变成诧异，我将他递过来的纸页一读再读。有英文诗，也有法文诗……我觉得前者相当好，但不敢下结论，因为我不敢相信自己。至于法文诗，质量毋庸置疑"。大师如此高的评价，很不寻常，法国评论家可能心存疑问，因为梁宗岱是一个完全陌生的名字。如果他们知道这只是一个二十三四岁的年轻人，来欧洲读法文才三四年，他们一定更加惊奇。后来有关法译《陶潜诗选》的文章，评论家也异口同声肯定译文的水平。

　　到底瓦莱里当时读到的"纸页"是什么样子？两位诗人早已逝去，留下一个永远无法解开的谜。唯一的方法是找寻他这个时期在法国发表的诗作，才能作初步探索。梁宗岱本人留下一条线索：《欧洲》和《欧洲评论》两本杂志曾刊登过他的作品（见《罗曼·罗兰》与《译事琐话》）。

　　《欧洲》很容易便对上原来的法文名《*Europe*》，这是罗曼·罗兰创办的著名刊物，一直生存至今，互联网上可以查到历期目录，按图索骥很快便从旧书店寻回他的两首法文诗。《欧洲评论》略为棘手，"欧洲"和"评论"两个字在法文中有多个组合，经过反复对比，最后认定可能是《*Revue européenne*》。但找起来可不容易，这是一本高档纯文学月刊，很多作品出自当代名家：里尔克、泰戈尔、高尔基、乔伊斯……囿于曲高和寡，生存期不长，1923 年创建，1931 年停刊，连法国国家图书馆的收藏也不完整。经过地毯式搜索，一次又一次失望，最近才算得见庐山"半"面目。说是"半"，因为不是纸本原件，而是黑白的微缩胶卷。笔者最怕这种媒体，因为只见"树木"（内文），不见"森林"（封面），很可能因为多册拍摄装订，往往放弃封面和封底。而胶卷黑底白字，读起来分外费劲。选定的时段是梁宗岱最有可能发表文章的 1926 年至 1931 年，总共六卷。盯着荧光屏，眯起眼睛看了两天，翻阅了六千多个页面来淘金，最后幸运地如愿以偿，"淘"得梁宗岱的作品七首，分刊在三期上面。

然而，这些诗全部以法文写成，那么英文诗呢？写过多少？发表过吗？哪一本刊物？书海茫茫，没有任何线索去捞"针"，只能无奈兴叹。可是神奇的事情出现了，"针"竟然由美国人从"海底"捞上来。

前卫杂志《鼓》

大约两年前，笔者在一位朋友家里聊天，他拿出刚买回来的几本旧杂志，笔者随手拿起其中的《期刊评论》（*Revue des revues*，也可译为《期刊的期刊》），这是一本专业杂志，每年出版两次，介绍新旧杂志的出版及研究消息。手上那本是 2002 年印行的第 31 期，就在随便翻开那一页上，Liang Tsong Tai 三个字跃入眼帘。这是一篇新书评介，《萨伦逊出版的〈鼓〉第一至第八期影印本》（*Tambour Volumes* 1 – 8, *A Facsimile Edition*, *Harold J. Salemson*, *Editor*）。《鼓》（*Tambour*）是一本20世纪20年代在巴黎出版的文艺杂志，前后总共八期，本书收入全部影印，出版者是美国威斯康星大学。书前有一篇六十页的引言，洋洋大观，作者莫里逊（Mark S. Morrisson）和塞尔泽（Jack Selzer），同是美国宾州大学英语文学教授。

评介文章列出该杂志创刊号的作者名单，梁宗岱赫然其中，但没有更详细信息，不知是什么作品，也不知其数量。尽管如此，还是惊喜不过，立即四出找寻。原以为此书与法国文学史有关，距离出版时间已有五年，法国书店有充足时间引进，唾手可得。谁知不然，巴黎没有一家图书入口商感兴趣，也可能是美国的大学出版社都是书呆子，发行业务未到家，或者认为法国市场太小不屑一顾。几经腾折，最后越洋从美国亚马逊邮购才如愿以偿。书到手了，打开一看，眼前一亮，梁宗岱的英文诗! 捞到"针"了!

《鼓》是名副其实的"书海文物"，这不是一本普通的文艺杂志，而是实验性刊物"小杂志"，英文叫做 little magazines，法文 petites revues。作为杂志，开本很小，十七乘十四厘米，比旧式的小三十二开本书籍还要矮三厘米。印刷装帧简约，页数单薄，每期七八十页，印数一千五百册左右，存在寿命总共不过两年，共得八期，就像一颗一闪而过的小流星，早就沉到书海的深渊里。现在美国人打捞上来，并非为了法国人，而是因为创办人是他们的同胞，曾经在威斯康星大学求学。

萨伦逊（Harold Salemson，1910 – 1988）生于芝加哥，他的父亲是医生，认为"一个人懂两种语言等于两个人，三种语言三个人"，要求子女多学外语。他坐言起行，1921年举家移居巴黎，1923年到德国短期居留，然后返回美国。

1924 年萨伦逊的父亲去世，全家又搬回巴黎。1928 年，萨伦逊完成法国中学课程，返回美国念大学，进入威斯康星大学实验学院。但只读了几个月，老师知道了他的经历，发现他曾经向法国文学报刊投稿并获发表，认为他已有足够的语言本领，鼓励他再去法国闯天下，不要留在美国浪费时间。

他听从劝告，回到巴黎。他的父亲留给他一小笔遗产，原意是供他念大学的，他却醉心于文学，决定用来办杂志，办小杂志。在法国，小杂志早于 19 世纪下半期便出现，到 20 世纪初，成为文学现代派的战斗武器。因为面对主流文学，新潮派处于下风，为了宣传自己的主张，利用印刷及造纸技术进步、出版成本降低的机会，以小本钱出版小杂志，绕过保守的传统刊物，直接让公众认识自己，这个做法后来证明行之有效。

第一次世界大战结束后，巴黎成了世界文学和艺术现代派的大洪炉，十分热闹，有种"八方风雨会中州"的气象。很多美国文艺青年跑到这里来享受自由空气，迅速把小杂志的潮流传入美国。有人干脆在欧洲出版，寄回美国销售，因为德国通胀如脱缰野马，欧洲的美元汇率出奇的高，出版费用显得特别便宜。萨伦逊曾向来访记者回忆道，杂志小本经营，开销有限，编者就是自己一个人，作者不收稿费，真正要掏口袋的是印刷费，每期大约八十至一百美元便足够。难怪颇有名气的小杂志《小评论》（*Little Review*），虽然在美国出版有年，也在 1920 年代下半叶移民到巴黎。

萨伦逊当年不过十九岁，一个新手，却把杂志办得有声有色。刊物取名《鼓》，来自瑞士裔法国诗人桑德拉斯（Blaise Cendras，1887 - 1961）的诗句："我的眼睛是两只鼓"（Mes yeux sont deux tambours）。他一开始便定位站在现代派立场上，同时强调没有宗派成见。发刊词（*Présentation*）不长，全文如下：

了解过去便是表达现在，表达现在便是创造未来。

任何一种表达方式，过去、现在或未来，不管其倾向如何，都是可以容忍的。只有辨别它的艺术运动是向前或退后，才能找出它的意义和价值。只有吸取过去的教训，才能构思未来方向。

在艺术和文学方面，思想、信仰、种族和类别完全融合为一体。无论我们来自何方，无论持有何种信念，我们走在一起进行强大无比的探索，都是为了艺术的最终目标——美。

我们将搜集所有类别，所有倾向，让读者自行评判。

而我们将敲起鼓，宣布新到来的步伐。

巴黎美国侨民办的小杂志，一般面向美国读者，只使用英语。《鼓》别树一帜，既刊登美国作家作品，又向法国作者开放，保留来稿的原始语言，变成英法语言共冶一堂，互相争鸣。这样一来，不仅有美国读者，也吸引了为数不少的法国人，萨伦逊甚至在法国杂志上刊登征订广告。他尝对人说，《鼓》的印数每期一千五百册左右，订户却超过七百。这个比例很高，令人惊奇，但完全可信，因为当年的订户卡仍在，尽管部分散失，经过研究者整理，资料完整的订户数目已经超过五百五十，与七百之数十分接近。订户中不仅有大学图书馆或文化机构，还有一些法国作家或学者，足证这本杂志相当成功。

在全部八期之中，最令法国人感兴趣的是第五期《法朗士专号》，法朗士曾获诺贝尔文学奖，三年前去世，瓦莱里刚刚继承了他在法兰西文学院的席位。他生前备受颂扬，死后却迅速被人遗忘。杂志就此向一批作家进行问卷调查，请他们发表意见，结果二十三位法国作家和十二位外国人作出反应，其中包括纪德、莫洛亚、萧伯纳这些名家，这样热烈的反应殊不多见，在法国文坛引起巨大反响，以至巴黎《文学信使报》（*Le Courrier littéraire*）后来全文转载了这个调查。

梁宗岱的英文诗

然而对我们来说，最重要的是 1929 年 2 月的创刊号，梁宗岱的两首英文短诗刊登在这一期上，*Vespers*（晚祷）和 *Eventide*（暮），这应该是他第一次发表英文作品，可能就是来自瓦莱里看过的"纸页"。

两诗并非全新创作，而是从作者的中文诗翻译而成，梁宗岱的新诗集只有《晚祷》一本，读过的人对两诗不会陌生。第一首《晚祷》，原有的副标题"——呈慧敏"也保留下来，并且补上姓氏"钟"，不过体裁改用散文诗。

Vespers	晚祷
— To Tsong Ming‑Wei.	——呈敏慧

I stand alone by the hedge. / 我独自地站在篱边。

In this dimness of the twilight, Lord, soft shadows silently come and go, while the shepherd begins his dream of the wild rose. / 主呵，在这暮霭底茫昧中，温软的影儿恬静地来去，牧羊儿正开始他野蔷薇底幽梦。

Standing alone here, I regret and ponder my passionate past, when I madly plucked the flowers of the world. / 我独自地站在这里，悔恨而沉思着我狂热的从前，痴妄地采撷世界底花朵。

In tears, I am only waiting for a delicate petal, carelessly blown by the languid wind of the late spring:

我只含泪地期待着——
祈望有幽微的片红
给春暮阑珊的东风
不经意地吹到我底面前。

With it, solemly, devotedly, in the warm penitent light of the evening star, I shall complete my evening prayer.

虔诚地，轻谧地
在黄昏星忏悔底温光中
完成我感恩底晚祷。

第二首《暮》，逐字对译，一字不差：

Eventide

暮

Like an old nun,
The dusk, pale and slow,
Draws near from her ancient convent...

像老尼一般，黄昏
又从苍古的修道院
黯淡地迟迟地行近了。

　　同时发表的还有两首法文诗。Lotus（莲）是散文诗，核心来自《散后》的两句，"莲藕因为想得清艳的美花，不惜在污湿的泞泥里过活"，翻译时曾经改写和发挥。另一首 Nostalgie（怀念）则纯粹是新作，使用了西洋十四行诗体。我们知道，梁宗岱回国后，在 20 世纪 30 年代后半期尝试过中文十四行诗，1944 年出版的《芦笛风》收入了六首。但是法文十四行诗，此是首见，也是至今仅见。

　　《鼓》的出版周期两至三月一次。1929 年 4 月的第 2 期又刊登了梁宗岱的法文诗，这一次是王维的《山中与裴秀才迪书》，以散文诗形式译出。

萨伦逊"呈梁宗岱"文

从第三期起，直到杂志停刊，再没有梁宗岱的作品发表。这是否说他不过是一个普通的投稿人呢？不是的。1930 年 6 月，《鼓》出版到第 8 期，在第一页宣布"暂停出版"，因为主编要回美国，"不久后复刊"，不过，这个承诺始终没有兑现。在最后一期的"文坛动向"里，有一栏"本刊特约撰稿人（collaborateur）新书"，其中列出：

梁宗岱：法译《陶潜诗选》，梁宗岱译自中文，瓦莱里序（勒马日出版社）

如果细心翻看法译《陶潜诗选》，可以在最后一页看到，这本诗集在 1930 年 5 月 30 日才印就。萨伦逊近水楼台先得月，令《鼓》成为最先报导这本书出版消息的刊物之一。

既然是特约撰稿人，交情便不限于一般投稿人与编者的关系。翻完整本杂志后，又找到另一个证据，第 7 期有一篇萨伦逊写的长文《再没有冒犯文学的罪名》（*Il n'est plus de crimes de lèse - litterature*），文章以法文写成，篇幅很长，占去十页位置，该期连广告不过八十页，即八分之一篇幅，这是重点文章。

标题下有一个副标题，"——呈梁宗岱"（—— *A Liang - Tsong - Tai*），作者可以用来表示把文章献给对方，也可以表示与对方进行一场文学对话。从内容看，应属后者。作者以雄辩的口吻滔滔不绝，认为现代艺术流派（绘画、雕塑、音乐）被社会承认和接受，必然导致重新评价文学艺术的公认价值。过去的名作家、画家和音乐家不再神圣不可侵犯，大家有权各抒己见，自由批评："如果有人把兰波摆在拉辛之上（对我来说，这种比较并不存在），现在再没有理由引起反感。我认为，新艺术已经废除了'冒犯文学罪'"。

可是全文由头至尾，始终没有提及梁宗岱的相关见解。文中几次出现"你"（vous）字，但都不是为了引述对方的论点，例如"在文学中，更严重的是我们永远不知道二加二是否等于四。在这方面，我们相信过伏尔泰、圣伯夫这些人，这是因为我们愿意相信。何况，我说我们愿意相信有点夸张。我个人愿意，不错，但你呢，我不知道你的立场"。

梁宗岱当然有自己的立场，萨伦逊也不会不清楚，刚好相反，他们在这个问题上一定存在深刻的分歧，产生过激烈的争论。而按照梁宗岱的好辩性格，一旦争起来便劲头十足，好胜心会使他非要压倒对方不可，以至萨伦逊要借助长文反驳。如果真的那样，这篇文章不是为现代派鸣锣开道，而是一篇"自辩词"，呈给"检察官"梁宗岱，有关罪行不是"冒犯文学罪"，而是"冒犯瓦莱里罪"。

这个推测当然是主观的，但有根据。他们两人在同一年为文介绍瓦莱里，萨伦逊抢先一步，1928 年 4 月，在芝加哥纯文学月刊《诗》（*Poetry*）第 33 卷第 1 期发表了《保罗·瓦莱里的诗》（*The Poetry of Paul Valéry*）。这本杂志创办于 1912 年，是英语世界最老资格的诗歌刊物之一，至今仍在出版，到今年十月刚好一百周年。至于梁宗岱，徐志摩当时游欧途经巴黎，9 月 20 日从巴黎发出的信函中，提及看到梁宗岱关于"梵乐利"的评论，准备刊登在他与胡适主持的《新月》杂志上。但三个月后，这篇文章却与《水仙辞》中译一起，出现在上海《小说月报》1929 年 1 月号上。文章标题《保罗哇莱荔评传》，后来收入《水仙辞》单行本及《诗与真》，哇莱荔改译为梵乐希。

梁宗岱到法国不久便结识瓦莱里，在索邦大学念书期间，开始翻译《水仙辞》，作者帮助译者理解自己的作品是很自然的事情，因此他有机会与瓦莱里来往。而在学校和社会上，所见所闻，都是对瓦莱里的崇拜和赞美，他被瓦莱里海洋所包围。可以想象，他这个时期至高无上的偶像是瓦莱里。

萨伦逊不同，他写文章时只得十八岁，正准备回美国进大学。他的文章比梁宗岱的简短，但出奇地老练，夹叙夹议，既介绍了瓦莱里的生平，也评论了他的作品。他对瓦莱里的总体看法和梁宗岱的如出一辙：

梁宗岱：［他的作品］使法国的文学界知道他们今日不独具有法国有诗史以来五六个最大的诗人之一，并且具有法国光荣的散文史上五六个最大的散文家之一。

萨伦逊：毫无疑问，瓦莱里是法国当代诗歌最伟大的诗人，某些评论家认为他是古往今来最伟大的诗人之一。

萨伦逊不认识瓦莱里，更没有师徒或朋友关系，以局外人的眼光去阅读和观察，以独立评论家的立场去下笔，把自己的观点和盘托出，包括批评：

但是他有一个缺陷，很明显的——他的诗是哲学，而他的哲学是诗。正如他看不起法朗士那样，他也将会受到攻击（他已经开始感觉了），来自那些一定要把哲学和诗歌分开的人……

［他的前期作品］从时序上来说，《旧作诗谱》（*Album de Vers Anciens*）是第一部，但也是三部中最不重要的，它来自一个二十岁年轻人的脑袋，受到马拉美影响力直接的笼罩。这本集子收入的十四行诗相当平淡，里面缺少诗人日后的诗歌技巧，我觉得即使作为少作，也没有多少可观之处……

梁宗岱刚刚完成《水仙辞》的中译，在他的眼中，萨伦逊这些文字足够构成严重的"冒犯瓦莱里罪",当他读到或者听到这种言论时,发生争论便不可避免。看来梁宗岱占了上风,因为"一九一七年至二四年之间,梵乐希底声誉,已由法国底智识界而展拓至全欧了。德英荷意及欧洲各国底学术机关,已不时有他讲演底足迹。自从他被选入学院之后,他真再无宁日了。不独谒见的人士络绎不绝,就是国家有什么重要的学术及政治的集会,他也不能不莅会了"(梁宗岱:《保罗·梵乐希先生》)。在这种气氛下,任何批评声音都会被立即掩盖,萨伦逊在这篇文章中避谈瓦莱里便很可以理解,何况他是受委屈的,他无意冒犯瓦莱里,这篇"自辩词"与瓦莱里无关,只是重申评论家有权不同意正统的意见。

《眼睛共产主义》

争论归争论,友谊归友谊,梁宗岱与萨伦逊是两个热爱文学的青年,共同点多于分歧。《鼓》第 8 期在报道法译《陶潜诗选》出版的同时,也刊登了萨伦逊的新作《眼睛共产主义》(*Le communisme de l'œil*)的广告。这是一本现代派新诗集,里面有多张插图,由年轻画家图沙格(Louis Touchagues,1893 – 1974)绘制,他后来成为有名的插图画家、舞台设计家和壁画家。

书以法文写成,到目前为止,只查到几间美国大学图书馆有收藏,法国主要公共及大学图书馆都不见踪影,欧洲其他国家也一样。但是笔者很幸运,十多年前便见到这本书。1999 年,为了替梁宗岱文集收集资料,曾经到过广东外语外贸大学图书馆的梁宗岱赠书室(现已搬往新址,焕然一新),在尘封杂乱的书架上,见到一排排精装洋书,中间夹着一本可怜巴巴的小册子,抽出来一看,只得二三十页,开本比普通书短一截,打开再看,扉

萨伦逊赠梁宗岱《眼睛共产主义》及题辞（1930 年）

广东外语外贸大学梁宗岱纪念室收藏

页有作者写给梁宗岱的题辞。当时不清楚此书的来龙去脉，作者名字萨伦逊陌生得像外星人，更加不会想到与梁宗岱的英文诗有关，只是被生动的题辞吸引，直觉两人是文学好友。在徐真华老师热心帮助下，把内文全部影印下来，作为资料备用。想不到这本身世不明的小书如此珍贵，十多年后得到如此清晰的答案。

萨伦逊的题辞很短：

À mon vieux Liang Tsong Tai，ces quelques pages，dans l'espoir qu'il voudra bien les

《鼓》创刊号（1928 年）
本期刊登梁宗岱英法文诗四首

刘志侠、卢岚收藏

lire avant de les condamner, son copain buddy Harold Sa-
lemson

这几页书送给梁宗岱老兄，希望他能够读完才定
罪。他的老友萨伦逊

这里有两个词语意味深长，第一个 condamner（定罪）可以
证明两人时有激辩，第二个 copain buddy（老友），显示他们互
相赏识，互相尊重，不存芥蒂。

他们在同一年离开巴黎，1930 年，萨伦逊返回美国，梁宗
岱前往德国和意大利学语言，次年回中国。这一去，萨伦逊没有
回过巴黎长住，梁宗岱也没有再回巴黎。回国后，萨伦逊对新兴
的电影艺术愈来愈感兴趣，一年后跑到好莱坞去发展，虽然继续
为美法两国的文艺杂志写文章，交叉介绍和评论两国的影片，但
已完全放弃了文学。20 世纪 70 年代，他回头从事翻译工作，完
成了大批译作，也与文学无关。

2012 年 5 月

瑞士"船堡"故事

刘志侠　卢岚

20世纪20年代是中国"新文化运动"的高潮时期，涌现出大批年青的作家和诗人，梁宗岱是其中一位。他的诗集《晚祷》属于文学研究会丛书的最早系列，出版于1924年12月，然而诗集尚未印成，这位广州岭南大学文科一年级大学生，已经迫不及待到欧洲游学去了。

瑞士过客

他的目的地是法国，轮船到达马赛后，却不像其他人那样坐火车上巴黎或里昂，而是直奔瑞士日内瓦，在那里停留了整整一年。这个选择令人意外，与一般留法学生不同。他曾在《我的简史》中解释原因，"因为听说日内瓦大学专为外国学生设定的法文补习班办得很好"。后来的事实证明这个选择是如何重要，在一个没有大都会嚣闹的地方潜心学习，打下牢固的法语根基，让他日后受用终生。一年后他离开瑞士，进入巴黎索邦大学，数年间从一个青苹果般的大学生，成熟为一个"风度高雅"（瓦莱里语）的作家，踏入一个新的人生境界。欧洲七年，他只回过瑞士两次，每次都是过客。在这个风景如画的静宓国度里，他留下的文学脚印不多，到目前为止，我们只知道四个。

第一个脚印是一首中文诗歌《白薇曲》，发表在《小说月报》1925 年 8 月第 16 卷 8 号。诗歌在 1925 年 2 月 20 日写成，离他踏足瑞士只有三个月，副题是法文《À Anna Zawadzka》，献给一位名叫安娜·查娃茨卡的姑娘。这首诗与他的新诗创作一脉相承，是一首青春爱情诗。他本人从来没有谈及这位在瑞士邂逅的女性，但他去世后，有人以此诗衍生出一个荡气回肠的苦恋故事。有些传记没有核实史料，袭陈随故，人云亦云。笔者始终认为这不过是一个文学童话，只有开头的《白薇曲》是真实，这是梁宗岱的文学作品，后来的发展和结局，属于穿凿附会之列，以后有机会再谈，这里先不耽搁。

第二个脚印在日内瓦湖边的小村镇维勒讷沃（Villeneuf，梁译"新城"），1929 年及 1931 年，梁宗岱先后两次到这里拜访罗曼·罗兰，后来他写成《忆罗曼·罗兰》一文（初刊《大公报》1936 年 6 月 17 日《文艺》版第 64 期，后收入《诗与真二集》），详细记叙了两次会面。

第三个脚印在 1931 年，他到苏黎世拜访瑞士雕刻家哈烈（Hermann Haller，1880 – 1950）。一年后，他以信简体写成《论画》一文，评介刘海粟欧游画作，引述与哈烈散步时的说话，"对于艺术家，最重要的就是创造一件有生命的东西"。1982 年 8 月《新文学史料》16 期刊登张瑞龙的《诗人梁宗岱》，有一张插图是他与哈烈在游船上的合照，但图片说明"泛舟日内瓦湖"之语不确。两人在苏黎世见面，不会跑到三百公里外的日内瓦湖去弄舟，照片应当是苏黎世湖，面积只有日内瓦湖的六分之一左右，但格调相同，风景一般美丽。

第四个脚印也是在 1931 年，他参加在国际联盟（今天联合国的前身）总部举行的"为争取和平之宗教与道德力量联合会"（Union des Forces religieuse et Morale pour la paix）的会议，在会上作了发言，题目是《从道德观点看裁军问题》（Désarmement comme problème moral）。

这些脚印不仅寥寥无几，而且缺少具体细节，模糊不清。只有与罗曼·罗兰的两次会面痕迹清晰，但罗曼·罗兰是法国作家，人在瑞士，文学活动全部在法国，与瑞士文坛毫无关系，可以说是一个假脚印。大半个世纪里，人们所知仅此而已，瑞士的一年生活似乎没有参与梁宗岱的文学成熟过程。

哈斯勒的小说

笔者收集梁宗岱欧游时期资料过程中，一直没有遇到与瑞士有关的文献。直到 2012 年 5 月的一天，为了核实一篇法译《陶潜诗选》评论的刊登日期，上互联网搜索，在长串的结果中，见到已经多次出现的几行德文。笔者不谙这种语言，只认得里面"Liang Tsong Tai"三个字。这类网页通常是书店广告，因此置之不理。这一次顺手点开，借助谷歌翻译，果然又是出版社的介绍，一本德语著作，书名《阿琳娜与爱情创造》（Aline und die Efindungder Liebe），2000 年在苏黎世出版。阿琳娜何许人？一无所知，作者埃芙莲·哈斯勒（Eveline Hasler）的名字倒听过。她在 20 世纪 60 年代以儿童文学成名，中译本已有《香草女巫》《魔法森林的夜晚》《花城》等数种。80 年代后她转向传记文学，写了一批以瑞士人物为主角的作品。

尽管德文像天书，仍然通过网上书店把书买回来，薄薄的一册，小开本，随手翻开，到了第二十四页，就见到"Liang Tsong

Tai"三个字，心中很高兴，由于当时有别的事情要做，便把这本书搁在案上书堆里。书的封面是阿琳娜的照片，头戴草帽，抱腿坐在花园长木椅上，手中一本书，眼睛仰望天空，很有点神秘感。每天都和这双朝天的眼睛打照面，终于忍不住把全书扫描成电子书，标注可能有用的段落，传送给远在中国东北的朋友陈宁，向他求助。陈宁是《辽宁日报》的资深编辑，特别钟爱奥地利诗人里尔克，"因痛心于里氏的汉语译本"，索性自学德语。外语界很多人都留意他创办的网站"汉语里尔克"，笔者也是因为梁宗岱翻译过里尔克的《罗丹论》与他结信缘。他收到电邮第二天便复信：

> 昨天晚上上班，大约读了三个小时，回家后至今，大约又读了四个小时，通读了一遍全书，并仔细研究了一下特别标注的页码。现报如下：
>
> 这本书书名上已经明确标注"Roman"（小说）。应该是根据 Wladimir Rosenbaum 的事迹杜撰的一部通俗女性小说。书中 Aline 与 Liang Tsong Tai 的一切交往全部发生在瑞士 Comologno 的 Palazzo La Barca（Barca 宫）。不知道宗岱先生离开日内瓦去巴黎后是否又再回到过瑞士，书里的描述应该是回到过瑞士。

后面跟着摘译，段落不多，多是断语残句。根据这些摘译，可以知道梁宗岱在书的开头出现过，他接受一位古堡女主人的邀请，去到瑞士南部山区一个小村子度假。作者假借虚构的人物村童路加（Luca）的眼睛，看见他乘坐公路交通车到达，看见他去观赏山涧急流，看见他与女厨子一道去买菜，看见他一个人在堡内石子路上朗诵诗歌，"词语像斑斓的鸟儿在房间里啁啾：la prairie, les nuages, la lune（法语：草地，云朵，月亮）"，然后便失去踪影。要等到度假完毕，乘坐古堡男主人的顺风车离开时才再出现，作者连他的名字也不提，以"中国人"代替。到了全书剩下不到三分之一，他的名字最后一次闪过，作者描写女主角的衣着，说她穿着梁宗岱赠送的丝绸长袍，"中国丝绸簌簌作响，上面绣着一条条银龙，梁宗岱说过，'它们会带来幸运'"。

综观这些文字，梁宗岱在书中无疑充当跑龙套的小配角。资讯如此单薄，令人失望，加上陈宁提醒"这是小说"，是"杜撰"，而笔者要找的是真实的史料。但回头再想，这本书至少证明梁宗岱回过瑞士，描写虽然简之又简，却有两个细节出奇地与他的爱好吻合。一个是高声朗读诗句，不止一位法国友人记述过，他用法文朗诵，也用中文，对着纱帐里的婴儿同样照念不误。二是对中式绣龙情有独钟。1934 年他与沉樱东渡日本，在海边偶然遇到日本法国文学专家铃木信太郎（Shintaro Suzuki，1895－1970）。后者后来写了一篇回忆文章《梁君去后》（リャン君去来），提到当日在沙滩上见到他，身上披着一件丝绸长袍，衣背图案正是丝绣的龙。

虽然书的标题下面加注"小说"两字，但是书末附有一份《参考书目》（Bibliographischer Hinweis），篇幅两页多，列出多种多样文献，书籍、手稿、通信、个人档案、传媒访问、专访……总共 30 多种。此书显然不是向壁虚构的小说，有真正的史实作基础。作者愿意花这么大的力气为阿琳娜立传，必非等闲之辈，书中有很多瑞士、德国和西欧的文艺界知名人物的名字，雕刻家哈烈，反法西斯作家图霍夫斯基，达达派大师阿尔普，还有《尤利西斯》作者乔伊斯。她选择梁宗岱来开始这本书，必定有些史实吸引她的注意。想到这里，虽然漫无头绪，又面对德语这堵高墙，明知要付出双倍努力，仍然决心追寻下去。

谁是阿琳娜

解铃还须系铃人，要解开这个结，首先要认识阿琳娜这个人。

阿琳娜·瓦朗让（Aline Valangin, 1889 – 1986）原姓杜科曼（Ducommun），瓦朗让是后来起的笔名。祖父埃利·杜科曼（Elie Ducommun, 1833 – 1906）是瑞士名人，从事过教师、新闻记者、报纸出版人等职业，担任过政府高官和伯尔尼私营铁路公司总经理，又是诗人和翻译家。19世纪末，他出于和平主义者的信念，不遗余力推动欧洲各国友好来往。1890年，负责组织国际和平局（International Bureau of Peace），这是全世界第一个民间性质的世界和平机构，一直存在至今。1891年成立时，他出任义务总干事之职。由于这些活动，1902年他与另一位瑞士人获得诺贝尔和平奖。

阿琳娜是他的孙女，可说系出名门，自幼爱好音乐，毕业于洛桑音乐学院后，从事钢琴教师职业。但不久因为右手指关节受伤，被迫放弃。1915年，她到苏黎世师从著名心理学家荣格（Carl Gustav Jung, 1875 – 1961），成为心理分析师。这时期，她结识了正在大学攻读法律的罗辛巴姆（Wladimir Rosenbaum, 1894 – 1984），一位俄国出生的德裔犹太人，1903年跟随俄罗斯母亲移居瑞士。两人不久结成夫妻，出于共同的文学艺术兴趣，经常在家里接待作家和艺术家朋友，把寓所变成了文艺沙龙。1923年，罗辛巴姆考取律师资格，专门接办刑事案件，由于经常打赢官司，很快便成为名律师，收入丰厚，生活条件迅速改善。1929年，他们在瑞士南部一个山村购下一座古老大宅"船堡"（Barca，意大利文）。罗辛巴姆的工作地点在二百里外的苏黎世,周末才回家,但阿琳娜不愁寂寞。由于大宅地方宽敞,有多余房间,客人可以在这里住宿或度假,不仅老朋友继续来访,附近的艺术家也闻风而至。

从 1936 年开始,阿琳娜尝试文学写作,德法双语并用,也是从这时开始,她采用阿琳娜·瓦朗让作为笔名。瓦朗让是瑞士西北部一个小镇名字,16 世纪宗教战争时,原居法国南部的阿琳娜祖辈逃避兵戎之祸,辗转流亡到瑞士,瓦朗让镇是他们的第一个落脚点,阿琳娜因此对这个地方怀有特别的感情。她最早发表的作品是一本法文诗集《听写练习》(*Dictées*),两年后出版德文故事集《山谷故事》(*Geschichten vom Tal*)。此后数十年著作不断,一生创作了四本法文诗、四本德文诗及八本德文小说故事集,其中一些作品至今仍在重印。

20 世纪 30 年代正值德国纳粹势力膨胀时期,逃避希特勒迫害的难民流亡到瑞士日多,阿琳娜夫妇伸出慷慨援手。罗辛巴姆从苏黎世回家时,不时带来一些向他求援的无家可归难民,让他们在"船堡"暂居,联系到亲友后才离开。他们夫妇以积极行动参加反对法西斯主义,不料因此惹祸。1937 年,罗辛巴姆被牵连入一宗偷运武器支持西班牙"人民阵线"事件,被警方在"船堡"截获,虽然瑞士外交中立,但私藏武器的行为触犯了法律,结果被判短期入狱,律师资格因而被取消。出狱后,他被迫改行,迁至小城阿斯科那(Ascona)改业古董。1940 年,两人结束二十三年的夫妻关系,和平分手,"船堡"也告易手。

两人后来分别再婚,阿琳娜第二位丈夫是小提琴家和作曲家沃格尔(Wladimir Rudolfowitsch Vogel, 1896 – 1984),也是一位俄裔犹太人,1918 年到柏林进修音乐,学成后在音乐学院任教。由于与前卫艺术界来往密切,1933 年他因作品被纳粹诬为"堕落艺术"(Entartete Kunst),被迫流亡国外。最初几年往来西欧各国之间，尤其巴黎和伦敦，以演奏小提琴为生。阿琳娜在1934年和他结识，由于爱好音乐，两人成为好朋友。1939年大战爆发，沃格尔正好在瑞士，羁留下来。他没有瑞士国籍，拿不到工作证，不能举行音乐会，除了私下替学生补习，主要靠朋友资助。阿琳娜是这些忠心朋友之一，她在离婚后便与他共同生活，除了继续写作，还重新开始从事心理分析师工作。1954年，沃格尔取得瑞士国籍，两人正式结婚，白头偕老直到去世。

康贝尔的传记

阿琳娜的经历起伏跌宕，足够编一部电视连续剧，按理不止一位作家会对她感兴趣。仔细参详哈斯勒书后的文献目录，看中一本1990年出版的《两个人的故事：罗辛格姆与阿琳娜》（*Geschichte zweier Leben：Wladimir Rosenbaum & Aline Valangin*）。书很快从德国购回，2002年的版本，经过作者增补修订，开本和页数都超出哈斯勒的书三分之一以上，内文编排紧密，内容丰富得多。作者名叫康贝尔（Peter Kamber），瑞士历史学家和作家，专门写瑞士当代人物传记，以及第二次世界大战瑞士历史。这本书是传统的历史著作，言必有据，没有自由发挥，引文很多。书后除了长串参考书目，还有各章的"资料来源"（Quellen）。这种严谨的著作最合需要，不过关键仍在于书内有没有 Liang Tsong Tai 三个字。最快捷方法是查阅人名索引表，Liang Tsong Tai 三字名列其中，但只有一项，在第123页。

这一回又要向陈宁君求助了，扫描寄出后，又是第二天便收到回复：

> 今天赶了一篇稿子，间隙中大致看了四章，并全部
> 出现"梁先生"与"中国人"的相关段落（见附件）。

近日有些忙碌，月底还被通知要参加一个毕业廿年的校友活动并辽宁大学的校友会活动、估计会喝得天昏地暗。所以，如果需要详细译文，请容陈宁下个月整理。原文不难，就是有些太践了，恐怕语气上不太贴切。

果然，不到一个月后，收到译稿：

> 回信有些迟缓，还请恕罪。上个礼拜忙着看一部日剧，然后家母早上打太极拳时脚崴了，Dasha 忙着背她上下楼去医院换药，单位最近布置各种任务，所以，拖延了一个星期，昨天下午在家、昨天晚上上班的间隙，才大致翻译了文稿。望不至于耽误写作进程。

> 只是，关于 Eveline Rasler 的 Roman，Dasha 还是不得不啰唆一句，这种"传记文学"（而非"传记"），在学术写作中，似乎不应该作为"信史"加以采用。或者在写作中最好对此申明一下。总之，请三思。

经过往来讨论，很快便落实了译文。8 月 28 日收到他的电邮：

> 你客气了，译文但凡有不满意的地方，提出来，陈宁再看看。

> 看了发来的《里尔克与罗丹》（*Rilke et Rodin*）PDF 目录，里面 Ernst Zinn 等人的德语论文，陈宁似乎不需要，而且，陈宁也极其不信任 Zinn 先生，就因为他主编的"全集"，陈宁不得不另外花钱满世界购买他所称依据的底本。

> 里尔克的诗 7 月底已经交稿，散供诗稿部分因为许多没有德国人的解读，一些细节暂时自以为是了，准备再冷却半年然后复核一下，在付印之前做最后校检。

转录这封电邮似乎离题远了，这是特意为之，是为了不要忘却的纪念。这是陈宁君的最后一封电邮，12月5日，诗人何家炜君来电邮："陈宁dasha兄因心脏梗塞突然去世，特告之。明天一早飞沈阳送他一程。人世无常，愿生者珍重，逝者吉安"。

本文所有来自德语的译文都是陈宁君的译作，遥作鲜花一束，献给这位从未晤面的远去友人：

1929年起，阿琳娜每个夏天都在科莫洛尼奥（Comologno）度过。在这个地方的静寂环境里，在翁塞尔诺内（Onsernone）山谷的尽头，她也开始写作。最初是诗。这是另一位中国朋友诱导的结果：

"我是通过邝森志（Sam Chi Kwong，译音）在巴黎认识中国人梁宗岱，和他一起度过了两周，总是到中餐馆吃饭，白天黑夜都处在一种神魂颠倒的状态中。我邀请梁宗岱和他的朋友司徒（Ssu–tu）到我那里度夏，这是出于对邝森志的怀念，我要寻回那种使他超越常人的人情味。

但是梁宗岱完全不同，跟司徒也不同。梁宗岱是诗人，讲得一口流利的法语。他是瓦莱里的一位朋友，瓦莱里为他的一本中国古代诗人的译诗写了一篇含意深长的序言。

梁宗岱是一位自信的批评家，按照欧洲人的标准，远比邝森志更有教养。从来没有见过他手里不拿书卷。他把里尔克译成中文，熟知法兰西文学的一切，拥有的词汇量大而高雅，对所有与语言有关的东西都充满激情。

他拿着诗歌追在我后头，总是要为我朗读一首特别优美的诗。有时我没有时间，有时他的执拗让我精疲力竭，但他毫不让步，强迫我阅读和理解瓦莱里、阿波里奈、波德莱尔，还有新人如茹夫和勒韦迪。他的教与学的热情教人无从躲避。

一大清晨，他就站在那儿等着，跟着我穿过房子，走进花园，怎也摆脱不掉。《卑列提斯之歌》（*Chansons de Bilitis*）这首诗，他能够凭记忆背诵，尽管他不看重。当我对这首诗满怀热情时，他便取笑我。他与我游戏，要激起我对诗艺的热情。他成功了，纵然直至那时我只用过极少的时间来阅读诗歌。

他对我施了法，那是魔法的力量，我一下子像他一样充满了强烈的兴趣，他与我之间开始了一段果实累累的时期。我们互相了解，乃至更多。

我甚至开始写诗，但没有给他看，因为他不会认可我的风格，他醉心于正确的形式。但是通过他，我体会到一种可能性，那就是把在我们内心深处存在和活动之物，以词语向自己宣晓。

这些诗，很久以后我拿给森逊看，他很惊诧，觉得非常好，高兴得拥抱我。从那时起，他修改我的东西，作为导师为我做了最最重要的工作。然而，我最该感谢的人是梁宗岱。

他从科莫洛尼奥出发，去了佛罗伦萨六个月，回头稍作勾留，又去了德国旅行，在那里学习德语，就像学意大利文一样快速。他打算翻译但丁与歌德。

他胸怀宏图大志，确信日后立身扬名。他许诺让人时常听到他的声音，然而他沉默了，百般查询也毫无线索。

下落不明？"（注：原文无分段，为笔者所加，下同）

这段文字不长，却具体交代了阿琳娜与梁宗岱交往的前因后果，并且描绘出一个活灵活现的梁宗岱形象，阿琳娜的作家才能可见一斑。

文内提到三位法国诗人的名字。茹夫（Pierre Jean Jouve，1887－1976）是把心理分析用于诗歌创作的第一人，1925年起至20世纪30年代，发表了一批引起很大反响的诗。勒韦迪（Pierre Reverdy，1889－1960）是现代派诗人，1926年三十七岁后，隐居在一间修道院，继续诗歌创作，被视为超现实主义诗歌的先行者。森逊（Jean Paul Samson，1894－1964）青年时代曾写诗，1917年因为反战移居瑞士，以翻译为生。1953年参与创办文艺杂志《见证》（Témoins）并任主编，阿琳娜曾在该刊发表诗作。

阿琳娜的处女作发表于1936年，当时她已经四十七岁，属于大器晚成。读完这段自白之后，我们才恍然大悟，原来她整天与文人艺术家来往，却对自己的写作才能一无所知，任其处于睡眠状态。直到梁宗岱的出现，拿着诗歌对她"穷追不舍"，反复"进攻"，才把她的天赋从沉睡中唤醒。当作家的心扉豁然打开，著作便源源而出。二十七岁的青年梁宗岱"迫出"一位新作家，也真是文坛佳话。

文内提到中国人邝森志，书中也有记载：

阿琳娜对一个名叫邝森志的中国朋友有很深的情意，1928年到1929年两人曾在一起。关于他，她曾写道：

"他返回中国的时候，我有很长时间感到空虚，好像内心完全被掏空了。他既令人痛苦又极度善良。对我来说，邝森志是一个奇迹，一个意外。

布雷克斯（Bryks）与这个中国人过从甚密，把他打发到我们家来。于是从那时候起，我们一起外出，上电影院、看戏、听朗诵会。

他吝于说话，但操一口地道的德语，人非常聪明，尤其善解人意。有时他问我是否愿意与他一起去中国，我很感兴趣，而且他说，我在沿海城市很快就能找到很多钢琴课，收入很好。"

哈斯勒在她的"小说"开首不久，写一辆公路交通车到达小山村，村童路加跑来看热闹，看见梁宗岱下车：

同一辆巴士上也下来一个中国人。对于路加和村里人来说，中国人看上去一个模样，就像一个鸡蛋与另一个鸡蛋一样。但是路加感觉到很奇怪，这个陌生人与从前来"船堡"度假的中国同胞完全不同。

那个人在苏黎世联邦工程学院（ETH - Eidgenössische Technische Hochschule）教书，毫不显眼，一身欧式打扮，而这一位身穿深蓝色竖领锦缎长袍，竖领使脑袋只见头不见脖子，显得很小，脸孔被一副深色大眼镜遮盖。

苏黎世联邦工程学院"那个人"便是邝森志。在这里，哈斯勒描写梁宗岱的衣着完全出于想象，旅欧时期梁宗岱从来没有穿过中式长袍，除了照片可以为证，他的中法友人在回忆中也从未提及，陈宁君反复强调不要随意把"小说"作正史使用是正确的。书中关于邝森志的记述只此一句，他的身份至今未找到任何识别资料，名字也只能音译，要破解这个谜，只有期诸他日的运气。

图书馆的藏信

追踪到这里，本来可以打上句号了，但是文内留下两个问题。第一是度假日期，1929 年或 1931 年？还有姓司徒的同行朋友，身份不明。笔者觉得康贝尔写的传记提供了很有价值的线索，希望沿此下去，打探到更多梁宗岱度假的具体情况。第一个想法是向传记作者查询这些引文的来源，这是最直捷也是最没有把握的事情，因为涉及写作的秘密。但是求知心切，顾不了许多，写了一封电邮给作者康贝尔，出乎意料，早上发出，傍晚便接到回复。他说很愿意提供相关信息，但人在德国，原始资料全部留在瑞士，不知何时才会回去。经过几次书信往返，他说根据记忆，有关梁宗岱和邝森志的记载来自阿琳娜的同一篇手稿，名为《自我访问记》（*Interview mit mir selbst*），从来没有公之于众的。笔者不谙德语，如果是手写文字，更难上加难，因此耐心等待。刚好在这时候，出现了另一条线索。

阿琳娜后期住在瑞士意大利语区，卢加诺是该区首府。那里的市政图书馆（Biblioteca Cantonale di Lugano）有一个档案馆，收藏了地方名人的私人档案，都是本人或家属赠送的。我们以前在网上找资料时看过一些目录，因为不谙意大利文，一直没有留意。现在有了阿琳娜的名字，于是按图索骥，果然发现有一个阿琳娜档案（Il Fondo Aline Valangin）。更幸运的是，内容已编成电子目录，足不出户便可查阅和下载打印。转眼之间，一份十九页的文件便出现在眼前。虽然是意大利文，但不要紧，只需找寻 Liang Tsong Tai 三个字。到了第十三页，一下子便在密麻麻的文字中央发现 "Liang Tsong Tai, 1 lett. ms.（1929）" 的字样。意大利文和法文同源，来自拉丁文，是一双姐妹语言。懂法文的人一下就能明白这几字的意思："一封梁宗岱的亲笔信，1929 年"。虽然尚未见到原件，第一个问题已经迎刃而解，梁宗岱的度假年份在 1929 年。这是我们在欧洲第一次发现梁宗岱书信的踪迹，可想而知如何兴奋，渴望尽快一睹原信的真面目。

一般而言，西方图书馆对个人档案保护严密，由于牵涉到个人隐私，必须经过多方面同意及批准才能查阅，而且只限在馆内阅读，复制更加困难，不是禁止，便是由特许职业摄影师代劳，昂贵而费时。但这都不是难以逾越的障碍，卢加诺离巴黎不远，又在风景如画的湖边，到那里正好顺道一游，选一个周末出发便行了。打定主意，第二天便根据目录提供的电邮地址，给档案主管吕埃施（Diana Rüesch）女士发了一封法文信。瑞士人一般掌握几种外语，推测这位主管阿琳娜的档案的女士，至少懂得德、意、法、英四国语言。

等待不长，一个星期后，电邮的收信箱出现 Fondo Aline Valangin 几个字，吕埃施女士亲自回信。第一句便先声夺人："梁宗岱写给阿琳娜女士的信件日期是 1929 年 10 月 19 日，我个人认为很令人感兴趣，也很美"，几个字把人撩得心里发痒，恨不得立即便看到原件。第二句却官腔十足："要查阅只能亲自到馆，换而言之，我们一般不能把未发表或未完全发表的文献寄到某人家里查阅。对我们来说，这意味着文件失散"，但下面口气又完全两样："另一方面，我也明白，为一个这么小的文献，进行一次这么远的旅行，有点夸张（尽管有时候，一个特别的作者值得进行一次更长的旅行）……"接着，她指点如何办理远程查询手续：查阅者填写申请复制文献表格，由于信件所有权分属写信人和收信人，事先要得到双方家属的批准。瑞士方面她主动提议代理，笔者只需提交梁宗岱家属的准许证明。当这些文件办妥后，她便提供有关影印。看到这里感到很幸运，遇到一位通情达理的主管，而不是板起脸孔的公务员。

我们认识梁宗岱长女梁思薇女士，她与丈夫齐锡生教授住在台北，2003 年能够完成《梁宗岱文集》的出版工作，全靠她的大力支持，唯一问题是不知能否迅速联络上。她跟我们说过，她喜欢旅行，在家里停留一两个月就想外出，而且在上海和海南岛都有居住的地方。以前联络时，我们写信，她收信后以电话回复。这次心急，试用齐锡生教授在香港教书时的电邮地址。齐教授果然不在台北，正在大陆为新书签名忙碌，但他立即把电邮转给了梁女士，我们很快便通上电话，知道她结束南非之旅归来还不到一个星期。我们把瑞士的发现告诉她，她很高兴，说完全可以和我们配合，立即以快递寄来同意证明。

这样忙碌与等待交错，又过了两个星期，日盼夜望的瑞士信件终于到达了。信内有一封档案馆的官式信函，提醒文献使用者的责任，另外便是一张信件影印，只得一页纸，按原信那样正反两面复印，上面是梁宗岱秀丽的法文钢笔字：

巴黎第六区医学院街二号

一九二九年十月十九日

亲爱的夫人和挚友，

　　一列快捷的火车今晨把我平安送抵巴黎。巴黎！一个雾霭弥漫与光彩耀目的都会，这里的一切，灵与肉，都在洪洪地燃烧，这里的人，被人和机器的轰鸣声纠缠困扰，击为碎片！无论我多么高兴想到快要跟我的男女朋友们再见面，我不得不深切地怀念刚刚离开的有益身心的宓静，怀念你那温柔而亲切的情影，两个多月来我已经惯熟了——太温柔了，太亲切了，像我这样的坏男孩配不上。

　　我在日内瓦收到你的手书和照片。写字人那张尤其使我喜欢。原来这样乘人不备偷拍的！从今以后，我叫你做调皮的歪莲娜（Maline Malicieuse），照片小偷，意下如何？

　　我暂时住在原来那家旅馆。今天下午，当我躺在世俗床铺上休息时，混沌的思绪从心底里纷沓升起。什么思绪？噢，调皮的歪莲娜……

　　我的陶潜诗选翻译将是一本很漂亮的书。

　　你的米兰之旅收获如何？代我恭敬地问候你的丈夫先生，问候凯泽医生（Keiser）和布雷克斯（Bryks），也代我拥抱一下钦斯（Tins）。

　　亲切问候。

梁宗岱

梁宗岱致阿琳娜·瓦朗让感谢信（1929 年）
瑞士卢加诺市政图书馆收藏

　　吕埃施女士的评价是正确的，这封信"很令人感兴趣，也很美"。这是我们至今见到的梁宗岱以法文书写的唯一私人信简，由于这不是文艺创作，不过是日常生活的普通信件，随手写下，即时寄出，没有经过精心反复修改，因此可以看出一个人的外语真正水平。不止一位作家对梁宗岱的法文称赞有加，罗大冈说："1981年冬我在巴黎访问了罗曼·罗兰夫人。罗兰夫人拿出她整理好的一大捆中国青年在数十年间中给罗曼·罗兰写的信给我看。在那些信中，我发现了几封是梁宗岱先生手写的信。他的法文写得也比一般中国人来信的法文水平似乎高明一些。"(《回忆梁宗岱》，1984年)瓦莱里从法国人角度评价道："尽管梁宗岱先生是中国人，并且初习我们的语言，他在诗歌和谈话中，似乎不仅精通，而且热衷于这些相当特殊的精美，运用和谈论起来都出奇的好。"(《〈陶潜诗选〉序言》)证之于这封信，这些褒词都不是客套话，而是事实。

根据这封信以及《忆罗曼·罗兰》，梁宗岱大约在1929年10月15日前后离开"船堡"，先到日内瓦，10月17日前往莱梦湖一角的维勒纳沃拜访罗曼·罗兰，次日晚上乘夜班火车返回巴黎。

反复阅读这封信，其中有些模棱两可的语句，好像隐藏着弦外之音，但这不是最令人感兴趣的，因为外人根本无从进一步深入了解。惹人联想的是"偷拍"两个字，因为吕埃施女士不仅寄来信件复印，还附上一张小照片：

> 我现在看到在梁宗岱的宗卷里，有一张很小很小的黑白图片（我忘记了的），裁剪成一个约莫的椭圆形（一定是从一张更大照片剪成）。图像是一个人的脸孔，我想是梁宗岱本人。如果我把这张照片的复印也放进信封，我相信你会喜欢的。我认为照片不是信束的附件，尽管写信人提到被人"偷拍"。无论如何，这张照片……"飞来飞去"，不过限在这个宗卷里。你一定会了

解照片与信件的背景有没有关联。

这位女士很幽默，玩了一下文字游戏，法语动词 voler 有两个意义，"偷窃"和"飞翔"，photos "volées" 是 "'偷拍'照片"，photo "volante" 是 "'飞来飞去'的照片"，中文字面无法表达两者相关意思。她的看法十分明显，这张椭圆照片是"偷拍"的。影像不算清晰，但可辨认出是梁宗岱，没有戴眼镜，肩膀也看不到衣服，的确不像在正常情况下拍摄的。

既然梁宗岱说看到"偷拍"照片，按道理也有"明拍"的照片。想起去年 6 月回过广东外语外贸大学梁宗岱纪念馆，校史馆馆长李敬平老师热情地为我们提供了一批研究补充资料。其中就有梁宗岱 1931 年前的老照片。数量不多，只有十六张，部分有外国背景。里面会不会有"明拍"的照片呢？

拿出光盘来查看，翻到第九张，眼前一亮，图中两男一女，并排站立，互相勾着手臂，笑得鲜花般灿烂。女的模样有点熟悉，莫非就是她？赶快找出康贝尔写的传记，里面有插图。阿琳娜 1934 年的照片在第 139 页，对照之下，果然就是她。再参考其他插图，拍摄地点可以确定在"船堡"的平台上。照片不止一张，还发现另一张个人独照，衣饰一模一样，西装，蝴蝶结领带加上贝雷帽，坐在山头草地上，背景是一间古老大屋的屋顶。这两张照片逃过"文革"浩劫，真是奇迹，可能冥冥中有一种力量，不让梁宗岱的瑞士文踪泯灭。

听云阁

Liang Tsong Tai 三个字像阿拉丁神灯，钻出那么多东西来，笔者开始变得不知足，希望这条线索还没有到尽头，再有新发现。这几乎成了一种强迫观念。有一天稍为空闲，这个念头又出来纠缠：梁宗岱是一位感情丰富的诗人，瑞士假期那么完满，在他的作品里应该留下痕迹。打开电脑，翻开电子书《梁宗岱文集》的《评论卷》，也不顾以前多次读过全无发现，凭记忆专找与欧洲有关的文字浏览，到了《诗与真二集》开卷文章《谈诗》，作者正在把歌德的《流浪者之夜歌》与陈子昂的《登幽州台歌》比较，"南瑞士"三个字突然跃入眼帘：

> ……直到五年前的夏天，我在南瑞士底阿尔帕山一个五千余尺的高峰避暑，才深切地感到这首诗底最深微最隽永的震荡与回响。
>
> 我那时住在一个意大利式的旧堡。堡顶照例有一个四面洞辟的阁，原是空着的，居停因为我常常夜里不辞艰苦地攀上去，便索性辟作我底卧室。于是每至夜深人静，我便灭了烛，自己俨然是脚下的群松与众峰底主人翁似的，在走廊上凭栏独立：或细认头上灿烂的星斗，或谛听谷底的松风，瀑布，与天上流云底合奏。每当冥想出神，风声水声与流云声皆恍如隔世的时候，这雍穆沉着的歌声便带着一缕光明的凄意在我心头起伏回荡了。

"船堡"所在村子叫科莫洛尼奥，靠近意大利边境，正是瑞士南部。《谈诗》成文于1934年冬天，"五年前的夏天"就是1929年，时间完全吻合。余下要确定村子是否在"阿尔帕山一个五千余尺的高峰"。一般资料说科莫洛尼奥所在的地方叫翁塞尔诺内山谷，笔者一开始先入为主，认定村子在山谷脚下。而且下意识地把"五千余尺"误解为"五千余米"，完全忘记阿尔卑斯山最高的勃朗峰也不过四千八百多米。这是因为多年前曾经沿着拿破仑远征意大利路线，乘车攀越阿尔卑斯的圣伯尔纳山隘，那里不过二千四百多米，已经只见驿站，不见村庄，更不要说古

梁宗岱在瑞士"船堡"度假留影（1929 年）

（左起）梁宗岱，瑞士女作家阿琳娜·瓦朗让，

俄籍犹太裔画家布雷克斯

广东外语外贸大学梁宗岱纪念室收藏

老大宅了。由于歌德的诗第一句是"一切的峰顶"，笔者无法把"五千余尺"高峰与科莫洛尼奥联在一起。这一次认真计算，五千英尺折换为公制，大约一千五百米，谷歌地图资料说科莫洛尼奥位于海拔一千一百一十七米，这是平均高度，从卫星图片中，可以见到村子悬挂在一座高山上，背靠山峰，房屋上下左右散布，峰顶的高度显然更高。前面的大峡谷深不见底，也不知瑞士人凭什么本事，把公路从山脚筑上这里来，让阿琳娜的丈夫可以开车回来度周末。

梁宗岱笔下的"旧堡"无疑就是"船堡"，这样一来，瑞士假期的重要性突然增加了。我们知道《流浪者之夜歌》是梁宗岱最钟爱的歌德名篇之一，他翻译此诗时写过一段详细的注解。1936 年出版第一本译诗集时，他撷取此诗第一句"一切的峰顶"

作为书名：

> 一切的峰顶
>
> 沈静，
>
> 一切的树尖
>
> 全不见
>
> 丝儿风影。
>
> 小鸟们在林间无声。
>
> 等着罢：俄顷
>
> 你也要安静。

1930年底，徐志摩创办《诗刊》季刊，向梁实秋约稿。后者寄来《新诗的格调及其他》，全盘否定新生的新诗。徐志摩意识到此文之爆炸性，回信时说："你是个到处发难的人，只要你一开口，下文的热闹是不成问题的"。文章在1931年1月《诗刊》第一期刊出，徐志摩寄了一册给当时正在德国游学的梁宗岱。这位新诗诗人，怎能容忍他人轻易否定新诗？挥笔写了一篇万言长文《论诗》反驳。这是他离开学校后的第一篇文艺批评，他指责梁文"只有两句老生常谈的中肯语，其余不是肤浅就是隔靴搔痒"，对新诗的嘲讽"简直是废话"。他针对"写自由诗的人如今都找到更自由的工作了，小诗作家如今也不能再写更小的诗了……"两句话，提出质问："难道诗小就没有艺术底价值？"随即举出一些中国诗人的著名短诗，然后提到外国小诗，所举例子便是这首《流浪者之夜歌》，推崇为"给我们心灵的震荡却不减于悲多汶一曲交响乐"。评价很高，却是深思熟虑，这是"船堡"恍如仙境的静夜让他深入到诗歌的深沉意境中。梁实秋没有亲历其境，感受自然不同，他在《诗的大小长短》（《新月》1931年7月第3卷第10期）自辩时说："若是说这首诗便是歌德的'毕生的菁华'，我不信，我所认识的歌德不仅仅是一个写

'小诗'的歌德"。两人讨论相同的诗句，但心中各有世界。

梁宗岱描写的古堡高阁发人遐思，这座大宅的历史本身就引人入胜。"船堡"第一位主人雷蒙达（Guglielmo Antonio Remonda）是当地传奇人物，生活在18世纪，年轻时走南闯北做生意，到了法国，在拍卖会上冒险贱价购入三艘被认为已经沉没的商船，结果船队没有沉没，连同货物平安抵达目的地，他因而致富。这是传说，但他的家族徽号上真的有一艘帆船图案，他兴建的大宅也命名为"船堡"。他有一个儿子名为夏尔（Charles François Remonda, 1761 – 1843），职业军人，法国大革命期间，瑞士在1789年被法国占领，成立共和国，军队由法国人指挥。夏尔追随拿破仑左右，南征北战，1808年晋封为伯爵，成为法国贵族。

"船堡"在1760年建成，笔者尚未找到机会前往参观，但在互联网的瑞士网页可以找到相关照片。因为房子历史悠久，建筑出众，加上阿琳娜夫妇的名气，是为瑞士名宅之一。大屋主体楼高三层，楼梯安置在后面紧贴的塔楼，塔楼比主楼高三层，梁宗岱睡觉的小阁在最后一层，即七楼，背面靠山，前向山谷。古堡位于全村最高处，小阁又是古堡最高点，难怪梁宗岱有"群松与众峰底主人翁"的感觉。

看完外观，还不满足，想窥探大宅内里乾坤，想不到在瑞士国家图书馆图片部发现大宅的"进口"。当年有一位富有的苏黎世工业家钦格勒（Rudolf Zinggeler, 1864 – 1954），酷爱摄影，从1890年至1936年，由私人司机开车，到瑞士各地游历，每到一处聘请当地人当导游，拍摄了很多风土人情照片。一百年后，全部成了珍贵的文物。1933年，他到过科莫洛尼奥，拍摄了一批照片，其中"船堡"现存七张，都在大宅内拍摄。从照片中，可以看到主楼正面是一幅人工砌成的花园平地，相当广阔，中央一个长方形水池，池边摆着一尊艺术铜铸雕刻，一个少女人像，张手后仰。走进屋内，可见起伏有致的哥特式拱顶，古色古香，十分悦目。寝室四面墙壁连同天花板，全部饰以名贵的雕花或镶嵌木板，其中一间吊着一盏中国六角宫灯，在西方很罕见。全屋的家具华丽古雅，都是 17、18 世纪的法国风格，看来是从法国舶来。这批照片的拍摄日期离开梁宗岱假期仅仅五年，屋主人仍是阿琳娜夫妇，我们从中能够设身处地想象他当年的生活情景。

写给丽·布雷克斯的诗

找寻到了这里，感到心满意足，打算告一段落。把资料搁置一旁，过一段时间再处理。但是树欲静而风不止，这头放下，那头拿起《欧洲评论》，打算翻译梁宗岱的法文诗。忽然从一首诗的标题看到几个字母 Bryks（布雷克斯），在图书馆找到此诗已有多月，因为未开始翻译，只浏览过一次。现在再看到，感觉完全不同。因为这个姓氏最先在康贝尔写的传记中出现过，介绍邝森志认识阿琳娜的人叫布雷克斯。然后又在梁宗岱的感谢信里露面，写信人嘱代问候的人中有这个姓氏。现在第三次，在梁宗岱这首诗的标题里，*Sur l' Album de Ly Bryks*，根据字面想到的第一个的译法是《写在丽·布雷克斯相册上》：

> 你来自蔷薇之宫吗，孩子？
> 你晶莹的肤色是蔷薇的花瓣，
> 你生气的泪珠带着花刺的无邪。
>
> 你来自松柏之邦吗，孩子？
> 你的脸庞散发翠绿的清香，
> 你的金发如同黄色的嫩芽，

你的明眸像浓叶深处嬉戏的阳光。

单从字面理解，诗人歌咏的是一位清纯的女孩子，她年纪有多大？她与布雷克斯有什么关系？又是一个新难题。布雷克斯的资料少得可怜，网上所见全部互相传抄。综合而言，只知道有一位画家名叫阿瑟·布雷克斯（Arthur Bryks），波兰人，19 世纪末出生，20 世纪 20 年代活跃于瑞士画坛。他的照片只找到一张，刊登在 2012 年 6 月 2 日瑞士《提契诺地区报》（La Regione Ticino）上。该报以全版介绍 20 世纪 30 年代的博尔萨协会（La Porza），一个艺术家组织，照片是三位创办人合照，摄于 1931 年，距梁宗岱瑞士假期只有两年。布雷克斯站在中间，仔细辨认，虽然戴上眼镜，但与梁宗岱的"船堡"照片的第三个人物相比，样子和神情都很接近。尽管如此，不敢随便肯定。搜索到这里卡住了，无法再进一步，唯有作悬案搁置。

今年 2 月，在着手本文定稿之前，再作最后一次搜索尝试，打开一张不知看过多少遍的法国网页，上面介绍博尔萨协会法国分会的历史，作者是分会负责人维埃诺（Jacques Viénot, 1893 – 1959）的女儿。文章在 2007 年贴出后，断断续续有人作出回应，多数是协会成员的后代，不知不觉一长串，但与布雷克斯无关。这一次从头开始再浏览，到了末尾，发现两段新回应，出现不到一个月，以意大利语撰写。笔者不懂这种语言，但认得 Bryks 这个字，借助网上自动翻译服务，发现作者竟然是布雷克斯的孙子里维奥·尼格里（Livio Negri）。他说打算替祖父立传，留下电邮地址，请所有愿意提供资料的人与他联络。尽管这种柳暗花明又一村的惊奇已经不止一次发生，但这是第一趟能够直接联络当事人的家属，机不可失，立即发出电邮。只提三个人名字：阿琳娜，布雷克斯和梁宗岱。只说一件事："船堡"会晤。信发出后一小时，便收到答复：

十分感谢电邮。我的母亲很清楚记得阿琳娜，两人一直保持联系。她也记得梁宗岱（当时她很小，同样很记得）……

几十个字不仅证实布雷克斯两人的父女关系，而且知道他的女儿仍健在，写信人回信前曾经向她查问过。梁宗岱的瑞士假期在 1929 年，距今已有八十四年，她到底多大年纪？真有点不可思议。通过几次电邮后，谜底很快揭晓，尼格里的母亲生于 1926 年，目前住在瑞士，他本人是"全媒体与活动制作人"（All Media & Events Producer），在罗马从事电影等工作，正打算回瑞士探望母亲，到时会替笔者核实三个问题：照片中第三位人物是否他的祖父？梁宗岱的诗歌是否为他的母亲而写？1929 年她只有三四岁，如何会记得梁宗岱？

三星期后收到来信，除了详细答复三个问题，还寄来他的祖父生平介绍及作品图片。阿瑟·布雷克斯于 1890 年出生于波兰南部的法乌库夫（Falkow），这个地方在 1918 年波兰复国之前，一直由俄国瓜分管治，因此他是波兰裔俄国人。他出身富有的犹太家庭，年轻时遵从父命攻读神学，不久放弃，改习音乐。先后进入华沙、柏林和苏黎世的音乐学院，毕业后在歌剧院任歌唱演员。这时他发现自己的真正兴趣在绘画，1915 年进入巴塞尔美术学院。1916 年，他与音乐学院小提琴班同学薇娜·威曼（Vena Weimann）结婚，迁居到苏黎世居住了两年。苏黎世是瑞士文化艺术中心，这一年又是达达主义在这个城市诞生的日子，尽管这种前卫文学与艺术潮流持续时间不长，四五年后便四分五散，也没有出现多少著名的艺术家，但布雷克斯身处其中，与一群作家和艺术家朝夕来往，受到深刻影响，他后来的美术创作带着强烈的现代派色彩。从 1920 年开始，直到 1940 年第二次世界大战全面升级前夜，他在西欧和世界各地举行过多次展览。他的妻子也在 1930 年代初放弃音乐，进入柏林雷曼学院（Schule Reimann）学习艺术设计。

1927 年，布雷克斯与德国画家阿尔文斯莱本（Wernalvo von Alvensleben, 1889－1962）和瑞士雕刻家贝尔纳斯科尼（Mario Bernasconi, 1899－1963）创立了博尔萨艺术协会，博尔萨是他们三人居住的小镇名字。协会是一个非牟利的互助组织，目的在于团结欧洲艺术家与作家，为他们提供廉价的住宿服务，费用视个人能力收取，让他们在一个和平安静环境中创作。协会举办各种展览和活动，推广会员的作品。这一切能够实现，主要依靠协会主席阿尔文斯莱本，他出身贵族及军人世家，继承了大笔遗产，能够凭藉社会关系找到富有的赞助人，最早的"博尔萨房子"（Porzahaus）便是以他的私人积蓄建造的。由于协会符合很多人的愿望，发展得很快，德国、荷兰、法国、英国、捷克等国先后建立了分会，德国会员超过一千五百人，法国两千多人。但是进入 20 世纪 30 年代后，德国马克贬值加剧，协会经济来源迅速萎缩，希特勒日益嚣张，人心惶惶。1938 年法国分会举行的展览结束后，协会再没有活动，名存实亡。

从 1930 年代至大战结束这十多年时间内，布雷克斯积极帮助来自欧洲各地的流亡艺术家与作家，冒险参加过一些拯救犹太人的秘密任务。战后初期，他的一位女学生介绍他认识了来瑞士度蜜月的美国社会学家埃斯托列克（Eric Estorick, 1913－1993），埃斯托列克在布雷克斯引导下，接触到意大利现代艺术，不久便放弃了学术和作家工作，成为 20 世纪美国最著名的现代艺术品收藏家和经纪人。布雷克斯在 1950 年代移居以色列，投身到援助战争受害者的慈善事业，把自己的作品拿出来义卖筹集款项。1966 年，他年高体弱，重返意大利北部湖区静居，直至 1970 年去世。

布雷克斯在梁宗岱之前已认识邝志森，在邝志森之前已认识郑鎏鎏，尼格里寄来的图画中有他本人签名的速写像。此外还有三张中国人送给他祖父的照片，二男一女。这个家庭的中国朋友肯定不止这几个人，尼格里母亲记得梁宗岱，显然与诗歌有关。尼格里在信中写道：

> 家母证实，那首诗是梁宗岱特别为她写的，当时家人居住在巴黎。他们在 1930 年到巴黎，停留了两年。迁居的主要理由是布雷克斯妻子是纺织品设计师，她独立工作，同时也替某些大时装公司装计。她记不起如何认识梁宗岱，只记得他常到巴黎家里来。家里的中国朋友不止一个。

> 家母记得梁宗岱这首诗写在她的纪念册上。有客人到访，她都要求客人在册子上写点东西，或画点画。她在 1926 年出生，梁宗岱写诗的时候，她大约四五岁。很可惜纪念册已经丢失。她记得册子里有一张照片，梁宗岱抱着她坐在膝上。她也记得有一本很大很漂亮的书，里面刊登了这首诗，但也不见了。

"很大很漂亮的书"是《欧洲评论》杂志 1931 年 5 至 7 月号，这是一本高级文学刊物，十六开本，厚达三百多页。一位八十七岁的老人，记忆仍那么清晰，实在难得。从叙述的细节，可以推算出这首诗写于 1930 年上半年，因为梁宗岱在这一年暑假便离开巴黎，前往柏林学习德文，此后再没有回法国长住。知道了这首诗的来龙去脉后，诗的标题自然就要更正为《写在丽·布雷克斯纪念册上》。

老人的眼力不很好，笔者给她的信需要儿子朗读，因此在辨认梁宗岱"船堡"照片的第三个人物时，认为年龄和姿态符合，但像中人脸部被帽子掩盖一部分，鼻形也不够清楚，因此只敢肯定"百分之九十五"。笔者原先不敢肯定的理由不同，瑞士报纸刊登的布雷克斯照片戴眼镜，与梁宗岱的照片不一致。现在看到他的生平介绍附有四张照片，全部没有眼镜，因此再没有疑问。

112　画家司徒乔

解开了布雷斯克这个谜后，只余下阿琳娜提到的姓司徒的中国人身份。这个问题不难解决，他是画家司徒乔。中学时期，梁宗岱未进岭南大学前，与在岭南大学附中读书的司徒乔已经很熟络，经常见面。1928年，司徒乔在一位匈牙利籍业余画家帮助下，在上海万国美术会举行个展，卖画得到四百元，决定买船票在同年冬天到法国留学。出发前再东挪西凑，攒得几百元作为生活费。两人异地相逢，倍加亲切。巴黎当时是世界艺术之都，司徒乔如鱼得水，勤奋地看画学画，然而他缺乏新的经济来源，很快便阮囊羞涩。刚好美国一位老同学来信劝他到新大陆碰运气，并且代办手续，寄来船票，他于是决定离开法国。就在出发前三个星期，"在一个秋枫红透的日子里"（《未完成的画》第十三章，下同)，梁宗岱到玫瑰村找他，同行有一位也是到巴黎不久的女学生冯伊媚，在梁宗岱介绍下互相认识。他们一见钟情，开始一场风风火火的热恋。但是时不我与，三个星期瞬间过去，"等到艺术上的共鸣变成友谊，友谊又悄悄地酝酿着爱情的时候，也就是我们劳燕分飞的时候了"，司徒乔登船去了纽约。1930年初，冯伊媚也因为家庭突生变故匆忙返国。两人等到1931年5月，司徒乔自美返国才重新见面，次年在广州结成秦晋之喜。

梁宗岱瑞士假期发生在司徒乔在法国期间，"司徒"是司徒乔不应是疑问，但还要查证是否真正与梁宗岱同行。由于冯伊媚在《未完成的画》中引用过司徒乔的巴黎日记，笔者通过木刻家黄新波女儿黄元教授，向司徒乔的孙子司徒歌今查询。回答说司徒乔1937年前的作品及文献全部佚失，因为中日战争爆发时，司徒乔夫妇携同孩子仓皇辞京，所有画作和个人档案（包括巴黎文献）存放在一位友人家里，在一次大轰炸中化为灰烬，冯伊媚的书是根据回忆记述的。礼失求诸野，说不定将来在欧洲找到司徒乔的踪迹。

（补记：本文草就后，收到瑞士作家康贝尔来信，他已回过瑞士，很慷慨地把自己写作的原始资料有关部分影印寄来。其中证实了司徒乔在1929年与梁宗岱同行，一同到瑞士度假。）

圆圈到这里画完了。寻踪过程就像玩七巧板，七块形状不同的小板，拼凑在一起，可以得出一种又一种的组合。梁宗岱在"船堡"留下的足迹就像七巧板，五零四散，但找齐全部小板之后，就砌出一幅美丽的瑞士图案：他在那里敲开阿琳娜的作家心扉，他在那里体验到歌德《流浪者之夜歌》的深刻意境，他在那里孕育了一首美丽的法文诗。瑞士假典是一个深刻的文化脚印。

2013年7月

吾十有五而志于学

刘志侠　卢岚

三年前回国的时候，到广东外语外贸大学梁宗岱纪念室查阅文献，见到徐真华校长和校史馆李敬平馆长，谈起梁宗岱培正中学时期的佚文，获告知校方十分重视，多年前已派人到培正中学和各大图书馆搜索，但不得要领。半年之后，我们开始整理梁宗岱早年佚文，发现附带收集到的海内外文献相当丰富，值得让更多有心人分享，于是产生了撰写传记《青年梁宗岱》的念头。在培正中学的岁月是不可或缺的章节，手上的资料却相对薄弱。能够参考的书籍只有已出版的三种传记：张瑞龙《诗人梁宗岱》，甘少苏《宗岱和我》，黄建华、赵守仁《梁宗岱传》，都以同班同学吴耀明的口述回忆衍写而成，其中有些小故事十分生动，流传甚广。然而，毕竟缺乏同时代文献的佐证，不宜写入传记，成为实史。

我们决定另辟途径，从头搜集资料，重组这段历史。经过多方努力，碰过大大小小的钉子后，把目标集中到中山图书馆。正要着手，偏又遇到该馆搬迁，重开无期。正在束手无策之际，得到澳门大学教育学院副院长郑振伟的慨助。他曾研究澳门培正中学校史，旁及广州培正中学。他主动寄来梁宗岱的五篇佚文，以及一批珍贵的同时代文献。到了去年，又得到广外图书馆伍方斐馆长整理的另一批佚文，其中八篇是培正时期作品。我们也趁回国开会，前往重开的中山图书馆新馆盘桓，找到更多文献。现在《青年梁宗岱》一书已经完成，近期由华东师范大学出版社印行，培正时期在十六章中占了两章，通过大量引用新发现的文献原文，重现中学时期梁宗岱的真正形象。

李宝荣老师

梁宗岱天资过人，但他求学时期每一阶段的起步都比别人慢半步，他的年龄不会小于同班同学，只会更年长，称为"神童"并不恰当。可是他每一回都能后来居上，这不是天官赐福，而是勤奋好学的结果。他在地处僻壤的广西百色小城读小学，1917年回到出生地新会，进入县立中学。一年后投考培正学校中学部（1928年更名培正中学）。录取后仍要从一年级读起，等于降级一年。不仅如此，"培正系教会学校，小学五年级即开始读英文（按：当时小学七年制，中学四年制）。我不懂英文，只得降级读英文专修科一年才勉强于1919年升上中学"（梁宗岱《我的简史》），等于降级两年。

梁宗岱漫画像（1923年）
同级同学创作
原刊《培正学校一九二
三年级同学录》

这对他非但不是挫折，相反地，他离开乡下，进入南方的中心城市广州，进入培正这个大家庭，抵达他的文学创作起点。他正处于"吾十有五而志于学"的年纪，五年时间，这个满身野气的乡下小子蜕变为一个现代青年，脱下长袍，穿上西服，打上领带，戴上圆框眼镜，风度高雅。他的文学才能也在这个时期"银瓶乍破水浆迸"，从校刊这个练武场出发，一口气冲到全国性文学杂志，一路无阻，一篇又一篇的诗文陆续面世。当他毕业离开培正时，已经在中国新诗园地开辟出一片自己的天地，成为广东省第一本新诗集的作者。

这一切和培正关系至大，这家学校的校训"至善至正"，不提读书，只强调道德品质，教育目标是"德智体群美灵，六育均衡发展"。在1927年收回教会办学权之前，培正采用美国教育模式，提供了良好的教学环境和师资。那时期的老师都是教徒，具有奉献精神，视学生为子弟。他们的学历特别高，梁宗岱毕业那年有八位教员：法学硕士杨元勋，教育硕士陈荣与黄启明，理化硕士杨元熙与美国人基怜，化学硕士黄彼得，文学学士李宝荣和国学学士高珵，大部分人曾留学美国。

其中李宝荣最突出。这位在美国受教育的土生华侨英文极佳，抗战时期西南联大曾聘请他担任外语系主任，因战事阻碍未能到任。他只比梁宗岱年长两岁，性格活跃，不仅认真上课，课余还向学生作专题报告，带领学生到香港和澳门参观旅行，甚得学生爱戴。他们毕业时编印了《培正学校一九二三年级同学录》，一开头便印着他的大肖像，接着是全班同学合撰的《李宝荣先生颂》：

**梁宗岱培正中学时期的
李宝荣老师**

原刊《培正学校一九
二三年级同学录》

相彼春风　以拂以披

相彼时雨　以沃以滋

彼其之子　实我良师

巍巍德行　穆穆丰姿

善诱不倦　东方之清规

相彼碧玉　非否非珉
相彼梁栋　非荆非榛
彼其之子　实我良朋
赫赫德业　邈邈丰神
淹博其学　西方之维新
　　　　一九二三年级同人谨颂

他对梁宗岱的影响不限于课堂，甘少苏《宗岱和我》提到，"［梁宗岱］得到了李宝荣老师的厚爱和指点，他对宗岱说：'现在去美国留学是很时髦，但真正有志于文学，就应该去欧洲文化的中心——法国。'就这样，宗岱放弃了留美的计划，把自己的志愿转向去法国巴黎留学。"这个指点决定了梁宗岱一生的文学方向。

钟敏慧与陈存爱

梁宗岱的国文根底很好，中学一年级便赢得全校国文奖，但对诗歌的认识，仍然晚半步：

> 在十五至二十岁之间。我那时在广州东山一间北瞰白云山南带珠江的教会学校读书。［……］也就在那时底前后，我第一次和诗接触。我和诗接触得那么晚（我十五岁以前的读物全限于小说和散文），一接触便给它那么不由分说地抓住（因为那么投合我底心境），以致我不论古今中外新旧的诗都兼收并蓄。（梁宗岱《试论直觉与表现》，1944 年）

他在诗歌书籍中浸淫了差不多两年，到了 1920 年 9 月 2 日，才尝试写出他的第一首新诗《车站里底扫除工人》，发表在《培正学生》上。诗歌讲述他回乡度暑假，在火车站看到一位老年扫除工人，如何受到两个兵痞的恶言欺侮，为了饭碗，不得不忍声吞气。梁宗岱这时已经足龄十七岁，作品仍很稚嫩，不能说是早熟的诗人。但是他进步神速，一年之后，诗作便出现在全国性主流报刊上。

在这点上，培正图书馆丰富的藏书起了潜移默化的作用。1932年广东省教育厅曾作图书馆调查，全省中学以广雅（省第一中学）藏书量最多，培正排名第二。但文学类的一千一百册，把广雅的三百八十四册远远抛在后面。外文书籍没有统计，差距必定更大，而外国文学正是新诗汲取养分的重要源泉，其影响力大于中文传统诗词。根据梁宗岱的少作和少译，他至少读过但丁、泰戈尔、华兹华斯、拜伦、雪莱、歌德、惠特曼、朗费罗等古典大家的作品，最令人惊奇的是他连但丁《神曲》这样宏大深奥的著作也不害怕，向一位美国女教师借来阅读，还写了一篇长文介绍，刊登在《培正青年》上。梁宗岱的新诗不是与生俱来的，而是通过勤奋阅读中外名著，广泛借鉴，走出了自己的道路。他的同学这样描写他：

> ……中外名著，多所涉猎。英诗之雪莉（Shelly）、济慈（Keats）、太戈尔（Tagore），吾国之陶潜、王维，尤君之所爱者也。[……]君于暇时多创作。灵感一至，辄伏案疾书。其为诗轻妙婉约，缠绵悱恻，凄凉激越，而悲喜无端。其殆有不得意者欤？（一九二三级同学录）

最后一句猜疑他的诗中另有别情，是同学间友好玩笑，但也显示当时可能出现过一些闲言闲语。多年后，《宗岱和我》的编者根据吴耀明的回忆，把他的诗歌编织成一个三角恋爱故事：梁宗岱开头得不到同班女同学陈存爱和钟敏慧的好感，写了诗歌《失望》塞进她们的抽屉里，结果改变了两人的态度，陈存爱"由友好变得亲密起来"，而钟敏慧"喜欢他的才华和热情。只是察觉到陈存爱对宗岱的感情，才主动煞车，把宗岱视为兄长，

培正中学 1923 年级文学研究社成员合影
前排两位女同学左起：陈存爱与钟敏慧
原刊《培正学校一九二三年级同学录》

同他保持着一定距离的友谊"。其实，只要看看《失望》的写作日期在 1921 年 7 月，而培坤女校改组并入培正，八位女学生插进梁宗岱那一级，时间在 10 月，便知道诗成时她们尚未出现在课室里。这种"拉郎配"现象不难解释，因为一直以来，诗集《晚祷》是这个时期的唯一文献，后来的人没有其他资料，只好围着这些诗绕圈子做文章，猜想多于现实。

现在我们知道，这两位女同学也是文学爱好者，她们是级会文学研究社唯一的两位女成员，因此和梁宗岱交往较多。青春期少男少女互相爱慕是很自然的事，有人说是初恋，这要看当事者本人的感觉而定。即使这是一种朦胧的爱，就当时的社会风气和培正的严肃校风来说，也不可能进一步发展，否则有被开除之虞。梁宗岱在培正期间，没有写过多少首爱情诗歌，也没有把任何一首诗献给女同学或任何人。但是他和这两位女同学很合得来，也很珍惜这段回忆。当他进入岭南大学一年后，在出版《晚祷》之时，为钟敏慧写了一首《晚祷（2）》，加上副题"呈敏慧"。几乎同一时间，又写了一篇散文《别》，发表在广州《文学》旬刊第三期上。这篇文章主要描写他如何送别"伊"乘船前往金陵，这位"伊"便是陈存爱，"闻毕业后即赴美，专文学哲学，兼习钢琴云"（同学录）。至于钟敏慧，后来学成返回培正服务，一直至退休，梁宗岱和她终生友好往来。

1923 年夏天毕业，梁宗岱代表全级同学写了一篇文言文《留别母校同学书》，下面是最后一段：

> 嗟乎！别矣，亲爱之母校，云水迢递，东山何许？望风惆怅，曷胜踯躅！别矣，亲爱之同学！天南地北，各自西东；相去万里，问难谁从？所望身虽远隔，此志不容稍懈；学问道德，与时俱进。则他日相逢，庶可无愧于心乎？是视吾侪之努力已。

这时他已获得岭南大学一年奖学金，免试入学。当他离开培正这个诗人摇篮，已成长为青年诗人。他告别东山培正，很快也告别新诗园地，走向一个更宽广的文学世界。

2014 年 9 月

岭南大学一年

刘志侠　卢岚

1923 年 7 月，梁宗岱参加的文学研究会广州分会成立。这个地方性的文学团体及其机关刊物《文学》旬刊，在中国现代文学史上赫赫有名，几乎无人不知，无书不载，因为当年《小说月报》两次刊登过相关的消息。但是，又像传说中的海蛇那样，一直以来只知道会员的名字，只知道他们都来自岭南大学，但不知其根源和活动情况，更见不到《文学》旬刊的真面目。两年前计划撰写传记《青年梁宗岱》的时候，为了写好梁宗岱在岭南大学的章节，我们决定要找出其中真相，尤其《文学》旬刊。

人人皆知的线索来自梁宗岱本人对这份刊物的回忆，他通过文字或口述，在不同时期留下三张报纸的名字：《国华日报》《越华报》和《群报》。正是这些表面看来十分可靠的线索把找寻者引进误区，我们花了好多工夫查看各种目录专著和图书馆网页，到头来发现三种报纸或者存在的日期不吻合，或者与"新文化运动"无关，难怪一直以来没有人找到。另一条可靠线索来自当年的《小说月报》，提到《文学》旬刊由《广州光报》发行。可是这张报纸不见经传，至今为止，只有《广东省志·新闻志》

有不足四十字的极为简略的记载，由于此书发行不广，一时没能读到。中山图书馆收藏有该报 1923 年 12 月 31 日的实刊，但是期望旬刊凑巧正在这天出版未免过于天真。经过反复尝试，终于在中山图书馆数以百计以《文学》为名的刊物目录中，发现了广州《文学》旬刊的踪影。这一次真的找到了，目录上写着"题名：文学/文学研究会广东分会"，还有"出版发行：广州/广州光报［发行］，1923－24"。走出了误区，可又遇上图书馆大搬迁，只好耐着性子等候。

在此期间，我们也在搜集日本诗人草野心平的资料，梁宗岱在培正中学念书时便认识这位岭南留学生，《忆罗曼·罗兰》开头记载了他们两人和未来画家司徒乔，在学生宿舍阁楼一起朗读《约翰·克利斯朵夫》的情景。现在武汉大学文学院执教的裴亮老师在日本九州大学读博士，专门研究草野心平，我们和他联系的时候，他刚得到博士学位，离开日本返回国内。行李一到，立即热心找出三篇已发表的日文论文，扫描成电子文件寄给我们。看了之后，又一次证实"莫道人行早，更有早行人"这句老话是颠扑不灭的真理。他为了写论文，曾经多次风尘仆仆于日本、广州之间，在图书馆搬迁前已经读到《文学》旬刊，并且整理好前十期的总目。我们收到论文不久，碰上回国开会的机会，终于在中山图书馆看到这份旬刊，同时在中山大学图书馆校史特藏部觅得相关的《南风》和其他文献。《青年梁宗岱》（华东师范大学出版社近期出版）岭南时期的两章内容，也因此更为充实丰富。这段在近一个世纪中半浮半沉的广东新文学重要历史，不再是一幅模糊的印象派图画，而是清晰的图像。

南风社

提起文学研究会广州分会的发起人，一般人都把梁宗岱放在

梁宗岱在广州岭南大学（1923年）
美国耶鲁大学神学院图书馆收藏

最前面，似乎他是带头羊。可能在所有成员中，他专事文学创作和翻译，认识他的人比较多。事实并非如此，梁宗岱1923年夏天才进入岭南大学，和分会的创立几乎同时，然而罗马不是一天建成的，必定经过一砖一瓦的阶段。现在我们知道，这个分会的源头至少要再早三年，上溯至1920年4月《南风》的创刊。这本杂志的编辑者和发行者均署名"岭南大学南风社"，很像一个文学团体的称呼，但从来没有发布成立的消息，也没有公开的活动，成员的事后回忆几乎为零，只能说是一班志同道合的文艺青年，为了出版这本杂志的自我称呼，而非真正的组织。

南风社的成员全部在岭南大学，为首三人是青年讲师陈受颐、学生甘乃光和陈荣捷。杂志本身是一本真正的"新文化运动"文艺刊物，发刊词对此毫不含糊：

> 本志为本校学生发表言论，介绍和研究学术的公共
> 机关。发刊之初，有几种意见，要宣布的：
>
> （一）我们相信中国学术，应该改造。西洋学术，
> 应该输进。我们虽然才力薄弱，然愿本其能，尽研究和
> 介绍的责任。
>
> （二）我们原将基督教的精神，真义，和文明，随
> 时介绍，读者如有疑窦和驳议，我们也很喜欢讨论。
>
> （三）我们以为女子问题，在今日的中国里应占很
> 重的地位。大凡研究一种问题，研究的人和被研究的问
> 题，关系愈密切，感觉愈真。所以本志对于女子问题，
> 由女同学主任讨论。

杂志在 1921 年 6 月出版到第六期后中断。次年四月，陈受颐、陈荣捷和另外两位同学代表岭南，参加在北京清华大学召开的世界基督教学生同盟第十一次大会，他们惊奇地发现《南风》已经名声远播：

> 《南风》自从出了"西洋诗号"之后，便得了全国
> 文人的信仰，一跃而博著名文艺杂志的声价。到了世界
> 基督教学生大会的时候，正是大声疾呼"《南风》其不
> 竞乎？"的时候，北方作者，尤其是文学研究会诸人，
> 还殷殷垂询，燕京大学有的人想和我们合办，贯通南
> 北。时隔两年，余威是如此！（陈荣捷《余痛》，1923）

他们得到鼓舞，希望和郑振铎和茅盾为主将的文学研究会挂钩，"在南中国发起一场文学运动"（陈荣捷语）。他们一面努力复刊《南风》，一面由成员汤澄波出面，和郑振铎联系入会，时为 1922 年下半年，但"因广东的扰乱，停顿进行"（郑振铎语）。再越半年，梁宗岱进入岭南大学，郑振铎知道后，"嘱我

在广州发展文学研究会"（梁宗岱《我的简史》）。旧事重提，分会顺利成立。梁宗岱并非始作俑者，但他的出现成为重要契机，起了催化剂的关键作用。

广州《文学》旬刊

至于分会的机关报《文学》旬刊，完全仿照北京和上海已有的两种编辑和出版，名字相同，版面类似，大方悦目。第一号《创刊的话》未署名，推测出自主编陈荣捷的手笔，开头和结尾是这样的：

> 自西学东渐以来，我们南部底人士，多从事于物质或制度的改善。对于西来的文化，尤其是文学——虽诚恳地尽量接受，却未曾活泼地积极提倡，新世纪的广东底文学田地，竟可直直捷捷说是"荆榛满目"。[……]多马斯亚诺德把他底"甜美光明"（Sweetness and Light）几个字，交给我们做口号了，一起来努力吧。来耕耘这荒芜的田地之一角吧。

从1923年10月10日开始，以十天一期的频率出版，由《广州光报》发行，至1924年3月左右停刊，总期数不详，至多十八期，中山图书馆收藏了第一至第十期。陈荣捷从第三期开始辞任主编，"编辑职务暂由会员共同担负"。无法知道梁宗岱是否担任过主编，但他是主要撰稿人之一，在前十期总共发表了九篇作品，包括新诗、散文和论文，他同时被牵入这份刊物唯一的一次文学争论。点火者不是他本人，而是《文学》旬刊第四期发表的一篇外稿，作者是国立广东高等师范学校学生李寿坚和崔翰顺，批评同校同学李加雪在《学声》第一期的文章，指出里面的济慈诗歌译文出现明显的错误。刚好梁宗岱也发现同样问题，写了两篇短文分析。李加雪对这些意见的反应十分激烈，迁怒于整个文学会。李朴生（1896－1986）是印尼归侨、高等师范学校学生，他亲睹了这场广东"新文化运动"的第一次文学争论：

《广州文学》旬刊第八号（1923年）
本期刊登梁宗岱文学论文《雅歌的研究》
广东省立中山图书馆收藏

甘乃光先生和我是在民国八、九年广州学生运动相熟的。当时高等师范有一班研究文学的同学如李加雪先生（现在香港教书）为了一首小诗和他笔战。又有人不满他的政治活动，骂他"甘为走狗，其道乃光"。他在岭南大学，正和陈受颐先生（现在美国罗省某大学任教授，曾回台湾）等提倡政治、经济、文艺的研究。两个大学的高才生唱对台戏，好看诚是好看，但总给保守派的人看做笑话。

　　陈克文先生是广西人，甘先生的老乡，是高师学生，知用学社发起人，于是沟通两方，停战讲和。（李朴生《我可敬佩的华侨朋友》，1958）

这场文学争论差点变成意气之争，甘乃光根本没有直接参加讨论，却被选为主要攻击目标，只因他曾任学生会会长，又是分会的公认领袖。

日本诗人草野心平

　　梁宗岱在岭南大学只读了一年，除了上课，还积极参加诗歌雅集（Poetry meeting）的活动。这个雅集的具体组织者是日本留学生草野心平，当两人1956年在广州重逢时，梁宗岱还无限怀念问起这个"青年时代的象征"。草野心平在《凹凸》（1974年）一书中回忆道：

　　　　这已是差不多半个世纪前的事了。我们好友几人在广州的大学（岭南大学——现在改名中山大学），每月举行一次诗歌雅集。计划时间的人是我。我将时间表钉在图书馆的告示板上，地点多数在美国人老师的家里。［……］雅集通常在晚饭后开始。我们听老师弹钢琴，然后口齿不清地用法语或者英语朗读诗歌，有时也用北京话，同样发音不准（广东话和北京话真是完全两样）。有时候我会在节目中加入日语的诗歌。（赖子轩译）

西式雅集之外，还有中式"文酒之会"。刘思慕在纪念叶启芳一文中回忆道：

> 我们虽不同在一个学校，但经常举行文酒之会，品评新旧作品，以至纵谈天下大事。启芳当时虽仍是一个虔诚的基督徒，但一点也不拘谨，酒酣耳热，更爱海阔天空地高谈阔论。有启芳在座，我们的"雅集"总是妙趣横生。（《从教堂孤儿到进步教授》）

日本诗人草野心平在广州
岭南大学（约 1922 年）
原刊草野心平
《我的青春记》

草野心平当时开始诗歌创作不久，他有三首诗由会员同学潘启芳译成中文，发表在《文学》旬刊上。他只写日文诗，因此没有正式加入文学会。1925 年上海"五卅血案"后，他担心人身安全，在同学协助下匆匆离校，取道香港返回日本，挨过二十多年的穷作家生活，战后成为知名诗人。

在所有岭南同学中，只有他的文章提到了梁宗岱。第一次在 1938 年 12 月，《梁宗岱其人其事》（梁宗岱のこと），对梁宗岱因为《水仙辞》中译和法译《陶潜诗选》成名，表示无限欣羡。第二次在 1956 年 11 月访华之后，详细记录了他如何在中国寻找梁宗岱，最后意外在中山大学重逢的喜悦。而梁宗岱也没有忘记这位日本朋友，见面时拿出自己珍藏的当年赴欧时草野心平赠送的王尔德《狱中记》。这本书象征了他们之间的友谊，现在收藏在广州外语外贸大学梁宗岱纪念室。

梁宗岱在 1923 年进入岭南大学，1956 年重返康乐园，直至 1970 年外语系并入广州外语学院。这里见证了他朝气勃勃的青

年时代，也见证了他饱历沧桑后的余晖。只可惜遇到世纪劫难
"文革"，康乐园里再找不到他的任何痕迹，空余他的十首诗，
夹在《南风》杂志里，静悄悄躺在校史特藏图书室的幽暗玻璃
窗门橱柜里。

2014 年 9 月

致瓦莱里十七封信

刘志侠　卢岚

在甘少苏的《宗岱和我》（重庆出版社 1990 年版）一书中，作者三次提到梁宗岱与瓦莱里的书信来往。第一次的时间是 1951 年 9 月 17 日，当时镇压反革命运动正在风风火火进行中，梁宗岱被拘押：

> 到傍晚，还不见宗岱回来，我才真正明白：大祸已经来临了！［……］我还想到宗岱和朋友们的往来信件，其中还有沉樱托人从台湾传来的信，如让他们搜到了，岂不又是"叛国通敌"的罪证吗？于是我急忙把它们找出来烧掉了。只是留下了极少数信件，那是宗岱视为宝贝的，如瓦雷里、罗曼·罗兰和闻一多写给他的信，我很细心地把它们秘密藏好。

第二次是 1966 年"文革"开始期间：

> 不久，大字报就贴到了我们家门外的墙上，宗岱的罪状是"狂妄自大，好称第一"［……］

> 朋友们早就建议宗岱把收藏的罗曼·罗兰来的六封信和瓦雷里写给他的十三封信拿去发表，但是他说：

"这些信都是说我的好话的，发表不好。"

第三次是 1967 年 7 月 28 日红卫兵第一次抄家：

　　由英语系一个姓周的学生带队。他们把宗岱几十年来呕心沥血的译著以及刚译好的《莎士比亚十四行诗》、《浮士德》集和二十多万字的《蒙田试笔》都投进火中，还有罗曼·罗兰的六封来信和瓦雷里的十三封来信以及两位大师送给宗岱的亲笔签名的大照片，法国画家哈烈为宗岱画的一张全身速写像，统统烧掉了。我们被赶到花园里，眼睁睁看着他们将这些"四旧"付之一炬，心里也像被火烧灼一样刺痛！

梁宗岱视为"宝贝"的信件，很少向他的同事和学生出示，更不要说炫耀了。20 世纪 60 年代初，他曾让卢岚看过罗曼·罗兰的信和他的复信底稿，开头是：grande est ma joie de recevoir votre lettre（非常高兴收到你的信）。简单的开场白，因为字眼的位置变得活泼多彩，让卢岚一下子便记住，直到如今。

2003 年，我们参与四卷本《梁宗岱文集》（中央编译出版社）的出版工作，在编辑和校注过程中发觉缺乏早期作品，妨碍了对梁宗岱的全面了解，因此书出后，继续留意搜集他中学和欧游时期的佚文。在这过程中，出乎意料，除了佚文外，还发现在几位同时代的法国和瑞士作家文字里，留下了关于梁宗岱的记载，重新点燃了一个我们从不敢说出来的梦——在法国找寻梁宗岱写给瓦莱里和罗曼·罗兰的信件。中国有"文革"，法国没有；中国有红卫兵，法国没有，这些信件应该仍然存在，除非两位大师认为无足轻重，没有保留。

希望是一回事，找寻又是另一回事。我们不是专门研究者，两人各有写作工作，无法专职去做，只能随时留意。四年前，诗人何家炜到法国，闲谈间建议我们整理手头已有的梁宗岱佚文。

我们拖了差不多一年才动手，写成了梁宗岱巴黎文踪五篇，四篇发表在《书城》，一篇在《作家》。没有想到这一写变成不可收拾，萌生了撰写梁宗岱青年时代传记的计划，这正是法国谚语所说的"越食越开胃"（L'appétit vient en mangeant）。

瓦莱里典藏室

既然写书，就需要扩大资料搜索范围。在已经到手的法文文献中，有一篇学术研讨会论文《瓦莱里——通过梁宗岱阅读陶潜》（*Paul Valéry, lecteur de T'ao Ts'ien par l'intermédiaire de Liang Tsong Taï*），作者是日本恒川邦夫（Kunio Tsunekawa）教授。他是研究瓦莱里和东方关系的专家，他的文章非读不可。想尽办法，从各种学术杂志搜集他的论文后，却发现再没有提及梁宗岱，论文题目都是日本长日本短，但有一篇例外：《〈鸭绿江〉注释绪言——瓦莱里与盛成》（*Prolégomènes à une exégèse du Yalou：Paul Valéry et Cheng Tcheng*）。文章与梁宗岱无关，可是里面摘录了多段瓦莱里与盛成来往信件的原文，这证明了大师当年的信件至今犹存，梁宗岱的信很可能就存放在同一个地方。笔者喜欢参考学术论文，除了内容相对可信，一长串标示原始资料来源的注释，包含很丰富的信息。这篇也不例外，注解集中在文末，蚂蚁卵般的小字，看得双眼模糊，但很快便发现 Valeryanum 这个字。

瓦莱里的研究者有两个神殿，一个是国家科学研究中心（CNRS），那里有瓦莱里《手记》（*Cahiers*）的整理和研究中心，另一个便是 Valeryanum，笔者译为"瓦莱里典藏室"。这里有一个庞大的文献档案，凡是研究瓦莱里的人迟早都会来这里朝圣。说起来令人难以相信，这个档案自始至终由一个人独力完成，他叫莫诺（Julien Monod, 1879－1963），本是银行家，在岳父家族的东方财务公司（Société financière d'Orient）任经理，家境富裕。

莫诺本人酷爱文学，1924 年认识瓦莱里。1926 年，作家路易（Pierre Louÿs, 1870－1925）遗属拍卖私人信件，内有瓦莱里信函。瓦莱里不想青年时代的隐私公开，十分烦恼，莫诺得知后全部购下，送回给他，两人从此结为莫逆之交。瓦莱里不善俗务，请求莫诺帮忙，莫诺有求必应，逐渐承担日常杂务，最后连稿费、合约也包揽下来，甚至代复部分来信，一直到瓦莱里去世。莫诺的忠诚完全没有条件，只有一个愿望，建立一个博物馆，收集他崇拜的瓦莱里所有作品的版本、手稿、来往书信和相关评论，传之后世。1963 年，他去世前不久，把全部文献（一万二千多种，一种可以包括数件或十数件）转让给美国博林根基金会（Bollingen Foundation），因为美国人承诺连同其他法国近代文学文献，全部馈赠给法国国家图书馆。这个诺言在 1966 年成为事实，莫诺文献档案交给巴黎杜塞文学图书馆（La Bibliothèque littéraire Jacques Doucet）保管，成为著名的瓦莱里典藏室。

有了这条线索，第一个反应是上网查看这家图书馆的电子目录，里面虽然有手稿部分，却没有任何痕迹，十分泄气。可是不死心，既然有学者在这里读过盛成的信，梁宗岱不在，盛成应该在。莫非目录不完整？一查之下，果然证实了自己的猜疑，于是毫不犹豫准备到典藏室走一趟。花了一番精神，写了一封长长的申请信，这是业余研究者踏入法国"研究图书室"（Bibliothèque de Recherche）的敲门砖。挑了一个晴朗的初夏下午（只有下午才开放），来到拉丁区先贤祠旁边的典藏室。这是一座古老的楼房，典藏室在三楼，没有电梯，木板楼梯很陈旧，可是阅览室令人眼前一亮，镶木墙壁挂着大有来头的真迹油画，精致高大的书橱充满了书卷气味，好像回到 20 世纪初叶的美好年代。这里面积不大，一张长桌子，只能容纳八个人，使用者都要预先订位。馆员很友善，乐业敬业，很快批准查阅。馆员虽然很内行，但梁宗岱与其他 20 世纪法国的大群作家比起来，不是热门人物，主管也不知道他的名字，唯一能做的是让读者在目录卡片中寻找。卡片柜子摆放在一个独立房间里，一字排开，靠墙而立，数量好多。因为按字母排列，只需按图索骥。"图"就是 Liang，Tsong和 Taï 三个字，但找不到同名的"骥"。面对密密麻麻的卡片，无计可施，想起日本学者的论文，于是改为查看盛成的资料，把论文注释提供的文献编号填进找书单。

书很快找出来，这是一本装裱好的宗卷，硬纸封面，配一个硬纸套，书脊写着《*Etude pour Ma Mère*》（《我的母亲》研究）。里面交替排列着信件、手稿、传媒评论，按日期顺序，钉装成一册。瓦莱里和盛成的通信就在里面，有些是原件，有些是打字稿。翻阅了一部分，突然醒悟自己脑筋不灵活，走错了路。图书馆的目录传统以书籍标题或作者姓名编写，通过任何一种都能找出来。由于自己要找的是信件，不是书籍，因此把梁宗岱作为作者，死抱他的名字不放。现在看到盛成的宗卷，明白这类文献不同普通书籍，经常有多个作者，因此编目时以主题代替。按照时髦的说法，盛成宗卷的"关键词"是"《我的母亲》"，里面收集的书信及报刊评论的作者，包括盛成、瓦莱里、莫诺及其他人，他们只算是"关联词"，因此没有录入目录。根据这个原则推测，找寻梁宗岱书信的"关键词"不应是梁宗岱，而是"水仙辞"（*Narcisse*）"陶潜"（*T'ao Ts'ien*）或者其他相关题材。不出所料，在馆员协助下，填妥了新的找书单，很快便找到五种。

五本宗卷

首先看到的是《*Etude pour Narcisse – Traduction en chinois par Liang Tsong Taï*》（《水仙辞》研究——梁宗岱中译），主体是一份以隶书抄写的《水仙辞》译稿，中式直书，从右至左，没有署名，字体很漂亮，说是书法家的作品也不为过。抄写者的身份很快便有答案，宗卷收入的第一封信是梁宗岱致莫诺信，日期是1927 年 12 月 19 日：

> 敬爱的莫诺先生，
>
> 　　很高兴接到尊函与瓦莱里大师的照片，谨致无限谢意。
>
> 　　很早便从瓦莱里先生和报刊得知阁下对诗人的深挚仰慕。这种仰慕转过来令我产生一种仰慕式的嫉妒，因为我也爱戴诗人，仰慕诗人。
>
> 　　拙译《水仙辞》估计最早在明年四月出版，因为书信来往费时。大约两个月前，我请代理出版的朋友找寻一种中国纸张，一种现在已很少见的纸，为阁下印制一册独一无二的孤本（un exemplaire unique）。希望他能找到。在此之前，我愿意抄写一份手稿，能够为阁下的瓦莱里博物馆有所贡献，即使微不足道，也是一种快乐。如不介意，日内将来拜见一次，谈谈此事与诗人的肖像照片。
>
> 　　此致敬意。
>
> 梁宗岱

第二封信通知莫诺寄出手抄稿，这时已是 1928 年 2 月 9 日，换而言之，这件工作用了差不多两个月时间。手抄稿不仅精美，而且最接近原始译稿，里面一些句子以钢笔涂改过，单行本采用了这些修改。虽然只是字斟句酌，但译者的苦心经营显露无遗。这是笔者第一次在法国看到梁宗岱留下的笔迹，三百多行诗，总数四十八页，已经超过在国内能见到的所有梁宗岱译作残稿的总和。

但更大的发现在后头，宗卷夹有三封没有订装的信件，其中两种是梁宗岱寄给瓦莱里的。第一种是一张热带风景明信片，上面只有一句话："从科伦坡致亲切的问候"，这是在欧洲回国途中从锡兰（今称斯里兰卡）寄出，日期为 1931 年 12 月 7 日。由此推算，他在这年圣诞节前返抵香港。第二份邮件是一封长信，1935 年 5 月 10 日寄自日本叶山，主要内容是他在翻译瓦莱里纪念歌德逝世一百周年的演讲词《歌德论》（入集《诗与真二集》，1936）时，遇到一个生字 Polyphile，遍查辞典未得其解，于是写信向瓦莱里求教。同时告诉他即将返国，准备应聘到大学教书。

这两封信令人兴奋，证实了梁宗岱的信件仍在。迫不及待翻开第二本宗卷：《Charmes》，《水仙辞》中译本初版（1931 年），薄薄的一册，放在一个硬套里。封面是瓦莱里给莫诺的题赠，不按法文那样从左到右水平书写，而是仿照中文传统直写，两者平行排列：

送给莫诺，他的中国化朋友（ami chinoisé）瓦莱里

书中夹着两张明信片，都是梁宗岱致瓦莱里的。第一张以梁宗岱本人照片制成，相中人着浅色西装，蝴蝶结领带，圆框眼镜，在一座高山上凭栏远眺，这是在意大利山区旅游的照片，梁宗岱作为个人肖像照送给瓦莱里：

送给保罗·瓦莱里大师

致问好及敬意

梁宗岱

《水仙辞》中译已出版。接到样书即寄上。

右方是从右到左垂直书写的中文题赠：

梵乐希诗翁惠存

后学梁宗岱敬赠

一九三一，六，十，于翡冷翠山中

梁宗岱在意大利山区（1931 年）

法国巴黎杜塞文学图书馆收藏

第二张明信片印着佛罗伦萨博物馆油画《耶稣向圣玛德兰显灵》，6 月 22 日寄出，通知瓦莱里寄出《水仙辞》中译本样书：

敬爱的瓦莱里大师，

我在同一邮件寄上两册中文《水仙辞》，其他随后到来（可能过一个月）。此书本版相当不错，但今冬或明春回到中国时，我将出更漂亮的一种。

亲切问候。

梁宗岱

第三本宗卷是法译《陶潜诗选》，由于书本尺寸属大开本，体积很大。馆员告诉我们，这里总共收藏了四册。我们看到的那一册最重要，编号 I。2001 年第一次看到法译《陶潜诗选》时，我们就希望有朝一日能见到，现在终于如愿以偿。此书使用珍珠母色日本纸（Japon nacré）印刷，内有常玉版画插图两套，灰色及褐色。原先以为这是梁宗岱为自己特制的纪念品，读了宗卷内莫诺与出版社的来往信件后，才知道这是莫诺订制的孤本，独一无二，相信至今没有多少人有机会见过。宗卷里还有一张梁宗岱致瓦莱里的圣诞卡，日期是 1930 年 12 月 18 日，从柏林寄出。

最后两本宗卷是《诗与真》初版（1935），以及《诗与真二集》初版和《一切的峰顶》（均为 1936 年版），所有扉页上都有梁宗岱给莫诺的题赠，但没有任何附件。

图书的神殿

每隔一天跑一次典藏室，花了一个多星期的下午才抄录及校对好需要的资料。回到家里坐下，整理计算一下，典藏馆总共保存了梁宗岱致瓦莱里的五种书信，多数是明信片，只有一封长信，收获不算很大。但是，这不仅没有令人气馁，反而加强了原先的希望。一方面，典藏室证实了梁宗岱的法国朋友对他的重视，小心保存他的书信；另一方面，莫诺收藏的梁宗岱致瓦莱里的信，除了一封，其余没有重要内容。由于他不是收信人，因此可以推测，更重要的信件必定被瓦莱里另外保存。下一步已经确定，把目标转向法国国家图书馆手稿部，那里是一座蕴藏丰富的"研究金矿"。

图书馆电子化是世界潮流，欧洲传统保守，在这方面倒不落后。但是法国历来中央集权，国家图书馆收藏的资料堆积如山，不要说电子目录远未齐全，很多资料还来不及分类和入目录，尤其那些夹杂小语种外文的文献，超出了馆员的处理能力。图书馆每年都会挑出一批，公开征求学者整理（有酬）。另一个难题是知识产权保护期，现在很多国家都改为作者去世后七十年，在这方面，国家图书馆最认真。虽然让人阅读及抄录文献，但不准影印或拍照，一些文献加上警告：若要发表，须经图书馆批准。

幸好瓦莱里著作的版权 2015 年便到期，他的资料近年加速开放。倒回十年前，想查阅他的书信，不仅要过五关斩六将，还要有很好运气才能找到，因此学者的论文很少提及手稿部。为了不失望，我们等待典藏室工作全部完成才着手。这次很顺利，在电子目录的瓦莱里手稿档案里面，一下子便找到"Liang Tsong Taï"三个字，位于"来信"第十九卷"Lebl – Ly"，从 278—299 页。余下工作便是申请阅读证，为电脑充足电，吃好睡好，准备去抄录。

笔者不喜欢新建的法国国家图书馆四方城，新派得像大商场，一道道电梯你上我下，一家家小店铺（阅览室）并排而立，挂着"A – Y"的招牌，只差没有玻璃橱窗。这一次不必为此生气，手稿部在图书馆旧址，现在叫黎塞留分馆（Site Richelieu）。这是一大群古老的建筑物，路易十三时代是高官大臣的府邸小区，从 18 世纪初开始改建为图书馆区，数百年间不断扩建和改建，无论内外都没有剩余多少空间，真正的摩肩接踵。但是一走进"拉布鲁斯特阅览厅"（Salle Labrouste），这座 19 世纪下半期建成的地标性建筑物，你就离开人的世界，进入书的神殿。

这里仿如一座大教堂，铸铁构成的峨特式拱穹，镶嵌彩色玻璃的窗口，大厅的支柱是十根纤细精美的铁柱，被视为欧洲建筑的杰作。在高耸透光的大圆穹顶下，四周墙壁衬着巨大的壁画，颜色淡薄深敛，柔和而厚实。大厅里一排排长桌子，有四百一十个座位，十分宽松。旁边有略为突出的走廊式楼层，总共四层，以楼梯连接，摆着书柜。在这些墙壁后面，便是庞大的书库，收藏着一百多万册图书。一个人不知要重生多少次才能读完？

法国国家图书馆黎塞留馆拉布鲁斯特阅览厅

瓦莱里书信微缩胶卷阅读处

法国国家图书馆官方照片

　　这里一切摆设都是古董，书架，柜子，座椅，桌子，都被时光打磨得油光水亮，但仍保养得很好，椅子坐下去不会吱吱作响。作为现代科技的微缩胶卷阅读机，仍然使用过时的幻灯式投影机，以射灯把胶卷影像直接投射到白色木板上。这类机器市面上已经找不到，生产商柯达刚刚逃过破产的命运，也不知道由谁负责维修，机器运行得跟新的一样灵光。

　　每次坐在投影机前，等候管理员把胶卷找出来，心中就想起"礼失求诸野"这句老话。是喜？是哀？要到万里外的异国才找回相关的历史见证，人家那么宝贝，心中自然知道该谢谁，该怨谁。誊抄并非易事，当年使用墨水笔，字迹浓淡不一，加上年月侵蚀和纸张反复折叠，有些字句变得模糊，一次辨认不出来，要回头两三次才能确定，十分费神。但想到这些文献的重要性，赶快揉揉酸痛的眼睛，继续聚精会神盯着白板上的影像。

完善的收藏

这里收藏着十二种梁宗岱致瓦莱里信函，加上典藏室的五封，总共十七种，除去信息较少的贺年卡和明信片，余下来的数目和梁宗岱曾经保存的瓦莱里十三封来信几乎相等，可见他们互相间一往一还，十分友好。读着这些信件，梁宗岱和瓦莱里的交情从模糊的"印象派"，慢慢变成清晰的"现实主义"。下面是全部信件的主题：

（一）1927 年 6 月 22 日：祝贺瓦莱里出席法兰西文学院入院仪式，寄上一首十四行诗请求指正。

（二）1927 年 9 月 7 日：陈述对瓦莱里解说《水仙辞》第三部分意境的感想。

（三）1928 年 9 月 8 日：报告《水仙辞》中译因版税问题，延期出版。

（四）1928 年 11 月 15 日：寄上法译陶潜诗草稿十二首，请求指点是否值得继续翻译。

（五）1929 年 3 月 20 日：报告正在为法译《陶潜诗选》寻找出版社，请求撰写一篇"信柬序言"（lettre – préface）。

（六）1929 年 8 月 6 日：在瑞士女作家瓦朗让古堡度假，转达居停主人给瓦莱里的邀请。

（七）1929 年 8 月 25 日：感谢瓦莱里赞扬他的《晚祷（二）》法译。

（八）1929 年 11 月 13 日：催促法译《陶潜诗选》序言。

（九）1929 年 12 月 23 日：感谢瓦莱里序言，送上一件中国工艺品挂屏表示感谢。

（十）1930 年 12 月 18 日：从柏林寄出的圣诞卡。

（十一）1931 年 6 月 10 日：题赠明信片形式的个人肖像，预告寄发《水仙辞》样书。

（十二）1931 年 6 月 22 日：通知已寄出《水仙辞》样书。

（十三）1931 年 8 月 1 日：报告已离开佛罗伦萨，正在云石堡短住。

（十四）1931 年 12 月 7 日：自欧返国途中，从锡兰科伦坡寄出的问候明信片。

（十五）1932 年 7 月 15 日：返国后从北平寄出的第一封信，报告回国后情况。

（十六）1934 年 9 月 20 日：寄自日本叶山，解释离婚案前因后果，报告个人写作计划。

（十七）1935 年 5 月 10 日：预告离开日本，回国后打算重返大学教书。请教翻译瓦莱里文章遇到的问题。

这些信每一封都带着梁宗岱的文学脚印，尽管没有瓦莱里的复信作对照，仍然可以想象他如何在瓦莱里的关怀下，一步一步完成文学的起飞，这里只谈其中两封。

1927 年 9 月 7 日早上，瓦莱里把梁宗岱带到布罗涅森林公园散步，向他解说《水仙辞》第三部分的意境。梁宗岱当晚便把感想写下来，向瓦莱里报告。《水仙辞》中译完成后，他在《译后记》中把这封信翻译成中文。这段文字很有名，被很多人引述过，用来说明他和瓦莱里的友谊，译文前面有一段开场白：

去年秋天一个清晨，作者偕我散步于绿林苑。木叶始

脱，朝寒彻骨，萧萧金雨中，他为我启示第三段后半篇底
意境。我那天晚上便给他写了一封信，现在译出如下：

现在我们可以把最后一句"现在译出如下"改为"原文如
下"了：

Le reflet de Narcisse dans la fontaine remplacé par, ou
mieux peut – être, changé en un ciel étoilé à la venue de la
nuit représente magnifiquement le moment transcendantal de
la méditation——" l'état du calme suprême", comme je
l'ai employé pour traduire " présence pensive" en chi-
nois——où le silence dans l'âme est tel que l'on est à peine
conscient de l'existence de soi. Dans cet état pseudo – in-
conscient, presque vacant, dans cette " absence divine",
on se perd et se confond avec tout ce qui l'entoure. Il est
dans l'univers, l'univers est en lui: l'univers et son Moi ne
font qu'un. Ainsi, Narcisse, en contemplant son visage dans
l'eau, le perd de vue à la tombée soudaine de la nuit
complète lorsque les étoiles qui s'allument une à une dans le
ciel éclairent la fontaine éteinte en s'y mirant. Ébloui ou
étourdi par l'apparition inattendue de cet univers de lumière,
il s'imagine que tous ces êtres étincelants ne sont que son
propre reflet transformé…

另一封写于 1929 年 8 月 25 日，这是唯一有瓦莱里来信作对
照的信件。这一年 8 月初，梁宗岱接受新结识的瑞士友人邀请，
和画家司徒乔一同到阿尔卑斯山度假。8 月 6 日他写信给瓦莱
里，转达居停主人的邀请。说也凑巧，同一天，瓦莱里在《欧洲
评论》读到梁宗岱的《晚祷（二）》法译，立即写了一封信给他
表示赞赏。这封信原件已经和其他信一起葬身无知的烈火中，但

梁宗岱之前拍摄了一张信件照片，"文革"劫难后在一本藏书里被人发现，现存广东外语外贸大学梁宗岱纪念室。瓦莱里的信充满热情：

亲爱的梁君，

刚在《欧洲评论》（我相信是这本杂志）读到你写的一首短诗，这是一篇雅致轻巧的佳作。

我抵挡不住由此产生的要称赞你的愿望，尽管不知道你会在何处收到此信。

假期快乐，文思优美。

瓦莱里

瓦莱里致梁宗岱信（1929 年）
照片复印，原件已佚
广东外语外贸大学梁宗岱纪念室收藏

信件辗转到达梁宗岱手上，已经是 25 日：

亲爱的瓦莱里大师，

大师的珍贵美言由雷惠兰夫人转送到这个温柔僻静的地方。

谨向大师致谢，尽管回复太晚。每次重读美言，都令我产生新的喜悦。

梁宗岱　敬上

这些差不多一个世纪前的信件，现在能够重见天日，实在不容易。我们已经在新完成的传记《青年梁宗岱》（排印中，华东师范大学出版社出版）中作了介绍，希望日后能够把这些信函的原文和全译，连同新发现的历史文献及梁宗岱佚文，结集出版，让更多有心人分享。

2014 年 7 月

罗曼·罗兰日记

刘志侠　卢岚

在所有法国作家中，没有一个人像罗曼·罗兰那样，在生时能在中国享有那么崇高的地位。他的人格及作品的影响，是那么深远而长久。敬隐渔是他的最早译者，1926 年 1 到 3 月，《小说月报》连载了他的《若望·克利司朵夫》部分中译。但是在此之前，罗曼·罗兰的文名已经响彻中国。在最早对他唱颂歌的作家中，有出人意料的徐志摩，他在 1925 年 10 月写成的《罗曼罗兰》文中称颂罗曼·罗兰的和平主义：

> 罗曼罗兰（Romain Rolland）这个美丽的音乐的名字，究竟代表些什么？他为什么值得国际的敬仰，他的生日为什么值得国际的庆祝？［……］他不仅是全欧心智与精神的领袖，他也是全世界一个灵感的泉源。他的声音仿佛是最高峰上的崩雪，回响在远近的万壑间。五年的大战毁了无数的生命与文化的成绩，但毁不了的是人类几个基本的信念与理想，在这无形的精神价值的战场上罗兰永远是一个不仆的英雄。

从这时开始，他的生日成了中国文坛的盛事：1926，1936，

1946，1956，直至"文革"前的 1966 年，中间还有 1944 年的逝世，每次都有大批刊物出版专号，由著名作家和翻译家执笔（戈宝权《罗曼·罗兰和中国》）。

留学生的精神父亲

单凭罗曼·罗兰的文名，无法掀起这么大的浪潮。除了政治因素外，还有其他原因。他通过和敬隐渔的交往，不仅让中国人认识他的作品，还把鲁迅作品推荐到他创办的《欧洲》月刊发表，这是没有一个外国作家做过的友好举动，中国知识界对他很有好感。刚好这个时期清王朝被推翻，民国初建，青年一代把留学看成是"爱国救亡"行动，法国以自由、平等、博爱为立国之本，成为很多人向往的地方。随着"勤工俭学"运动的潮流，加上里昂中法大学的成立，吸引着大批留学生涌向法国。

这位作家言行一致，在作品中宣扬人道主义，在生活中同样表现出关怀他人、尊重他人的高尚品格。他年轻时找寻导师，写信给俄国文豪托尔斯泰，得到长篇回信，在感动之余，决定日后将如托尔斯泰那样，尽量回复每一封陌生人的来信。在获得诺贝尔文学奖之后，他除了将奖金转赠红十字会等慈善机构外，又决定尽自己能力，援助有需要的作家或其他人，敬隐渔是最早受益的中国留学生。罗曼·罗兰的慷慨举动，很快传遍中国留学生圈子，不少人产生向他求助的念头，或者为了解决经济困难，或者其他方面帮助。汉学家鲁瓦（Michelle Loi，1926—2002）在《罗曼·罗兰与中国人》（*Roman Rolland et les Chinois*，载《欧洲》1982 年 1 月号）一文中写道：

在我们找到的书信（1925 年至 1927 年）中，罗曼·罗兰对写信求助的中国青年表现得很照顾和慷慨。须知他当时在中国很有名气。这些青年人一到法国（一般到里昂）或者瑞士，便赶快写信求见。下面这封信便是一例，1925年4月25日（按：应为1929年9月28日）由一位名叫阎宗临的人寄出，他住在弗里堡市犹斯定教会宿舍："我将很高兴前来维勒奈夫拜访，就像年青的德富健次郎拜访托尔斯泰那样。我相信将得到父亲之爱。请指导我，请教会我如何生活。请待我如儿子。我有志气，但不知如何运用……"

当然，不是每个留学生都这样做，也不是每一封信都把罗曼·罗兰称为父亲，真正动笔写信的人数也不如想象的多。梁宗岱在1924年冬到达日内瓦，一年后转至巴黎，直到1929年初才写信，因为他打算翻译罗曼·罗兰的作品。1936年，罗曼·罗兰六十岁生辰，中国再次出现自发的全国性活动，梁宗岱也参加了，在《大公报》6月17日《文艺》副刊发表了《忆罗曼·罗兰》一文。详细记述了两人的书信来往和两次见面详情。他把和罗曼·罗兰的关系，定位在"神交"的层次上，"在精神或道德方面（d'ordre moral），罗曼·罗兰也给与我同样不可磨灭的影响"，原因是"因为禀性和气质底关系"。

这篇一气呵成的文章内容详尽，细节分明，其中罗曼·罗兰书信的中译片断尤为珍贵，这些具有历史价值的文献共有六封，已经在"文革"中被红卫兵焚为灰烬（甘少苏《宗岱和我》）。近年来，我们一直在法国找寻他的文学踪迹，直到去年终于发现他写给瓦莱里的信束，当时第一个想法便是，如果也找到致罗曼·罗兰信，那就十全十美了。

罗大冈的故事

起初很有信心，致瓦莱里的信件原本毫无头绪，也能水落石出。罗曼·罗兰虽然早在 1944 年去世，但他的夫人长寿，一直活到1985 年。这位斯大林时代的文学爱好者，母亲是法国人，因为写诗给大师而认识，而了解，最后在 1934 年结成夫妻。她是大师生前的秘书，死后的继承人。她忠心耿耿保管大师的档案，除了把大师生前整理好的日记，在 20 世纪 50 年代送给国家图书馆，其余留在身边，不准他人沾手。她以性格硬朗、心直口快出名，凡事亲力亲为。罗曼·罗兰是一位有历史使命感的作家，他生前有目的地保留所有重要文献，准备有朝一日为历史作证。其数量之多，普通人都知道独一人之力，尽有生之年，根本不可能完成。不少热心学者愿意帮忙，都被她一口拒绝，宁可省吃俭用，自己出钱，聘请年轻人协助。

她整理出来的日记和书信集，大约二十五种，以《罗曼·罗兰丛刊》（*Cahiers Romain Rolland*）为总名，由著名出版社 Albin Michel 出版。中国留学生的信函也在她的计划之内，但一直没有找到合适的助手。直到1981 年，罗大冈重临离开三十多年的法国，登门拜访，令她如获至宝。他们两人在上世纪中叶有过书信来往，这是首次见面，罗大冈原意除了礼节性拜访外，主要目的是把她在 50 年代末以邮寄借给他的一本珍本书奉还，没有料到她另有打算：

> 我第一次访问罗兰夫人时，她就向我提出一个要求，要我整理罗曼·罗兰陆续收到的中国人来信。还说准备出一本集子，编入《丛刊》，由我来写一篇序文。我对于这个建议不感兴趣，可是不好意思直说，就推说等以后我看看有关的材料再说吧。不料她抓住不放，说："材料我早给您准备好了，您什么时候来这儿开始工作？"我只好同意过一个星期再去她家，"开始工作"。（罗大冈《三访罗曼·罗兰夫人》）

当时中国刚刚开放，出国的学者仍像凤毛麟角，以罗大冈的名声，可以想象他有多少活动。但他不敢爽约，一个星期后，乖乖地按时上门，罗曼·罗兰夫人二话不说，把他带到全屋最光亮的房间——她的寝室：

> 在靠窗的大桌上，堆放着一摞文件套，大约有十多本。有一本文件套封面上写着我的姓名（法文），打开一瞧，其中夹着的是两三封比较长的"中国人来信"，好像有梁宗岱的信。在别的文件套中，情况大致如此：夹着一两封或两三封"中国人来信"，有长信，也有寥寥数行的短信，当然，全是用法文写的。我匆匆翻阅，没有发现比较特殊的内容，一般都是向伟大作家罗曼·罗兰表示景仰爱戴之忱。我注意寻找敬隐渔的信，可惜没有发现［……］这一批信，总共约二十多封，无论从内容来看，或就数量而言，都不足以编辑出版一本单行本。［……］罗兰夫人听了之后，似乎有一点失望。可是她仍然和蔼地把我送出大门。（同上）

三年后，1984 年末，他重提此事：

> 一九八一年冬我在巴黎访问了罗曼·罗兰夫人。罗兰夫人拿出她整理好的一大捆中国青年在数十年中给罗曼·罗兰写的信给我看。在那些信中，我发现了几封是梁宗岱先生手写的信。他的法文写得也比一般中国人来信的法文水平似乎高明一些。（《回忆梁宗岱》）

可见梁宗岱的信函保存得很好，他详细读过。罗曼·罗兰夫人去世后，整理工作无人继续。虽然国家科学研究中心有专门研究小组，拿国家的薪金，但在出版四五种《丛刊》之后便停顿下来。至于档案的下落，罗曼·罗兰没有子女，纸张又不是金银珠宝，按照一般情况，都会落到政府手上，存放在某一个图书

信落何处

知易行难，一开始便碰钉子。法国属中央集权，有一个全国公用图书馆手稿目录资料库，任何人都可以上网查阅。也不知道是目录做得粗糙，或者还没有完成，完全没有罗曼·罗兰收到的函件。他寄给别人的信柬倒不少，但都不是来自他的文库，而是收信人珍而重之的零散收藏。

想起在一些学术论文中，提到罗曼·罗兰曾经把部分手稿赠送给瑞士巴塞尔大学，其中有敬隐渔的信，于是冒昧写信给瑞士学者梅兰教授（Jean–Pierre Meylan），他是罗曼·罗兰专家，希望通过他得到新的线索。他很快回复，但所知只限瑞士的收藏，他热心寄来仅有的资料照片，罗曼·罗兰 1924 年致敬隐渔信和《若望·克利司朵夫向中国的弟兄们宣言》，不过不是手写原件的复印，而是《小说月报》的印刷剪报，大概是敬隐渔当年送给大师，然后转送给大学的。

无奈之余，又回到法国来，到图书馆翻看相关的研究书刊。这方面的权威是杜沙特列（Bernard Duchatelet）教授，他几乎把一生都贡献给罗曼·罗兰，从 1960 年代的博士论文开始，到后来络绎不绝的专著和论文，数逾百种。退休多年后，以耄耋之龄，仍然担任罗曼·罗兰之友协会名誉主席至今。他是少有几位能够自由接触罗曼·罗兰文库的研究者之一，1995 年莫斯科日记解禁，由他独力编辑了《莫斯科之旅（一九三五年六月至七日）》（*Voyage à Moscou*, *juin–juillet* 1935），作为《丛刊》第二十九种出版。这也是笔者到图书馆借阅的第一本书，序言最后一节是致谢，其中有一句："尤其感谢罗曼·罗兰档案管理委员会

(le Comité administratif du Fonds Romain Rolland），准许发表一些从未刊行的文献"。这个委员会是何方神圣，不知道。等看到他的第三本著作《罗曼·罗兰自述》（*Romain Rolland tel qu'en lui-même*），这个机构名字又出现在版权页上，声明该书使用的首刊文献，得到委员会的"友好准许"（即无偿）。下面还有一段说明，"未刊文献版权所有者：法国国家图书馆，巴黎区大学总署（Chancellerie des Universités de Paris）"。这就很明白了，罗曼·罗兰文库分放于国家图书馆和巴黎区大学图书馆里。

管理委员会这种机构不会有独立办公室，独立办事人员，不好打交道，除非文库完全公开，或者本人是鼎鼎大名的学者或者局内人，普通人通过正常途径申请，十九不得其门而入。阎宗临的女儿阎守和有亲身体验：

> 我们产生了弥补父亲遗憾的希望，就是要找到罗曼·罗兰自愿为父亲的《米开朗琪罗传》中译本写的法文序言。[……] 档案在巴黎法国国家图书馆由专门机构保管，想查阅档案的人要经严格的审批。我们的陈述的理由得到具体工作人员的同情，但没有批准。
>
> （《一位罗曼·罗兰教导过的中国留学生》，2010 年）

一时无计，暂搁一旁。有一天整理电脑文档，翻出一份文件《罗曼·罗兰书柬收信人清单》（*Inventaire des destinataires de Romain Rolland*），总共一百五十页，以前已经多次查阅浏览，在二千五百多个人名中，只有四个熟悉的中国人名字：敬隐渔、汪德耀、盛成和傅怒安（傅雷），唯独没有梁宗岱。这次看得比较小心，第一页就看到"杜沙特列整理"几个字，知道文件来头不小，小心细读，四个中国人依然无新事，倒是在其他地方发现一个略语 jal，一向没有留意。这次查看体例说明，竟然是 journal，表示"罗曼·罗兰在日记中抄录的信件"。日记内可能有信件，这真是醍醐灌顶，因为日记开放给公众阅读，不必另行申请。上网查目录，一点中的，在1928年至1930年的子目录中发现"中国青年人：汪德耀，阎宗临，梁宗岱"几个字，这套目录做得真细致！

逐字辨认和抄录

先前的懊恼情绪一扫而光，要是在罗曼·罗兰日记中找到梁宗岱的记载，这与书信有同样价值。第二天一清早赶到手稿部所在的黎塞留分馆，还没开门，前面已有几个人排队。进去后，一口气填写了每天最高限额的五张借单，从1925年到1930年，明知五盘微缩胶卷有一千多页，而且手稿不比打字或印刷，读起来很花时间，一天根本无法看完。

法国国家图书馆黎塞留馆手稿部楼梯

法国国家图书馆官方照片

先抽出目录中有梁宗岱名字的胶卷打开，这时才知道罗曼·罗兰习惯每年整理一次日记，亲自编写内容提要，放在前面，目录照抄而已，难怪那么清晰全面。大师的书法不算天书，比医生的药方容易看得多了，但对外国人来说，要每个字母都辨认出来，并非易事。看了十多页后，发现姓名下面都加上横线，这可能是约定俗成的做法，也可能是个人爱好，对找寻者来说却是功德无量。不必逐字阅读，只需找下划线的字便可以，每页不会超过四五个。尽管如此，为了不回头再找，仍然每行快速"扫描"Liang 或 chinois（中国的）两个字，遇到下划线字，多看几眼。一页一页翻下去，已经过了半卷，到了第一百四十三页，蹦跶跳出 Liang Tsong Taï 三个字来：

> 一个巴黎中国青年梁宗岱请求翻译我新写的贝多芬，他寄来一位四至五世纪的中国古代诗人陶潜的一些译诗。这些诗的情感很接近我们法国的乡土哲人，接近我们的忧郁的伊壁鸠鲁主义者。我觉得他出色地精通法语。

找到了！尽管只得一小段，却是一个好开头。看看日期，没有，原来罗曼·罗兰不是每天都写日记，所记也不一定是当天的事情。倒翻胶卷寻找，翻了三页，看到"一月十九日"，回头向前八页，"二月七日"，收信日期就在此期间。这段话证实了梁宗岱自己的话：

> 这时我刚好在寒假期内把陶渊明底代表作（十几首诗和几篇散文）译成法文，原是为了一时的高兴，丝毫没有把它们发表的意思。后来一想，为什么不寄给罗曼·罗兰看，使他认识我自己所最爱的一个中国大诗人呢？（《忆罗曼·罗兰》）

接下去又过了三十多页，梁宗岱的名字再次出现：

> 一位住在巴黎的年青中国人梁宗岱有意翻译我新写的贝多芬。他写信给我，法文很好，同时寄来一首自己写的美丽诗歌的翻译。

　　两段记载都赞赏梁宗岱的法文，令人注目。文内提及的"美丽诗歌"现在已经可以确定是《晚祷（二）——呈敏慧》，发表在这一年八月《欧洲评论》（*Revue Européene*）上。从日记的日期看，离开他们两人见面日子只有几个月，预感不远就会有更重要的记述出现。日记没有令人失望，到了第二百二十二页，出现了 Chinois（中国人）这个大写字：

　　　　托尔斯泰曾经抱怨，太少中国人来找他。我也有同样的遗憾。在所有文明土地中，中国有识之士于我始终最遥远。在我听到的声浪中，缺少他们的声音，至多听到一两把孤立的声音。——但最近几个月，这些声音从四面八方升起。上两星期，三位有才智（intelligents）的中国年青人预告前来访问。

　　以前读过这段文字，因为罗曼·罗兰夫人在 1978 年出版《伯爵先生——罗曼·罗兰与托尔斯泰》（*Monsieur le Comte – Romain Rolland et Léon Tolstoy*）书信集时，收入了这段日记，一些著作和报刊文章引用过。很可惜罗曼·罗兰夫人的节录到此为止，如果多引一句，就会早一点找到线索，因为在这段开场白之后，紧接着提到梁宗岱：

　　　　其中一位梁宗岱，曾经从巴黎写信给我（他动手翻译我新写的贝多芬），他是一位诗人（《欧洲评论》发表了他的一首诗）。

　　这只是开头，下面继续记载其他中国留学生来信，摘录或撮要部分内容，最先是阎宗临，然后是汪德耀，他介绍谢冰莹的女兵经历，引起罗曼·罗兰很大兴趣，从 223 页开始，大段转抄来信，一直抄到 229 页才停下来。接下是李家齐（李又然），短短的一段。最后是敬隐渔，"以前的得意门生"（mon ancien protégé），日记一下变得语调阴沉，他的近况"近乎精神错乱

(folie)"，身陷泥淖，无法自拔，罗曼·罗兰的口气很无奈。他的第一个中国希望，成为他的第一个绝望。但他不是悲观主义者，继续以对待敬隐渔的热情，等候其他中国青年留学生的出现。

看完这一段，明白这是一篇与中国留学生交往的小结，但很奇怪，完全没有提及盛成。记载没有署日期，罗曼·罗兰夫人结集时只补上月份"10月"，没有日子。不过，基本上可以确定在10月17日，梁宗岱来访的前夕，因为紧接着便是记载两人见面的详情，中间没有其他记载。罗曼·罗兰此时写下小结，可以看出梁宗岱的来访在他心中掀起波澜，他好像迫不及待想结识更多的中国青年人，找寻新的希望，抹掉敬隐渔的不愉快记忆。

会面的记载在 231 页开始，第一行只有"梁宗岱来访"（Visite de Liang Tsong Taï）几个字，等于是标题：

> 他从德欣州（Tessin）来，到巴黎去。他二十四五岁，法语说得很出色，甚至完全没有口音。和欧洲人相比，中国人学习欧洲语言多么容易，尽管他们对我们的一些字母完全陌生，例如 r，但是梁宗岱做到像巴黎人那样以小舌发出颤音。

德欣州在瑞士南部阿尔卑斯山区，梁宗岱刚与司徒乔在一位瑞士友人家里度过暑假。大师一下笔又是赞赏梁宗岱的法文，这一次是口语。他在其他地方也提到其他外国人的法文水平，像这样的褒语不常见。日记中的谈话内容和梁宗岱的《忆罗曼·罗兰》并不重叠，两者互相补足。梁宗岱向他介绍了自己的身世和来法前后经历，然后谈到中国知识界现况，年轻一代的彷徨，他的看法和未来一些计划。然后，话题转到印度上面：

> 梁宗岱向我打听现代印度的情况，以及神秘主义与行动能否调和。——然后他说："中国缺少的，就是神

秘主义。中国需要一种神秘主义。"——我说:"中国有一种潜在的神秘主义。这个历史悠久的伟大民族,曾经表现出如此的生命力,如此的耐心,如此的牺牲精神,这是拥有未为人知道神秘力量的活生生证明。必须去探索,去发掘。伟大人物的职责在于察觉这种力量,并且交还给他的人民。"

罗曼·罗兰在这里表现出一副青年导师的姿态,他鼓励梁宗岱要有历史使命感,可能感到"他表现得思想成熟",是可造之才。当然,文人论政是法国知识界的传统,在西方世界中,法国的行动知识分子(Intellectuel engagé)数量最多,声音最响。

找到了第一次见面记载后,几乎可以肯定还有"下集"——第二次见面。我们知道这次拜访发生在他回国那年,这一年的胶卷目录虽然没有梁宗岱的名字,但根据日期找寻,很快便找出来,开头是这样的:

> 九月十九日
>
> 梁宗岱来向我道别。他在欧洲已经七年,确定今年十一月离开,前往北京定居。他受聘为北京大学法国文学教授。自从上次来访,我觉得他在精神方面有了变化,和几乎所有我见过的中国青年那样,他们民族的苦难,以及漫长转化的苦难,压在他们身上。梁宗岱不久前表现得像一位巴黎化的文人,他以接触到瓦莱里的非情感美学而骄傲。瓦莱里为他翻译的一本中文书作序。今天,他饱赏西方,到了饱和的程度;他惦念故土,惦念能够带给故土的帮助。

当时的世界处于一个动荡局面。欧洲方面,斯大林在苏联的执政方式引起西方人的惶惑,梁宗岱在《忆罗曼·罗兰》文中,记述了大师的一些负面看法。中国方面,日本在东北咄咄逼人,愈来愈不掩饰狼子野心的侵略企图，他们会晤那天正是"九一八"事变发生之日。梁宗岱的回忆文章没有提到关于中国形势的谈话，但是罗曼·罗兰记录下来了：

> 梁宗岱不担心共产主义，他似乎不知道在中国腹地积聚了相当规模的红军。但是，他像他们的红色对手那样，鄙视掌权的军人和政客一代，这些人失信于民，腐败堕落。他们脱离了国民党，一面自称国民党，一面背叛。他渴望培养出广泛的新一代农民有产者（génération bourgeoise - paysanne），重振中国传统，以孙中山的精神和榜样加以革新。

梁宗岱的心态在当时的中国留学生中很普遍，他们的爱国情怀和为故土作贡献的理想是诚恳的。如果后来未能如愿，不要苛责他们，面对20世纪中国的巨变，一个人的能力实在太渺小。

找到了这些日记后，我们暂停了寻找，并非因为必须逐字辨认，逐字抄写，工作太累，而是《青年梁宗岱》的交稿日期迫近，不能推后，首先要集中力量完成文稿，最需要修订的正是罗曼·罗兰那一章。

近在眼前

文稿寄给出版社后，已隐约感觉到，致罗曼·罗兰的信很可能和瓦莱里那样，也是保藏在这家图书馆的手稿部，一直以为远在天边，其实近在眼前。暑期刚过，便赶快去查询。经过一番转折，见到罗曼·罗兰档案的主管，她那天刚好在阅览室处理一些事情。我们向她说明来意，要寻找罗曼·罗兰收藏的信件，但在目录中找不到。她听了微微一笑，没有多作解释，因为阅览室人人专心工作，一片肃静，骚扰这种神圣的气氛是一种罪过。这时已到午饭时间，她说目录在办公室，中午休息去取来，吩咐下午再来。

回头的时候，主管不在，目录交代给值班的馆员。她从文件柜拿出来一本大活页夹，土里土气，使用普通的散页白纸打字，比卡片单薄得多，有些页边已经翻破，手改的笔迹随处可见，很明显还没有全部整理好。后来我们才知道，国家图书馆收到的罗曼·罗兰档案数量庞大，多年过去了，至今未完成整理工作。尤其某些外文文献，馆员不熟悉文字，需要向社会招募能人。罗曼·罗兰的藏信还没正式编目，更不要说电子化了。我们不知就里，浪费了很多时间和精力。

不要小看这本其貌不扬的大活页夹，宝藏就在里面，这是罗曼·罗兰收藏的来信的寄信人名单，只要名字在上面，就有信件。抱着活页夹找了一个空位坐下来，不用说，首先找梁宗岱的名字。心中有点紧张，生怕找不到。当 Liang Tsong Taï 三个字出现在眼前时，长长舒了一口气，世界好像一下子更灿烂了。在梁宗岱的名字下面，有一行收藏内容说明："书信：四封（1929 年至 1931 年）"。

抱着活页夹，又回到值班馆员面前，笔者的兴奋引起她会心的微笑。按照她的指点，填好了查询单，她说大约等一个星期，便会接到预备妥当的电邮通知。

一切如她所说那样进行，接到电邮后第二天，立即前往查阅。梁宗岱的宗卷已经在文件柜里，这是一个灰黑色的大纸盒子，里面只有一个孤零零的文件夹，信件就夹在里面，原装散页，没有装订。不要瞧不起这个普通得不能再普通的文件夹，外形和办公室使用的一样，其实是以特殊的中性纸张制造的。图书馆备有这种纸张裁成的书签，方便读者用来临时分隔文件。为了保护文献，每人桌上都有一个斜形木座，文献必须放在上面阅读，不能放在桌面，因为座上镶着精细的皮革，可以避免静电及摩擦。

抄录梁宗岱致罗曼·罗兰信件的现场（2014 年）
刘志侠摄

　　罗曼·罗兰是一个有历史使命感的人，特别留意保藏文献，他保存的梁宗岱的信函不是目录所写的四封信，宗卷里共有六封信及一张明信片，总共七种，连信封也一个不漏。下面是各信主题：

　　（一）1929 年 1 月 15 日：请求允许翻译罗曼·罗兰新作《悲多汶：他底伟大的创造时期》第一卷，附寄陶潜诗选部分译稿。

　　（二）1927 年 1 月 25 日：改变计划，希望先翻译另一新作《歌德与贝多芬》，附寄《晚祷（二）》译稿。

　　（三）1929 年 9 月 30 日：瑞士假期结束，请求在回巴黎途中登门拜访。

（四）1930 年 10 月 30 日：报告已到柏林学习德语，查询是否已收到出版社从巴黎寄出的法译《陶潜诗选》。

（五）1930 年 11 月 15 日：感谢罗曼·罗兰对法译《陶潜诗选》的好评，陈述向西方介绍中国思想的想法。

（六）1931 年 2 月 22 日：明信片，报告已转往海德堡读德语。

（七）1931 年 9 月 12 日：利用到日内瓦参加国联大会机会，请求再次见面。

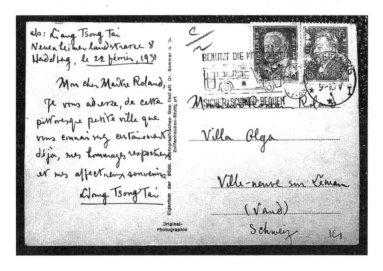

梁宗岱从德国海德堡寄给罗曼·罗兰的明信片（1931 年）

法国国家图书馆收藏

由于这些信函是原件，转录工作比日记的微缩胶卷舒服得多。看到梁宗岱老师熟悉的笔迹，想起当年的烈烈红火，感到冥冥之中有一种力量，不肯让有价值的东西泯灭。

这些差不多一个世纪前的信件和日记，现在能够重见天日，实在不容易。我们连同其他多种新资料，都收进了《青年梁宗岱》和《梁宗岱早年译作》（华东师范大学出版社）。如果有助了解梁宗岱的文学道路及其历史环境，搜索的辛苦便成了美好的回忆。

2014 年 10 月 1 稿

2017 年 10 月 2 稿

一本书的命运

刘志侠

　　法译《陶潜诗选》（*Les Poèmes de T'ao Ts'ien*）是梁宗岱唯一的一本中译法单行本，1930 年在巴黎刊行，先后获得瓦莱里和罗曼·罗兰的高度评价。此书一直没有流入中国，各大图书馆没有收藏，报刊没有评论介绍，更不要说书店有售了。一直到 20 世纪末，在三分之二个世纪内，只有罗大冈晚年一篇《梁宗岱印

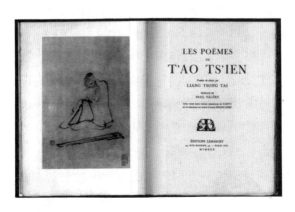

法译《陶潜诗选》的陶潜像及扉页

刘志侠、卢岚收藏

象记》（1984年）提及在留学法国期间读过这本书。研究者谈到这部作品时，千篇一律引用梁宗岱《诗与真二集》（商务印书馆，1936年）收入的《忆罗曼·罗兰》，以及梵乐希《法译〈陶潜诗选〉序》两篇文章的相关文字。20世纪90年代末，卢岚和我准备编辑《梁宗岱文集》，开始收集资料。明知寻找此书是一道难题，但这是宗岱师文学道路上的重要标志，文集中不可或缺，此一工作无法回避。

译者自藏本

经过一年多的找寻，到了2001年初，终于在法国国家图书馆的珍本部找到，连带也发现了《水仙辞》的初版。我们花了三天时间把两本书的文本逐字抄录下来，顺利地完成了《梁宗岱文集》的编辑工作。这段过程已在《寻找法译〈陶潜诗选〉》一文中交代过，此处不赘。

一年后，文集交出版社前作最后校阅，个别地方需要再参考原书。但是这趟看不到原书了，因为图书馆已把书制成微缩胶卷，谁要参考只能看荧幕上的粗糙影像，十分扫兴。不过，这有一个好处，可以不必办理繁复的申请手续，就能随意复印其中书页。后来在馆员的热心指点下，我们向图书馆购买了这两本书的全套影印和微缩胶卷，在文集出版后送回广东外语外贸大学梁宗岱藏书室。尽管作品找到了，但是宗岱师自藏的法译《陶潜诗选》不知所踪，教人无法释怀。

2003年值梁宗岱一百周年诞辰，外语教学与研究出版社刊行了法译《陶潜诗选》，这是此书在国内首次出版，以我们的手抄本作蓝本。此书能够出版，有赖学兄黄建华的穿针引线，他在书前加上一篇《小序》，其中有一段话："不久前，我有机会与宗岱师的长女梁思薇女士会晤，问及陶诗的梁译本。得知宗岱师早已把此珍本交思薇保管，也就是说，过去以为已经丢失或像志侠先生所说的疑心有人'顺手牵羊'都不过是想当然而已。据思薇介绍，她的女儿法文很好，已把此书交给女儿阅读，宗岱师的外孙女该是这一珍本最好的收藏者和保管者了。"我们事前没有读过这篇序言，这个信息是一个莫大的惊喜，教人不胜欣慰。

后来，我们见到了梁思薇女士。2005年4月，在上海浦东她新买的房子里，大家畅谈了整个下午，傍晚离开时，她替我们召来一辆出租车。我们起身告辞下楼，随口问了一句："法译《陶潜诗选》在你的女儿那里吗？"她答道："在我这里！"说完快步走进后面一个房间，一会便捧出两本书来，一大一小。大的就是法译《陶潜诗选》，有一个破旧的红色布硬套，颜色已经变得很深沉，不少地方磨损剥离，有斑点；另一本是罗曼·罗兰的《歌德与悲多汶》，同样历尽沧桑。我们正想翻开来看，汽车司机的催促电话响了，于是这两本书便像惊鸿那般从我们视野中消失，但是它们的影子却永远铭刻在我们脑海中。

此后我们又见过梁女士两次，其中一次她的丈夫齐锡生教授在座。齐教授回忆他们在1976年第一次回国探亲时，宗岱师从书架上抽出一本英文书，为与他们同行的孙女朗读了一首诗歌。宗岱师一开始朗诵，整个人就好像溶化到诗歌中，浑然忘我，他的英文发音那么好，抑扬顿挫，充满感情，令齐教授感到十分惊奇。当他朗读完毕时，齐教授发现他的眼角滴下了泪水。梁女士告诉我们，就在这次探亲结束时，宗岱师把这两本书交给她，嘱咐她带到国外保存。那时"文革"仍未结束，携带这样的书籍出国动辄得咎，但是梁女士还是带出来了。她明白这是父亲留给她的最珍贵的纪念物，其价值无法估量。

常玉的复活

从上海返回巴黎，不知如何产生了要为自己的书房也收藏一册法译《陶潜诗选》的热切愿望。然而，此书印数不过三百零六册，出版了七十多年，不是想买就能买得到。幸好互联网高速发展，网上有关旧书的信息量飞快增加，守候到 2006 年 11 月，终于发现巴黎有一本（编号十二）正在出售。不过不在旧书店，在一家艺术品拍卖行，估价六百至八百欧元。记得最早找寻的时候，曾在一家美国旧书店目录上发现此书，定价不过二百五十美元，已算高价旧书。可是写信去查询时，答复未能在书库里找到。现在一下子贵了两倍多，但仍在个人可以负担的范围内，于是决定参加竞投。

从来没有参加过拍卖会，这是一辈子的头一次，也是唯一的一次。根据一位朋友提供的经验，为了防止到时头脑发热，定下一个最高价，约为估值的两倍，即一千五百欧元。到了预定的日子，很早便到场。一心以为宗岱师离开法国文坛已久，新一代的法国人不会有几个认识他，此书非我莫属矣。拍卖开始了差不多一个半小时，才轮到这本书。只有两个人出价，一个是笔者，另一个是藏在电话后面的人，不知道是男是女，一个拍卖行的职员手握电话贴在耳边代他叫价。朋友的警告果然灵验，拍卖场的气氛跟赌场有点相似，很容易令人失控。还没有叫过几次价，已经超出自己的预算。而电话后面那个家伙却像魔鬼那样，紧追不舍，我每一次加价都要犹豫几秒钟，他却半秒也不等。就这样，不到几分钟，价格升到三千五百欧元（加上费用税项，大约四千二百欧元），接近原先最高预算的三倍。拍卖官开始数"一二三"，全场的目光都集中在我的身上。大家猜到了吧，我再没有举起竞投牌。

常玉法译《陶潜诗选》插图版画
左起依次为《五柳先生》《乞食》《桃花源记》
刘志侠、卢岚收藏

　　回到家里，心中既失望又不服气。这么一本文学书有什么道理超出估价四倍多？我和卢岚要买，因为曾师从梁宗岱，有感情成分在里面。那个藏在电话后面的人是何方神圣？想来想去，没有答案。当晚无心工作，随手上网浏览网页。这时才发现，自己这几年里，日夜埋首整理和编辑梁宗岱文集及后来的单行本，不知道米拉波桥下已流过多少塞纳河的河水。早在2001年10月，这本书便由世界著名拍卖行佳士得在中国台湾拍卖过，成交价约三千欧元，和这次令我却步的价钱相距不远。如此看来，电话后面的神秘买家可能就是台湾人。可是法译《陶潜诗选》明明是一本文学作品，怎么会变成艺术品，挤进艺术拍卖场？为什么最先出现在台湾拍卖场？

　　一直等到2012年撰写《青年梁宗岱》，这些"为什么"才得到答案。关键在书名页，上面印着一行小字，"内附常玉蚀刻版画原拓三幅"，这是所有拍卖目录都照抄的一句话，参加拍卖的人就是冲着这三张画而来。常玉是谁？现在人人都知道，可是十年前，还有台湾刊物弄不清楚他的法文名字 Sanyu，把它切成两半，San Yu，连拍卖行也不以 Sanyu 称呼，而用 Chang Yu，常玉的名字当时就是这么陌生。

　　事出有因。这位艺术家在 1921 年到法国留学，很快便爱上了巴黎，艺术的氛围，自由的波希米亚式生活，让他毫不犹豫选择了巴黎作为永远居住的地点。他天生一副艺术家脾性，散漫不羁，不在乎名利，偶尔参加沙龙展出，却不作任何钻营，因此在法国画坛默默无闻。他与中国的联系，仅止于 1926 年和抗日战争前夕两次回过中国探亲，作短暂的勾留，从来没有在中国举行过画展。唯一的一次机会是到了晚年，1963 年，台湾当局高官黄季陆到巴黎访问，邀请他到师范大学授课，并举行一次个人展览。事情进行得很顺利，四十多张作品已经寄到师范大学，他也收到了汇来的旅费。可是命运弄人，此时正逢中法建交不久，他出发前先到埃及旅游，为了方便签证换领了中华人民共和国护照，以致回来后失去赴台机会。两年后，1966 年，他煤气中毒去世。

　　常玉本可能就这样永远从人间消失，然而命运决定给他补偿，让世人永远不会忘记他。这件工作由三个台湾人接力完成。最早是画家席进德，1963 年在巴黎邂逅常玉，看到他的作品，内行人的眼睛一下子便辨认出这是一位天才，1971 年第一次把常玉的名字介绍给台湾人；接着是留法艺术博士陈炎锋，第一个在法国搜集常玉的作品及照片，第一个在 1995 年写成常玉传记；第三位是苏富比从美国派到台湾"开荒"的衣淑凡女士，她后来担任过苏富比台湾分公司总裁。她在历史博物馆看到常玉寄回来的油画，被画中浓得化不开的文人意境所感动，开始记录常玉的生平和收藏他的作品。她曾多次到法国实地收集资料，编辑了三巨册的常玉油画、素描与水彩目录。她不仅在拍卖场上将常玉的画作拍出惊人的成交价格，还积极把常玉推向国际画坛。2004

年，她成功筹划了由巴黎纪美博物馆（Musée Guimet）主办的
"常玉——身体语言"（Sanyu, l'écriture du corps）画展。开幕那
天，她把在法国南部找到的常玉前夫人也请来了，这位百岁人
瑞，虽然坐着轮椅，却脸孔红润，神采奕奕，笑得像一朵鲜花。
这次展览会影响深远，常玉像梁宗岱那样，走完数十年的黑暗隧
道，重新获得在法国画坛上的应有地位。现在，法国艺术界视他
为 20 世纪上半期法国华人画家的代表。

　　常玉复活这段时间，碰上台湾经济起飞，生活水平提高，出
现了一批有经济能力的收藏家。他的作品成了拍卖公司的常客，
价格不断上涨，不时拍出匪夷所思的价钱。法译《陶潜诗选》
因为书中的插图，也被带进艺术品行列。这就让人不能不佩服梁
宗岱对艺术的开明态度和眼光，当年在巴黎学画的中国留学生很
多，常玉的现代风格绘画和中国人习惯的 19 世纪古典主义距离
很远，一直到 1978 年，定居巴黎的雕刻家和作家熊秉明（1922
－2002）仍在文章中表示，他看不懂常玉的画。

　　从 2001 年到今年为止，这本书至少在二十四个拍卖会上露
过面，其中十六次在台湾、香港和北京。由于欧亚两地民情不
同，有地域差价，有些人便到欧洲搜购，从中牟利。根据某些拍
卖行目录提供的书本编号，至少有两本曾在欧洲拍卖会成交，不
久便出现在香港拍卖场上。不过，常玉在欧洲的名气已非昔日阿
蒙，这种差价正在缩小。到本文写就为止，这本书的最高成交价
在 2012 年出现在北京，当时正值中国全民收藏热达到顶峰，拍
卖官下槌价高达人民币十二万六千元，约合美元两万。要知道，
这三张画的尺寸很小，每张不过十九厘米乘十五厘米，勉强及得
上普通书本大小。现在热潮下降，但行情仍在五千至一万二千美
元之间上下。由于此书当年全部在法国售出，可以预期，还有不
少藏书将陆续露面东还，这也是笔者最乐于见到的事情。

三本书的身世

　　根据珍贵书籍的印制规矩，该书限量印刷，每书编号。笔者2001年第一次看到的实体书在法国国家图书馆珍本部，扉页上写着"出版者敬意，1930年10月28日巴黎"两行字，背页便是印数。编号 I 使用珍珠母色日本纸（Japon nacré），内有插图两套，灰色及褐色；编号 II 至 VI 使用皇家日本纸（Japon impérial），同样的两套插图；编号 VII 至 XVI 使用格尔德直纹荷兰纸（Hollande van Gelder），一套插图；编号 1 – 290 使用精仿羊皮纸（Vélin d'Arches à la forme），一套插图，总印数三百零六册。一本书以四种不同的高级艺术纸张印刷，令人好奇。国家图书馆那本是八十九号，属于印数最多的纸类，可以说是普及本。当时就很希望能看到其余三种更高规格的成品，对编号 I 尤其感兴趣，想知道是否为宗岱师自己特别印制的孤本。

　　等了十多年，到2013年才如愿以偿，答案在巴黎杜塞文学图书馆的"瓦莱里典藏室"。这里收藏的法译《陶潜诗选》特别丰富，竟然有四册。第 I 号就在这里，其余为 II、X 和五十八号。每个号码分属不同的纸质规格，一种不漏。这要感谢瓦莱里的挚友莫诺（Julien Monod，1879—1963），他本人是银行家，家境富裕，酷爱文学，对瓦莱里尤其崇拜。1924年两人结识后，成为莫逆之交。他为瓦莱里处理日常事务，最后连财务、稿费、出版社合约也包揽下来。1945年瓦莱里去世，他代表大师的亲属，和戴高乐将军的助手安排国葬事宜。莫诺的忠诚完全没有条件，只有一个愿望，收集他的偶像所有作品的版本，以及来往书信和传媒评论，建立一个博物馆，传之后世。他最后得偿所愿，"瓦莱里典藏室"就是他的博物馆，以他的收藏为基础，这里是研究者的"圣殿"，享有世界声誉。

1930 年初，当他知道法译《陶潜诗选》已经交给出版社，便通过梁宗岱向出版社查询，能否为他印制一册"独一无二"（un exemplaire "unique"）的孤本，出版社欣然同意。书出版后，征订单上有编号 I，却没有售价，代之为"已预订"（souscrit），但是笔者在莫诺书信档案中发现了出版社的发票，上面有编号 I 的价钱，六百二十九法郎（约合三百六十欧元）。其余三种为四百七十五、三百和一百八十法郎，以货币恒值计算，约合二百六十、一百六十五和一百欧元。这类高档艺术书，收藏家一般都请技师重新装订，此时会放弃原有封套，改为烫金字的牛皮硬封面。但莫诺没有这样做，四本书都保留原状，因为收藏的目的是保存历史真相，而非普通的个人爱好。

2011 年，香港独一无二的法文旧书店 Librairie Indosiam 目录中出现了一本法译《陶潜诗选》，笔者看到时已经售出。不久之后，一位朋友寄来几张照片，说是从《扬州晚报》网站下载的，原来这本书已经流进中国。仔细看过照片，扉页写着梁宗岱的题赠："致施皮格尔（M. H. Spigel）小姐，谨表深切谢意和友好问候，梁宗岱"。这种语句只适用于曾经帮助过作者的人，第一个想法是这位女士可能是文学好朋友，与宗岱师来往密切，值得关注。但等到看完所有图片后，便知道大谬不然。首先印数页显示的编号是"HC G"，用钢笔手写，不是印上去的，不属于三百零六本的四种编号。HC 是法文 hors commerce（非卖品）的简写，一般是作者订购的加印本，用来分赠好友。这一次刚好相反，书末的印制页最后有一句说明，出版人及其同事加印八册，编号 HC A–H，选用三种不同的纸张。可见这本书得到出版社内部成员的喜爱，有八个人自掏腰包加印。

受赠人既是出版社人员，梁宗岱向其致谢，肯定和本书出版有关。果然，几个月后，在"瓦莱里典藏室"百宝库里，很容易便在莫诺书信中找到了这个名字。他收到的出版社信件，全部由这位女士签署，衔头是"出版社经理之一"。从这些信可以看出，莫诺在出版前订购第 I 号孤本，印成后加订其余三种，每一次都是梁宗岱到出版社和这位女士见面时口头转达。毫无疑问，她从头到尾负责此书的制作和发行。

我开始觉得有点神奇了，现在已经露面的法译《陶潜诗选》私人藏书只有二三十本之数，这本书不在出售之列，竟然抢先东还，带来更多制作过程的具体细节。这时心中浮起一个想法，还有另外一本更想看到的书，送给普雷沃那一本，将来有没有可能出现呢？

普雷沃（Jean Prévost，1901 - 1944）是作家，他写的论文《司汤达的创作》（*La création chez Stendhal*）获得一九四三年法兰西文学院的文学大奖（Grand prix de littérature）。在抗德战争后期，他离开城市，上山参加抵抗运动的游击队。就在盟军胜利前不到十个月，在一次转移途中遇伏，不幸牺牲。他是梁宗岱的挚友，1928 年前后，两人经常一起讨论诗歌翻译。他留下一篇长文《试谈我对中国的无知》（Essai sur mon ignorance de Chine），记述了两人对中国诗文的共同探讨。开篇第一段便有生动的梁宗岱描写："十二年前，我认识了梁宗岱。这是一位完美的中国文人。他熟识英语，法文说得几乎跟我一般好。我们的古典诗和自由诗，很快便对他无秘密可言。他很年轻，一副孩子脸孔，最严寒的天气，只穿一件翻领衬衣和一条长裤，加上一件单薄的短外套。他把寒冷看成是感觉官能的错误，并且以自己的理性去判断，不受其束缚。"梁宗岱十分敬爱这位待他如兄弟的朋友，法译《陶潜诗选》出版时，他没有写译序，却以一篇送给普雷沃的献辞代替，标题是《呈让·普雷沃》，译成中文不过一百多字，言简意赅，表达了他对在翻译过程得到鼓励的真诚感谢，道尽了他们的深厚友情。

普雷沃在 1929 年 6 月应聘到剑桥大学教授法文，居留了两年。梁宗岱 1930 年离开巴黎前往德国读德文，次年回国，两人再没有见面，也没有作最后话别。八十多年后，一切都从时空淡去，2012 年 10 月，一本编号十七的法译《陶潜诗选》悄然出现在香港一个拍卖会上。当时我已收藏了一本，加上忙于写作，无暇兼顾，几个月后才打开拍卖目录。一看几乎跳起来，这本书正是梁宗岱当年送给普雷沃那一本！扉页最上方是宗岱师的熟悉字迹，以黑墨水书写，"送给普雷沃，亲切致意。梁宗岱"，紧接下面，还有另一段题辞，使用蓝墨水，出自普雷沃手笔："普雷沃背书这张诗歌支票，送给热纳维耶芙和雷蒙·列波维奇伉俪。让·普雷沃"。

列波维奇是谁？从未听过这个名字。经过多方查询，才知道他全名 Raymond Leibovici（1901—1982），一位颇有名气的外科医生。他和普雷沃相识于第二次世界大战前，两人都参加了抵抗运动，但因为政治取向不同，并非在同一组织中战斗。

普雷沃何时转赠这本著作？理由何在？从字面推测，"支票"似指以书代债。但是在商言商，尽管是有收藏价值的书，商品价值仍然有限，债主也不可能接受这样坦率的题辞。普雷沃把这本书称为"诗歌支票"，说明在他的心目中，这本书的价值是非物质的，无可估量的。列波维奇是一位文学艺术爱好者，普雷沃偿还的可能不是普通的钱债，而是与精神和感情有关的债，一种不能以金钱衡量的东西，这让人联想到治病救人方面去。

这本双题辞的书在香港出现，令人坠入时光隧道，回到梁宗岱与普雷沃在守夜灯下朗读诗歌的塞纳河边，回到第二次世界大战犹太人被抄家的巴黎（列波维奇是罗马尼亚移民犹太裔第二

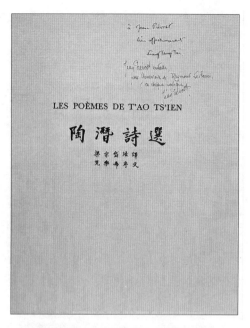

梁宗岱题赠普雷沃法译《陶潜诗选》
梁宗岱题辞在上方。该书后来转赠列波维奇
原刊香港天成国际拍卖有限公司 2012 年 10 月
《现代及当代艺术》拍卖目录

代）。八十年间，这本书经历过不止一个人的手，见证过不同命运的悲欢离合，现在出现在万里外的香港，仿佛普雷沃提着守夜灯，远涉重洋，来寻找梁宗岱那样。这是一个谜，要等待历史海洋在某一天，把谜底冲上海面才能揭晓。

2016 年 12 月

冥冥中有一种力量

刘志侠　卢岚

我们搜集梁宗岱老师作品的工作在 2014 年便告一段落，但是多年的工作惯性仍未完全停止，最近又发现了两种珍贵的文献。一种在广州，一种在瑞士。

罗曼·罗兰致梁宗岱信

今年春节前，广东外语外贸大学档案馆陈红霞馆长寄来一些扫描文件，来自梁宗岱纪念馆的外国友人书信档案，除了法国文学大师瓦莱里的一封信外，其余两位通信者是日本草野心平（1903－1988）和法国奥克莱尔（Marcelle Auclair，1899－1983），都是"文革"后期以后的书信，没有遭受祝融之灾。

当我们翻阅到编号 RW12.12－1.0004 文件时，发现中间夹着一篇梁老师关于文艺复兴后期大作家蒙田的论文手稿，以法文书写，总共三页。页眉印着英文"国立北京大学"的字样，可以推算出写作日期在 1932 年至 1934 年之间。这是至今在国内唯一保存下来的梁老师的法文文稿，一直没有被发现，错过了收入近年出版的多种梁老师文集里。

这三页论文已经是一个不小的收获，接下来的一页样子完全不同，有点古怪，上方大片空白，下方是一页图像，大约书本大小，上面是手书的外文字，潦草模糊，断断续续，还有大面积的黑色污渍，好像曾经揉成一团被扔掉，然后再捡起来一般。这么糟糕的纸头，实在不起眼。

瞄了一眼，立即被吸引住，笔迹虽然不清，却相当熟悉，脑海闪出"罗曼·罗兰"几个字。再仔细看，这是一张法国古老的对折式信纸，中间有折痕，看得出是一封信的首末两页。收信人的称呼在右方首页，相当清楚：Liang Tsong Taï。写信人是谁呢？签名在左方末页，虽然被污渍掩盖了一部分，但熟悉的罗曼·罗兰签名跃然入目！这是一封罗曼·罗兰写给梁宗岱的信！

11

罗曼·罗兰致梁宗岱信（1930年）

影印残件，原件已佚

广东外语外贸大学梁宗岱纪念室收藏

我们从 2012 年便开始和罗曼·罗兰的字迹打交道，阅读和
转录他的日记的微缩胶卷，虽然篇幅不算很大，但花费了相当多
时间。在法国人眼中，他的字不算潦草，甚至可说工整。但对母
语不是法文的外国人来说，需要经过相当艰苦的学习过程才会辨
认。在抄录过程中曾犯过一个错误，把 pacifiste（和平主义的）
抄成 populiste（民粹主义的）。当然，微缩胶卷的图像不够清晰
也是原因，而眼前这页更糟糕，看来像低质的再影印件，失去所
有灰阶细节，令人皱眉头。我们写信给陈红霞馆长，麻烦她找出
原件再扫描一次。但她仔细复核后，确定纪念馆收藏的就是影印
件，不见纸本原信。重做的高解像度扫描，同样模糊不清。

我们只好静下心来辨认，最初只有几个无关重要的字可以完
整读出来，例如"我接到你的""和"，其余就像天书。一读再
读，动员所有想象力，依然一无所得。最后从个别残存的字母左
右伸延，忖度单字，尝试到第二行，有一个比较完整的怪字
"Tiien"，前面那个单字大部分空白，但开头的横划似是字母 T
的残余，这样合起来就是"T Tiien"，这岂非"T'ao Ts'ien"（陶
潜）？这时感到有点门路了，因为梁老师在 1936 年的《忆罗曼·
罗兰》一文中，翻译了罗曼·罗兰一些来信的内容，其中最长一
段就是关于法译《陶潜诗选》。赶快把文章找出来，把译文和图
像并放，逐字对照想象"回译"成法文。奇迹出现了，原来断
断续续的单字，一个接一个露出真面目，经过反复修正，第一页
的法文原文完整复原出来了。这全靠梁老师，因为他的中译完全
直译，连词序也基本一致，提供了可溯的条件，由此也可以看
出，梁老师译文之准确和可靠。

这封信是回复梁老师 1930 年 10 月 30 日从德国的来信，询
问是否收到他交代出版社寄赠的法译《陶潜诗选》，信的第一页
包含第一段和第二段的开头半句：

　　我已经收到你那精美的《陶潜诗选》，我衷心感谢你。这是一部杰作，从各方面看：灵感，迻译，和版本。

　　那奇迹，对于我，在这样一部作品里，就是它和那最古典的……

　　原信肯定不止两页，中间有缺失，最可惜污渍遮盖了写信日期，目前只能从梁宗岱的询问信，确定在 1930 年 11 月最初几天。

　　我们想起学长黄建华和余秀梅，他们是"老广外"，最早开始收集梁老师生平的资料，对纪念馆文献的来龙去脉最清楚。收到信息后，他们的反应跟我们一样，希望能尽快找出原件。他们连同陈馆长，亲自到学校档案馆库房找寻。经过一个星期的辛劳，证实原件不在库房。

　　换而言之，纪念馆的影印件是目前唯一可见的文献。尽管是影印件，仍是一份十分珍贵的历史见证。我们正在整理法国国家图书馆罗曼·罗兰档案收藏的中国留学生信件，总数一百二十多封。按照罗曼·罗兰每信必复的习惯，回信应超过一百封，但除了敬隐渔和傅雷多年前发表的两封外，现在可见的原件只有八封，收信人是盛成和张昊，都在国外，其余全部毁于战火或"文革"。至今为止，这两页信是国内仅存死里逃生的幸运儿，从 1966 年到现在半个世纪，一直被认为已在红卫兵抄家时被焚毁。纸张看上去吃尽苦头，不知包藏着何等惊心动魄的经历。

　　在多年搜集工作中，我们不止一次发出这样的感叹，"冥冥中有一种力量，不肯让有价值的东西泯灭"，这次仍然一样。影印技术在"文革"之后才普及，从那时候到现在，再无同样的动乱，相信原件一定还在，我们私心期待下一次感叹。

瑞士假期照片

梁宗岱就读培正中学期间，认识了已经在岭南大学读书的司徒乔，结成好友。司徒乔的名字在他的作品中出现过两次，第一次是 1922 年的旅游诗歌《登鼎湖山》，梁宗岱邀来司徒乔，和同班同学一道远足登山。第二次是 1936 年的《忆罗曼·罗兰》，记述了他到岭南大学探望司徒乔，和同住的日本留学生草野心平，三个人一起激情朗诵英译《约翰·克利斯朵夫》的情景。

他和司徒乔同在 1924 年离开岭南。司徒乔进燕京大学神学院读书，后来改向美术发展；梁宗岱出国游学欧洲。四年之后，1928 年底，两人在巴黎重新见面。好朋友异乡重聚，格外亲切。次年八月，他们联袂前往瑞士南部阿尔卑斯山区，瑞士新朋友阿琳娜·瓦郎让女士（Aline Valangin，1889—1986）和她的丈夫刚买了一座古老大屋"船堡"，邀请他们去度假。他们在那里流连忘返，住了两个多月，到十月中旬才离开。

阿琳娜是一位文学艺术爱好者，她的家俨然一个文艺沙龙，文人墨客和画家盈门终日。她有一个中国朋友邝森志（Sam Chi Kwong，译音），在苏黎世联邦工程学院读博士学位，学成后到巴黎搭火车回国，她陪同前来，经他介绍认识了梁宗岱。她没有想到，梁宗岱来度假竟然改变了她的人生路线。她晚年在回忆录写道，在长达两个多月的时间里，梁宗岱每天"拿着诗歌追在我后头，总是要为我朗读一首特别优美的诗。［……］他对我施了法，那是魔法的力量，我一下子像他那样充满了强烈的兴趣。［……］我甚至开始写诗，但没有给他看。"原来她活到四十岁，写作的天赋一直在沉睡，直到梁宗岱到来才被唤醒。七年之后，1936 年，她发表了第一部法文诗集，这时年已四十七岁，可说是大器晚成。她一生总共创作了四本法文诗，四本德文诗及八本德文小说集，在瑞士颇有名气。

她去世后，家属把她的书信文献档案，送给卢加诺州立图书馆，我们就是在档案里第一次找到梁宗岱的欧洲书信。《青年梁宗岱》出版后，我们寄了一册给档案部主任吕埃施女士（Diana Rüesch）表示感谢，她回信要我们为图书馆的季刊写一篇介绍文章，让瑞士读者认识梁宗岱。我们以法文写了《*Une amitié chinoise d'Aline*》（阿琳娜的一位中国朋友）。吕埃施女士在文后加上意大利语译文，因为当地是意大利语区。文章发表后，本地一家杂志《*La Voce onsernonese*》（翁塞尔诺内之声）表示要转载，这是一家有四十五年历史的半年刊。去年圣诞节前，吕埃施女士寄来刊登这篇译文的第二〇七期。

梁宗岱和司徒乔在瑞士"船堡"度假留影（1929 年）
原刊瑞士翁塞尔诺内博物馆《翁塞尔诺内方舟，避难与灵感之地》（2000 年）

这份出版物的外形像四开大型报纸，使用高级铜版纸，全彩印刷，版面精美。这一期共二十八版，打开来看，我们的文章占去两版。编者插入一张黑白老照片：两个中国年轻人，一个身穿西装，昂首远眺，这是梁宗岱；另一个半躺在帆布椅上，似在沉思，身上穿着中国的长袍马褂，不用说，他就是司徒乔。照片下面有一段说明："梁宗岱和司徒乔1929年夏天在科莫洛尼奥'船堡'［原载《翁塞尔诺内方舟，避难与灵感之地》（*L'Arca d'On-sernone terra di rifugio e di ispirazioni*），翁塞尔诺内博物馆出版，2000年］"。这是一个新发现，也是至今在国外找到的第二张梁宗岱欧洲留影。

司徒乔的长袍短褂出人意料，留学生入乡随俗，一般都改穿西装。但在当时的中国，长袍几乎是知识界的标准着装，直到1934年，傅雷送给罗曼·罗兰的肖像也穿着长袍。司徒乔在"船堡"十分安静，从未掀起任何波澜，除了散步便是绘画，但是留给居停主人一个十分奇特的印象，不是因为长袍，也不是因为画，而是他每天充满神秘感的散步。

阿琳娜的丈夫在回忆录留下记载，每天早上十一时，司徒乔必定独自一人，沿着古堡高墙一条通道来回走动，一边不停喃喃自语，时高时低，二十分钟便停止。主人家出于礼貌，没有直接查问，只是私下向梁宗岱打探。后者哈哈一笑："他在诅咒！"人家多次追问，他最后说出一个难以置信的故事：司徒乔爱上一位同乡少女，她的家人却把她许配给一个富家子。那人把她带在身边，去了美国留学。司徒乔对他恨之入骨，要以咒语把他咒死。西方的唯理主义在笛卡儿提倡下，从17世纪开始已深入人心，两位主人听了这种迷信行为很惊讶，半信半疑。

一年后，梁宗岱再度来到"船堡"，身边不见司徒乔。瑞士主人追问下落，梁宗岱的回答更加神奇，那个富家子真的暴卒了，司徒乔已经购买船票去了美国。对瑞士主人来说，这件事何其神秘！他们想起司徒乔最后一次散步只走了十分钟便停止，猜想他在这一刻认定诅咒已经把富家子咒死，因此不再继续。

梁宗岱所说的故事是真是假，因当事人全部去世，再无求证可能。不过世事就是这么凑巧，他在讲这个故事的时候，还不知道自己已经当了红娘。在司徒乔动身前往美国之前三周，梁宗岱带了一位新到巴黎的女留学生介绍给他，她就是他未来的太太冯伊媚。

2017 年 4 月

再记

2018 年 7 月，法国国家图书馆的目录出现第二册法译《陶潜诗选》，这是梁宗岱 1930 年赠送给罗曼·罗兰的法译《陶潜诗选》的原书，恍如广州的罗曼·罗兰残信引起的回响。

书收藏在"珍本部"，翻过封面和空白页，到了书名扉页，就可以看到右上角的译者题赠：

à son cher Maître Romain Roland
ce pâle reflet d'une de nos
gloires poétiques, avec nos affectueuses
pensées et ma profonde admiration
Liang Tsong Tai

梁宗岱送给罗曼·罗兰的法译《陶潜诗选》扉页上的题赠

法国国家图书馆收藏

送给敬爱的罗曼·罗兰大师

这一本我国一位最著名诗人的苍白反映。

诚挚问候，并致深切敬意。

梁宗岱

书法潇洒秀美，米黄色的书页一尘不染，外包的蜡纸没有折纹，仿如刚印好的新书。看完书后，继续查阅其他资料，这本书就留在身旁，直到晚上离开时才交还给管理员。

2018 年 7 月 12 日

谁来画像

刘志侠　卢岚

四年前，我们见到梁宗岱老师的长女梁思薇女士，闲谈间她提出一个问题：我们在法国参观美术馆时，是否见过法国画家为她的父亲画的油画肖像？不知道这是梁老师生前亲自告诉她的，抑或从甘少苏《宗岱和我》一书里得知：

> 著名画家哈烈，在沙龙里为宗岱画了一张速写（全身像），后来将它放大成一幅油画，存放在巴黎博物馆里。（送给宗岱的那张速写原稿，不幸毁于"文革"）

我们在 20 世纪 90 年代第一次读到这段话，印象深刻。数年后，从一位友人那里得到这本书的原始手抄稿《梁宗岱与甘少苏》，发现这段话改写自手稿中的梁宗岱口述：

> 第一流画家给我画了一张全身像，不幸在"文革"被烧了，据说还有放大的一张油画有丈长，现在还挂在巴黎博物馆。

两相比较，《宗岱和我》的编者加进了一些不知从何而来的细节，令人对这件事的真实性产生疑问。

谁来画像

哈烈（Hermann Haller，1880—1950）是瑞士著名的雕塑家，根据我们在写作《青年梁宗岱》时收集的瑞士资料，基本可以确定他与梁宗岱结识于1929年夏天。当时梁宗岱接到瑞士女作家瓦朗让（Aline Valangin，1889—1986）的邀请，到她的阿尔卑斯山古堡度假，居住了两个月。哈烈是这个地方的常客，他在1909年至1914年在巴黎习艺，热爱法国文学，返回瑞士时的行李装了很多法国文学书籍，而梁宗岱是一位艺术爱好者，同行者还有画家司徒乔，他们不会缺少话题，更不会错过认识的机会。1931年春，梁宗岱为了学好德语，从柏林转往海德堡，途中曾到苏黎世拜访哈烈，在次年写成的《论画》里，引述了两人关于艺术的对谈。这次会面还留下一张合照，夹在梁宗岱的藏书里逃过历史浩劫。相片中，两人与一位女士坐在帆船里，在苏黎世湖上游玩。

但是，哈烈为梁宗岱画像的可能性不大。他是一位雕塑家，先后在罗马和巴黎学艺，回瑞士后成为名家。苏黎世有个广场，还有外省一些公众地方都竖立着他的大型作品。我们参考过关于他的评论和生平介绍，没有一篇提及他从事过油画创作。

更大的问题在"存放在巴黎博物馆里"这句话。在那个时代（现在也差不多），法国画家想把作品送进国家美术馆，不是说送就送，说挂就挂的，道路十分曲折。法国向来中央集权，美术馆如何收藏也由"中央"决定。从18世纪开始，国家设有一个高级艺术官员的职位，由该高官负责每年从巴黎沙龙画展选购作品，挑选艺术家来为国家的建筑物画装饰和壁画，或者雕塑大型纪念像等。除了这个来源，美术馆不少收藏品来自私人的馈赠或遗赠。这其实也是一种变相的国家购买，因为赠品可以充当遗产税。很多人想走这条路，但门槛很高，需要经过咨询委员会挑选，成员包括法兰西美术院院士、美术馆馆长等专家，只有真正有价值的作品才会入选。如果画家在世，永远不会知道自己的作品的最后归宿。因为艺术作品的成就须经时间的考验，国家规定，所有入选作品首先送进卢森堡美术馆，运气好的陈列出来，其余的储存在仓库。由于这是一间小美术馆，地方有限，因此规定每位艺术家的作品数量最多三张，以示公平。等到画家去世后十年，再次拿出来复审，此时才决定这些作品的去向：最好的被卢浮宫那样的世界级美术馆优先选走，次一级的分发到外省美术馆，余下的留给政府后勤机构，挂到官厅或官邸的墙上作装饰。

数十年间，我们到过不少美术馆，都没有发现任何以中国人为主题的作品。因此，在很长时间内，巴黎博物馆藏有梁宗岱肖像画的说法，对我们来说只能是一个传说。

波兰裔女画家

然而，这种看法近年有所变化，因为新发现的连串史料，证实了《宗岱和我》里面的一些"传说"是真正的历史。例如他身为学生，却担任过《培正学报》的主编；和文学大师瓦莱理到公园散步，大师向他解释正在写的新诗篇，他回家后胆敢班门弄斧，写信陈述自己的设想；一个无名的外国留学生，出入巴黎文艺沙龙，成为惹人注目的人物，被人写入文章；法译《陶潜诗选》出版后，罗曼·罗兰写信给他，给予高度的评价等等。因此，我们不再绝对否定这张画存在的可能，但是无论如何也没有想到，原来解开谜语的钥匙已经在自己的手里。

今年初开始的工作是整理罗曼·罗兰与中国留学生的通信文

献，因此要通读每个留学生的回忆文字。其中一位是盛成，他基本上是一位自传作家，回忆文字特别多，甚至连每一篇诗歌创作都是一次回忆。最后读到他的法文作品《一九六六年至一九七九年诗集》（Poèmes 1966 – 1979）就是诗歌。此书由两部诗集合成，《狂年吼》（Souffle des années folles，入集时更名为《阿维侬组诗》）和《老觚新酿集》（Du Pineau nouveau dans la canette d'antan），都是在他第二次居留法国期间写成，1995 年由蒙伯利埃市中国电影节出版。书中有一首诗《悼梅拉·穆特》（Élégie à Mela Muter），穆特是一位女画家，诗集以她画的盛成肖像油画作封面，盛成亲自为这首诗的题目加上注解：

梅拉·穆特自画像
（约 1920 年）
波兰哥白尼大学
博物馆收藏

> 梅拉·穆特是雷蒙·勒菲弗的妻子。我在 1928 年 6 月初认识她于巴黎。6 月 19 日，《我的母亲》出版前六天，我到她的画室让她画像。这张肖像画由阿维农市马斯坎医生收藏。

梅拉·穆特（Méla Muter，1876 – 1967）是犹太裔的波兰女画家，1900 年左右到法国学画，1917 年起成为左派作家和活动家雷蒙·勒菲弗（Raymond Lefebvre，1891 – 1920）的伴侣，1920 年勒菲弗访问成立不久的苏联，回程在波罗的海遇难丧生。女画家一直活到 1967 年，5 月 14 日去世，盛成在六月十日写成此诗。

这张画并不陌生。数年前为了得到一本法译《陶潜诗选》，我们不时上网追踪，到各大拍卖行打探。2008 年在苏富比公司见过此书一面，此时离盛成写诗日期已有四十一年，可能是医生收藏家的后人拿出来拍卖，成交价二万一千欧元。到了 2015 年，此画再次出现在波兰一间拍卖行的目录上，以四万五千欧元成交，跃升了一倍多。看来这两次的买家都是波兰人，崇拜在国外成名的本土画家是世界普遍现象。

盛成解释了画像的来源，引起我们的好奇心，希望知道得更多，弄明白一个波兰女画家为何会为中国留学生画像。习惯驱使我们去钻旧书堆，读了好些评论和介绍，没有见到盛成的名字，却证实了穆特并非无名之辈，不仅被波兰人视为国宝，即使在当时的法国也很有名气。她在 1923 年皈依天主教，1927 年取得法国国籍，评论家把她列入法国画家之列。她最受人称赞的作品正是肖像画，因为风格独特。从风格和技巧看，她属于后期印象派，但创作方式别出蹊径。她善于挖掘人物的内心，在她的画笔下，观者看到的不是美或丑的外形，而是人物的内在精神。偏偏她选择的对象都是作家、艺术家和政治家之流，一些常怀千岁忧的人物，因此出自她笔下的肖像几乎都以苦脸迎人，有人称她为"痛苦脸孔的画家"。她摆设模特儿的姿势，不为悦目美感，只为陪衬整体的压迫紧张气氛，往往不甚美观。加上笔触粗犷，充满棱角，色彩泼辣，与古典派的圆融优美的人像画刚好相反，有些批评家攻击她在创造"丑"（laideur）。但是很多名人都愿意当她的模特，其中有前总理克列孟梭、作家巴比塞、雕刻家彭蓬（François Pompon，1855－1933）等等。

她不是作家，在文学界却很出名，传说她是奥地利诗人里尔克最后的情人，她曾经为他画过一张肖像油画，又得到过他题赠的诗歌，被昵称为"M"。我们作过一些查证，觉得此说难以成立。1925 年，里尔克挟着德语大诗人的光芒，重新回到阔别十年的巴黎，两人在一个文艺沙龙晚会上相识，此后开始通信。里尔克去世后，穆特为了纪念他，发表了他的三封来信，接着又写了一篇回忆文章。最近几年，穆特写给里尔克的两封信也重见天日。综观这些文献，两人互相赏识，互相关心，交换对文学、艺术和人生的看法，是一双谈得来的朋友，不是情人。里尔克有一组小诗《献给 M》，成文于他们相识之前，与女画家无关。至于油画肖像，至今未见过任何图片或描述。只有一条线索，里尔克1926 年给女画家的信中有一句话："亲爱的好朋友，你未来终有一天会为我画像。我如何能抵抗你的激情冲动？"然而，这个"未来"离诗人去世只有几个月的时间，画像是否实现是一个大问号。

我们有理由相信这是张冠李戴的误会，如果把这些传说转移到真正的里尔克的最后情人芭拉蒂娜·克洛索沃斯卡（Baladine Klossowska，1886－1969）身上，一切都与事实吻合。她也是犹太裔波兰人，也是女画家，自 1919 年开始和里尔克通信，一年后成为情侣，里尔克为她取了以 M 字母开头的两个昵称，"梅林娜"（Merline）和"穆吉"（Mouky）。他让她为自己画了一张躺在沙发上的水彩全身像，在上面题了一首诗。他们的感情持续到里尔克在 1926 年冬去世，次年，芭拉蒂娜把里尔克献给她的十首诗辑成诗集《窗》（Les Fenêtres），亲自制作了版画插图出版。

花落谁家

弄清穆特的情况后，无法不联想起梁宗岱的油画像，因为两年前编辑《梁宗岱早期译作》时，遇到过她的名字，还粗略了解过她的简历。把书拿出来查看，很快就找到，那是梁宗岱1934 年 9 月 20 日从日本致瓦莱理信中的一句话："大师有时见到雷惠兰夫人、艾蒂安、梅拉·穆特、拉劳、巴鲁兹兄弟、普雷沃和其他朋友吗？有机会时请代向他们致意和问候。"

重看这句话，感到谜底的钥匙可能就藏在这里，混在一长列名字中间。既然穆特是梁宗岱要问候的朋友，两人必定相熟，这就存在为梁宗岱画像的可能。按老习惯，又去钻电子旧书堆，从长长的资料索引表中，看到一本杂志有他们两个人的名字。赶快按图索骥，运气很好，没有经过多少周折便找到电子版。这是一本艺术月刊，刊名《家具与装饰》（*Mobilier et Décoration*），1932年11月出版。文章的作者是作家德里斯（Gaston Derys，1875－1945），标题短得无可再短，《梅拉·穆特》（*Méla Muter*）。打开文章前心中暗自默告，只要里面有梁宗岱三个字便心满意足。谁知翻了两页，左下方出现一张油画图像，啊，中国人的脸孔，梁宗岱！好像怕我们不相信，油画右上角居然有三个中文字"梁宗岱"，他的亲笔中文签名！这真像当头霹雳，呆呆坐在那里，不敢触摸电脑，担心这一切都是幻象，一碰就散。过了好一会，心情慢慢平静下来，赶快细心做好记录，才放下心来。

这是一张全身坐像，参照画家的同类作品，高度应该在一米至一米四之间，大于盛成的六十厘米半身像，属于大型制作。梁宗岱身穿翻领衬衣，手持一本打开的中国线装书，左脚搭在右脚膝上，头往侧望。右上方是梁宗岱的隶体书法签名，左上角是画家的直式签名。像中人在画上签名很少见，以中文书写，更是至今独一无二。比较奇怪的是梁宗岱没有戴眼镜，后来与一位画家朋友谈起，他说眼睛在人像画里很重要，眼镜遮盖眼睛能免则免。

仔细欣赏之后，黑白图片固然清晰，但无法想象原画的色彩，于是产生观看原画的愿望。到底这张画现在何方？答案就在图片说明里："《梁宗岱肖像》（阿尔及尔美术馆）"。啊，真的在美术馆里！又一个《宗岱与我》的"传说"被证实是历史。

梁宗岱油画像（约1930年）

（法）梅拉·穆特

原刊《家具与装饰》月刊1932年11月号

这张画为何从巴黎跑到地中海对岸的阿尔及利亚？第一个想法是当时那个地方为法国殖民地，被视为一个行省，卢森堡美术馆把这张画分发过去。这种臆测太容易了，也不符合"十年观察期"的规定，自己也不相信，于是又去钻旧书堆。折腾一番后得到这样的答案：这个地方当年被称为法属阿尔及利亚，成立于1830年，虽然被视为法国本土，但只是海外本土，卢森堡美术馆管不到这里。一百年间，数十万法国人移民到该地开发，促进了经济发展，文化艺术需求日渐增加，原有的阿尔及尔市立美术馆既小又简陋，赶不上形势要求。当地政府有鉴于此，在1927年决定另址新建国立美术馆，取代旧馆。开幕日期定在1930年，刚好逢上阿尔及利亚建国百年纪念，于是拨出一笔专款来丰富藏品，作为百年庆祝的重要项目。为了买画，美术馆组织了一个专家小组，请来文化官员、大学教授、法国本土的卢浮宫和卢森堡美术馆馆长等专家，这些都是一时之秀，眼光过人，不仅搜罗古典派和学院派的作品，也购入了印象派及其他流派的现代绘画。挑选工作从 1927 年开始，持续了三四年，搜罗到四百九十多件藏品。穆特的《梁宗岱肖像》名列其中，开幕初期曾经展出，而且引人注目，才会被法国杂志挑出来亮相。

然而，从那时到现在过去了八十多年，阿尔及利亚经历了翻天覆地的变化，1962 年独立前夕发生了一系列武装冲突，美术馆成为目标，馆方赶紧把三百多件藏品转移到法国本土避难。独立之后，阿尔及利亚新政权要求归还，法国人有点舍不得，经过数年谈判，最后藏品送还，但不是原来的整体。

至于《梁宗岱肖像》的命运，鉴于阿尔及利亚的目前局势，除非还在公开陈列，否则想知道是否仍在美术馆的画库，或者已在混乱中失踪，可能要通过外交途径才有希望，这当然超出个人的能力范围。我们幸运地从一家德国旧书店收藏到这一期杂志的原件，这是一件珍贵的历史文物。目前能做的事情已经完成，将来能不能看到原画的色彩，还是那句多次重复的老话：冥冥中有一种力量，不肯让有价值的东西泯灭。

2017 年 7 月

学术评介

诗人教授梁宗岱

刘志侠

　　文学史上的大作家，多数著作等身，但也有例外，宗岱师是其中一位。他的作品不多，甚至可以说很少，除翻译外，结集不过薄薄五六册。可是很多人都知道他的名字，他在六七十年前写的作品，至今还有影响力。文学批评家璧华先生在《香港文学作家传略》的小传里说，他的"诗论深受梁宗岱的《诗与真》和刘西渭的《咀华集》的影响。"

　　我和卢岚曾受教梁宗岱老师门下，毕业后跟随进修法国诗歌。几十年后回顾，在芸芸教授中，宗岱师鹤出白云，他的法文固然好（还有英文、德文和意大利文），而他的诗人气质、文学修养、独立独行的个性更是独一无二。四年门下，六年同事，虽然有一段时间囿于环境，接触不多，但是耳濡目染，潜移默化，再没有第二位老师给过我们那么大的影响。

　　当年的教授大部分留学法国，出身于巴黎大学或里昂中法大学，教学认真，但多数秉书直说，有时难免单调，曾有同学上课时打瞌睡，从椅子上摔下来。宗岱师的风格不同，他的解说至多一半和课文有关，其余海阔天空，游学见闻、文海旧事、文学、艺术、中国诗词……娓娓道来，令人神游。

他的诗人天真在提问时表现无遗，有谁答不出，必定挨骂，有谁说出一个超过他的期望的答案，他会像小孩那样高兴半天，露出一排白牙。

他憎恨平庸，个别同学怕上他的课，因为提问常常超出课本范围；他钟爱出色的学生，毫不掩饰自己的喜恶，以至引起某些老师和学生的误会，以为他偏心。

他开朗好胜，言谈之间，法文、翻译、美学、酒量、臂力……都高人一等，一位助教故意在堂上教我们一个词组 Folie de grandeur（自大狂），同学们一听，都发出会心的微笑。

这样的"狂人"不可能有静水的生活，他的一生波涛不断。

断层

梁宗岱先生是一位早熟的诗人，在广州培正中学念书时才十六岁，已开始写作新诗。他也是早熟的教授，二十八岁当上北大教授兼清华讲师，此后数十年在多所大学任教。

然而，他最好的日子，却是1924年至1931年的欧洲游学岁月。他谈到与法国当代著名作家梵乐希和罗曼·罗兰的交往，谈到《陶潜诗选》，又把法国朋友替他画的素描像拿出来给一些同学看。他说话时神采飞扬，虽然点到即止，却给听者留下很深的印象。很明显，这是他少年英发的黄金时期，我们后来有机会得到印证。

1989年7月，卢岚和我在日内瓦，不期而遇见到刘海粟先生，当他知道我们曾从宗岱师门下，很高兴地和我们交谈了几次。九十多岁的人，除了行走不便外，胃纳甚佳，能吃完大块的鸡腿，精神奕奕，随和而健谈，一打开话匣就是一两个小时。他反复提起和宗岱师在法国时的友谊，他的表情和宗岱师一样兴奋，看来，欧洲的经历是他们共同的最美好回忆。

两年前，在佛山新华书店购得广西民族出版社的《徐志摩全集》，读到刘海粟先生和徐氏的几封来往信函，里面数次提及宗岱师。原来当时身在法国的宗岱师翻译了梵乐希的《水仙辞》，托刘氏在国内出版，刘氏转而向徐氏求助。徐志摩的日记后来也有和宗岱师在国内会面的记载。

宗岱师 1931 年归国，这无疑是他生命的一个大断层。后来的五十年时间，他经历过三个更大的断层：1941 年恋上甘少苏女士，与妻子沉樱女士仳离；1951 年下狱，四百八十条罪状，差点被公审枪毙；1966 年"文化大革命"，文斗武斗，健康彻底被摧毁。

人生不可能是平坦的柏油马路，总有一些起伏曲折。但像宗岱师那样，从最辉煌开始，然后是接二连三的断层，每一次断层，都令他进一步离开缪斯女神，进一步走近哈得斯的王国。翻开香港文学出版社的《梁宗岱选集》，1936 年后的作品，一篇也没有，能不令人唏嘘！

罗曼·罗兰

1936 年，梁宗岱先生在《忆罗曼·罗兰》一文写道：

但是影响我最深澈最完全，使我亲炙他们后判若两人的，却是两个无论在思想或艺术上都几乎等于两极的作家。一个是保罗梵乐希，一个是罗曼·罗兰。

罗曼·罗兰（Romain Rolland，1866 – 1944）是 1916 年诺贝尔文学奖获得者，他的《约翰·克利斯朵夫》由傅雷先生翻译成中文，曾是一代中国青年的"图腾小说"，风靡了多少大中学生。

《忆罗曼·罗兰》一文最令人惊奇的是关于斯大林的苏联的两句对话：

> 梁宗岱：这么一个大规模的实验，实在是一种最高的理想主义，也是任何醉心于理想主义的人所必定深表同情的。不过我们文人究竟心肠较软，对于他们底手段总觉得不能完全同意。

> 罗曼·罗兰：可不是，我对于他们底弱点并不是盲目的。我在最近给他们的一封信里曾经指出个人主义不独和他们不悖，并且一个真正的苏维埃信徒同时也必定是真正的个人主义者和人道底赞助者。

1935 年，罗曼·罗兰访苏归来，写了《莫斯科行旅》（*Voyage à Moscou*，中译《莫斯科日记》），指定去世后五十年才发表。1994 年，此书出版。至于宗岱师，在后来的不平凡日子里，有过不止一次机会让他回想起这次交谈。

梵乐希

梁宗岱先生游学欧洲时，除了两次得到罗曼·罗兰接见长谈外，还和另一位大诗人梵乐希过从甚密。

保罗·梵乐希（Paul Valery, 1871–1945，另译瓦莱里）没有得过诺贝尔奖，但是他的名气超越罗曼·罗兰，他去世后，在戴高乐将军提议下，获国葬的殊荣。在《罗伯特专有名词小辞典》中，介绍他的篇幅约为罗曼·罗兰的九倍。

作为二十来岁的东方青年，初抵异域，能够得到两位大师的青睐，亲聆他们的教导，得到他们首肯翻译他们的作品，当年的宗岱师必定才气尽放，锋芒过人。

虽然他对这些交往引以为傲，但从不张扬。我们知道他曾和两位大师通信，可是他从来没有把信拿出来给我们看。《宗岱和我》揭露了其中秘密，原来他不愿意人家看到大师的赞扬话，据说罗曼·罗兰称他为"天才的中国诗人"。

宗岱师写过：

> 因为禀性和气质底关系，无疑地，保罗梵乐希影响我底思想和艺术之深永是超出一切比较之外的……但在另一方面，在精神或道德方面（l'ordre moral），罗曼·罗兰也给与我同样不可磨灭的影响。

虽然他和梵乐希的诗歌路向不尽相同，但诗人的气质让他们有共同的语言。说宗岱师是得梵乐希真传的入室弟子，毫不夸张。他翻译梵乐希著名的长诗《水仙辞》时，作者曾亲自耳提面授。而法译《陶潜诗选》，则得到梵乐希作序，大师为新手鸣锣开道，殊不多见。宗岱师尝对人说，他游学时没有在学府里追求文凭，也是听从梵乐希的教训，求实而不求名。

梵乐希的成就超出诗歌范围，哲学、文学理论都自成一家之言，这是他比罗曼·罗兰更深厚之处（罗氏对政治兴趣较浓厚）。有师如此，也是宗岱师的造化。

在巴黎铁塔对面喷水池的公园里，在人类博物馆后面，树立着一座梵乐希头像雕塑。我们傍晚散步不时从像前经过，每次都想起宗岱师。

北大教授

教学工作贯穿了宗岱师一生，他登遍国内著名大学的讲坛：北大、清华、南开、复旦和中大，讲授法语和英语。

不知道其他同学如何评价他，笔者很爱听他的课，不仅专业上滔滔不绝，知识广阔，他的诗人气质、对文学的执著、狂放的性格，无形中影响了自己。这样的老师，可遇而不可求。

《宗岱和我》一书记载，"早在1929年他还在柏林学习时，北京大学和清华大学就同时函电交驰地催他回国任教"。他接受北大法文系主任的聘请，1931年回国，并在清华兼课。他的到达轰动一时，二十八岁的教授，雄姿英发，引来校内外大批学生。

三年之后，他离开北大，同样轰动一时。宗岱师在广州培正念三年级时，由家庭做主娶妻汤氏，他抵死不从，后来出钱送汤氏往广州读护士学校，声明今后男婚女嫁，各不相干。梁氏欧游时，汤氏再婚，育有两儿。1934年，她忽然出现在北大，自称"梁太太"。《梁宗岱和甘少苏》手稿引述宗岱师的回忆，"进房一看，大吃一惊，马上要她离开……后来胡适请她搬去住，官司从此开始。胡适出面帮汤氏告宗岱抛弃发妻想另娶他人，那时刚好我和陈锳（笔名沉樱）谈恋爱，结果我官司打败，要赔偿离婚费二千白银。由父亲从广西汇款到北京法院。在一气之下，我离开北大清华，与陈锳东渡日本度蜜月了。"

五十年后，梁氏怨恨未消，在回忆中狠将了胡适一军，"主要为了文学上意见不同、人生观不同，比方胡适最喜欢外国人，甚至一个推销奶粉的外国人，谈到最后才知道他来的目的是推销奶粉。胡适有痔疮，明明是中医医好，他硬说是西医治好。诸如此类，我不客气与他作对，甚至写文章批驳他，他怀恨在心，伺机报复。"

此话不无意气，其实胡适对宗岱师另眼相看，宗岱师的北大聘书由他发出，人到北大时，他甚至让出自己住的一间屋子，让宗岱师可常在身旁。胡适多管闲事，替汤氏出头，可能和他本人也是盲婚有关。两位大师交恶，令人握腕。

沉樱

梁宗岱先生很健谈，走到哪里，哪里热闹，对学生也是无话不谈，可是对第二位夫人沉樱女士，一直避而不谈。前后十年，只有一次谈及，"她是记者，现在武汉"。直到多年后，才知道宗岱师没有说实话。他有难言苦衷，沉樱女士49年赴台，成为不宜提及的人物。林海音女史的《隔着竹帘儿看见她》，收入四篇谈沉樱的文章，及沉樱晚年和宗岱师的通信，读后深感时代和命运之弄人。

沉樱女士毕业于复旦大学中文系，少有文才，1929年已出版两本短篇小说集《喜筵之后》和《夜阑》，时年仅二十二岁。她的第一位丈夫是戏剧家马彦祥，《宗岱和我》一书称他为"纨绔子弟"，两人感情不融洽。

三十年代初，她在故宫博物院工作，结识在北大教书的宗岱师，她的闺中密友沈秉英女士在《天上人间忆沉樱》文中，记述了两人恋爱时那种情意绵绵的甜蜜表现，令人艳羡。但是沉樱有不祥预感，曾经说过"焉知不会乐极生悲"的话。

果然，婚后七年，宗岱师移情别恋。两次婚姻失败，打击何其沉重，沉樱却表现出过人的勇气，一话不说，在宗岱师返回前，毫不犹疑带着子女搬离。此后从南京到台湾，以教书翻译为生，独力养大一子二女。直到76年，两人经由子女再联络上。

他们的女儿思薇在致林海音信中，分析两人分手原因：

父亲是一个如果有一分光却要发十分热力……而母亲是即使有十分光也只肯发出一分热力，而且含含蓄蓄的。

知父母莫如女。但她又说，"只能在有距离的时候才能产生文学性的美丽而不实际的爱情"，此语有待商榷。宗岱师和沉樱的爱情是真诚的，刻骨铭心的，尤其日本蜜月一年。四十多年后，沉樱尝对林海音表示，希望重刊宗岱师蜜月时完成的《一切的峰顶》译诗集。笔者猜度，沉樱这个笔名也可能和日本樱花有关。他们晚年书来信往，互嘱珍重，语短情长，感人至深。

夜静掩卷，远眺北斗，耳边响起拉马丁《湖》的尾句：他俩曾经相爱！

痴教授

在中山大学念书期间，每到农历新年，留校学生总会成群结队到老教授家里拜年，一般得到糖果茶水接待，唯梁宗岱先生独树一帜，常常请他的夫人甘少苏女士唱一阙粤曲，以飨来众。

一位往来无白丁、完全西化的大学教授，和一位贫家出身、只念过三年小学的戏子结合，本身已很传奇，而这场结合又引发过一场暴风雨，五十年后，又成为"红卫兵"清算他的一条大罪状，还记得大字报使用了香港报纸的标题"一拳夺得美人归"。

甘少苏女士在《宗岱和我》中，详细讲述了事件的前因后果。宗岱师1941年由重庆回广西百色处理遗产，被弟弟拉去看粤剧，结识花旦甘少苏，后者向宗岱师诉说自己凄凉的身世和处境。宗岱师表示同情，借出大笔金钱给她，让她的流氓丈夫做生意，希望他改过自新，但全数被挪用去赌博花光。甘氏决心离婚，受到千般阻拦，宗岱师介入其中，拿出三万元给甘氏赎身，又曾被人围殴毒打，事件上了报纸，轰动广西。

看完叙述，读者的印象应该是宗岱师性格好胜，路见不平，拔刀相助，卷进一件超出他掌握的事件里，最后离弃沉樱女士，和甘少苏结亲。整个事件似乎全无理智，当局者迷。甘少苏女士回忆，当年的百色人称呼宗岱师为"疯教授，痴教授"。

但是，外人无法洞悉宗岱师的思想。甘女士说过是她主动提出结合，可是两年交往期间，宗岱师写下数量可观的艳词，后来结成《芦笛风》。词中表现的感情，远超朋友关系：

> 人世间，欢有限，且相偎。任他月暗花暝，冷露湿苍台。但得两情长久，何必琼楼玉宇？

宗岱师不完全是被动者，更不是一时糊涂，他因怜生爱，动了真情。

宗岱师和甘女士共同生活了四十二年，白头偕老。在下半辈子的忧患人生道路上，在"文革"的炼狱里，甘女士寸步不离，倾弱女一己之力，处处护卫及照顾宗岱师。以此相比，外人的想法又何足轻重？

李又然

陈锡添先生写过梁宗岱先生传记，标题《历尽坎坷志未磨》。一位老师寄来影印稿，排成 32 开本书籍形式，共 44 页，不知道是打印稿，还是已出版的著作。

这篇传记记录了一个感人的故事。

1951 年，宗岱师陷狱，罪名四百八十条，据《梁宗岱与甘少苏》手稿所载，罪名"最小是偷猫，最大是通匪济匪，还有强奸幼女、杀害婴儿、强霸人妻"。只要任何一条罪名成立，就足以置他于死地，而当时的确有人提出把宗岱师拉出来公审枪毙。

就在这个时候，一个人出现了。这个人在 1952 年被派往"南宁参加'土改'，听说梁宗岱是'劳改犯'，很是吃惊"，回京后立即向一位身居高位的老上级报告，接着上级派出调查团，宗岱师得以大难不死，1954年获释。

很奇怪，传记没有写出这位救命恩人的名字，只说"一位著名作家"，后来在《宗岱和我》中查到，他叫李又然，书中称他是"诗人"。

宗岱师当时对这段曲折懵然不知。数年之后，他接到一封信，一位朋友告诉他，李又然先生翻译一本意大利著作，遇到困难，想向宗岱师求助。李氏和宗岱师同期留学法国，1928年，他从里昂修书罗曼·罗兰，想登门拜访，罗氏旅行在即，介绍他去找宗岱师。1929年夏，李又然先生写信给宗岱师，求在巴黎一见，可是石沉大海，杳无音讯。

数十年后，李又然先生担心再次碰壁，所以求朋友转达，"让他再次知道罗曼·罗兰先生给我介绍过他，而我一直尊重他"。在信中，他披露了当年宗岱师获救的幕后秘辛。

宗岱师到此才恍然大悟，而当年巴黎缘悭一面其实也是误会，1929年夏，宗岱师已离法往柏林，不可能收到那封信。

两位诗人命运的交错和角色的颠倒，是他们经历的大时代的悲喜剧。李又然先生正直诚恳的书生本色，令人尊敬。

相知

笔者第一次拿起陆键东的《陈寅恪的最后二十年》，心中忽然有一个离奇预感，书中一定有宗岱师的名字。

果然，有三处地方提到，最长一处接近五页篇幅，相当详细地介绍了他的生平，最短夹杂在一张名单里，而这才是最令人寻味之处。

1961年，陈寅恪先生的莫逆之交吴宓先生从四川来访，中山大学校方设宴款待，陈寅恪先生拟定的陪宴者名单中，有中文系的冼玉清、历史系的刘节与梁方仲，这三位不是挚友便是高足兼同事，请之有理。只有宗岱师"非我族类"，在外语系工作，而且，他的白话新诗和西方文学研究的路向，和陈寅恪先生的国学截然不同。

作者解释这是因为除了冼玉清外，其他人都是"吴宓在清华园时的学生或同事，更是陈寅恪的相知"。

"相知"这两个字可圈可点，书中有大量材料谈到冼玉清、刘节和梁方仲，他们和陈氏的真挚友情经得起政治大风浪的冲击，至死不渝，令人感动，可是作者没有举出任何关于宗岱师的例子。笔者翻查了一下《宗岱和我》，同样没有记载和陈寅恪的交往。陆键东只引述过书中甘少苏的一小段回忆，说陈寅恪被造反派的高音大喇叭吓死。

宗岱师1931年自欧返国，应胡适之邀在北大任教，并在清华兼职讲师，梁陈可能就在此时结识。此后抗战、内战，各散东西，1956年梁氏到中大，才再次会面。宗岱师初期住在西区，1960年后才迁到东南区，和陈寅恪先生的家相去不远。他对自己的房子很满意，常对人说，这是汪精卫夫人陈璧君住过的房子。

相识数十年和毗邻而居还不足以诠释"相知"，尤其两人性格迥异，一静一动，专业不同，一中一西。但是笔者相信他们"相知"，陆键东的书揭示陈寅恪的真正面貌，和宗岱师有不少雷同之处，博学多才，独立独行，最重要的一点，他们都是有良心的读书人。良心是一切相知的根基。

斯人已逝，无复以证，憾。

神曲

1981年8月，我们在里昂第一次见到老前辈记者周庆陶先生，没想到这位份属我们父辈的老人，竟然是我们的学长。1931年，他刚在北大英文系毕业，却慕宗岱师之名，转来法语系，从一年级读起，并因此缘由，在1949年由中央社派驻巴黎，从此定居下来。

周老向我们讲述当年趣事，他说宗岱师很爱美貌的女学生，每到同学中间，必定坐到最漂亮的女学生身边，而且动作亲昵。类似的故事，某些回忆宗岱师的文章都有。那时候的宗岱师风流倜傥毫不为奇，怎能要求一位二十八岁的未婚诗人、教授作老僧入定？其实宗岱师并非轻佻的纨绔子弟，他和沉樱女士1934年结褵后没有绯闻，1941年的婚变含有很重的"抱打不平，身不由己"的成分在内，但他和甘少苏女士此后共同生活了四十二年，直到逝世。宗岱师给人错误的印象，和他的开朗、好胜性格有关。

但是，他的天性无法抵挡忧患人生的磨蚀。宗岱师经历抗战、内战、各次运动和"文革"，晚年的他完全变了样，成了虔诚深沉的教徒。

当他找到心灵的安静后，时常吟诵圣诗，还翻译了一些英文圣歌。《梁宗岱与甘少苏》誊抄稿内收入三首，笔者后来在广东外贸外语大学图书馆梁宗岱先生纪念图书室里，发现宗岱师的亲笔手稿，可惜残缺不全，只得三页。现综合两种来源，全录如下（誊抄稿包含一些明显的笔误，除按手稿改正外，其余照录，以存原貌）：

慈光　领我

一

慈光，领我，阴影越逼越近，

领我向前；

夜既漆黑，我又远离乡井；

领我向前：

紧握我足；我并不敢希求

眺望远景，——一步于我已够。

二

从前的我，并不求你应该

领我向前；

爱自辨认途径；可是现在

领我向前。

又爱浮华，并且，心虽畏惧，

意志骄傲；切莫追问过去。

三

从前的我，并不求你应该

领我向前；

经过泽野，经过崖涧，直到

长夜已旦；

于是晨光带来天使笑貌，

我曾久爱，不过一度失掉。

（注：第一、二段录自宗岱师手稿，第三段根据誊抄稿。）

作我倚傍

一

作我倚傍：暮色沈沈下降；

黑暗渐深，求主做我倚傍；

当其余救助安慰俱逃亡，

无助的救助者，作我倚傍。

二

瞬息生年匆匆奔赴终点；

浮生欢乐与荣华同销黯；

举日环顾无不变易朽亡；

你永不变易者，做我倚傍。

三

我需要你，不可一须臾离；

唯主鸿恩能把试诱摧毁。

谁能像你，扶我示我方向？

无论阴晴，主都做我倚傍。

四

我何所惧，有你随时呵护？

眼泪不酸，病痛亦不觉苦。

死刺安在？墓窟焉能夸张？

我仍胜利，你若做我倚傍。

五

请举慈架，向我临闭的眼，

暗中发光，把我指引向天，

天上晓破，尘世虚影消亡，

或生或死，主都做我倚傍。

以上抄自宗岱师手稿，标题为笔者所加。其中"做我倚傍"一语，宗岱师修改时把最早出现之两个地方改为"作我倚傍"，但其余未动。誊抄稿有另一译文，"作我倚傍"译为"与我同住"。两译文孰先孰后，无法确定。现把第二种译文全录如下：

与我同住

一

与我同住，暮色沉沉下降，

黑暗渐深，求主与我同住，

当一切救助安慰俱逃亡，
无助的救助者，与我同住。

二

短促生年匆匆奔赴终点，
浮世欢乐与荣华同销黯，
举目环顾无不变易衰亡，
你永久不变者，与我同住。

三

（缺）

四

我何所惧，随时有你呵护？
眼泪不酸，病痛亦不觉苦，
死刺何在？墓窟焉（注：疑缺"能"字）夸张？
我仍胜利，主若与我同住。

五

求举宝架，在我临闭眼前；
暗中发光，把我指引向天；
天上晓破，尘世幻影消亡；
或生或死，主啊，与我同住。

吾主，更亲近你
一

吾主更亲近你，更亲近你；
纵然是十字架将我高举；
我的歌依然是，吾主，更亲近你，
　　更亲近你。

二

虽然像孤客，红日西沉，
黑暗覆盖着我，冷不作枕；
梦里依然亲你，吾主，更亲近你，
　　更亲近你。

三

梦里天路显现，登天阶梯；
你所赐的恩惠，发自慈悲；
天使把我引指，吾主，更亲近你，
　　更亲近你。

四

然后醒来沉思，光明礼赞；
总我如石恍□建立圣殿；
于是痛楚更使；吾主，更亲近你，
　　更亲近你。

五

我乘快乐翅膀，冲破苍冥，
不顾，明星辰，向上飞昇，
我的歌依然是，吾主，更亲近你，
　　更亲近你。

神曲，最美丽的音乐。

1997 年 11 月

瓦莱里与梁宗岱

卢岚

　　今年是诗人、学者、教授梁宗岱老师诞生一百周年，逝世二十周年。古人逐日远去。如何在前人和来者之间搭一道桥梁，承传其精神与学问于当下，最佳方法莫如让前人创造的艺术延续下来。为宗岱师编选一个文集吧，作为他的门生，志侠和我如是想。1999 年春，与香港《大公报》马海甸先生在饭局上闲谈，得知他对梁宗岱很崇敬，收藏了他不少著作，遂请他主持编选。中央编译出版社王吉胜先生一口答应出版，顺风得直教人开心。为使文集尽早问世，我们尽量参与工作，尤其是寻找法国方面的资料。后来马先生工作繁忙，我们承担了大部分工作，在国内国外跑书店、图书馆，东翻西搜。从偶然得来的线索，知道宗岱师的法译陶渊明《自祭文》，刊登在法国的《交流》（*Commerce*）杂志上。遂通过互联网，向专门出售旧书报杂志的书店求索，找到发表该诗的第二十二期，以二百五十法郎购回，开心得像得了宝。经历了大半个世纪，杂志的纸页已经变黄，但状态依然很好，封面以透明防水纸包裹着，纸页尚未裁切。笔者用刀片将二百四十五页纸逐页裁开，然后从第一页翻下去，绝不错过哪怕一页。

该杂志是季刊，一本纯文学刊物，由巴斯阿诺公主出资创办，主编是当时著名的象征派诗人瓦莱里。第二十二期出版于1929年冬季，《自祭文》刊登在第211页至214页之间。诗译前

面，是瓦莱里给梁宗岱的译作《陶潜诗选》所作的序言。

1930年，《陶潜诗选》的法译单行本由巴黎勒玛日（Lemarget）出版社出版，包括《五柳先生》《归田园居》《归去来辞》《桃花源记》《自祭文》等十八篇诗文。大学时代对该诗选略有所闻，但数十年来未有机会拜读。今回为编选文集，奋力穷追，终于在因特网上得到讯息，得知法国国家图书馆不但藏有《陶潜诗选》，还有《水仙辞》的中译，都收藏在"珍本部"。珍本部的书籍不能借出，不能影印，只能到闭架阅览室阅读。程序繁复，规定严格。志侠花了三天时间将《陶潜诗选》用电脑抄回。不久他返回珍本部校勘，规矩已经改变，不能再翻阅纸本，只能看微缩胶卷。

瓦莱里为诗选所作的序言，以这样一段文辞开始：

　　我认识他的种族的第一个人是梁宗岱。一天早晨他来到我家，年纪轻轻，风度翩翩，操一口很清晰的法语，有时被日常用语稍嫌精炼。他满腔热忱跟我谈诗。一进入到这个高尚的主题，就收敛笑容，让人看出几许狂热。这种罕见的火花使我开心。我的喜悦很快变成诧异，我将他递过来的纸页一读再读，其中有英文诗，也有法文诗……我觉得前者相当好，但我不敢下结论，因为我不敢相信自己。至于法文诗，质量毋庸置疑。

你看到这段文字，顿觉横亘多年的壁垒终于消失，走到了青山绿水处。你尽管通过这段酣畅的文字，去捉摸七十多年前，这一老一少的异国朋友会面时的形象、声音、动静，一如远离海洋

的孩子，将海螺贴近耳边，去听取海风和浪涛的声音。

梁宗岱是通过怎样的途径，去敲响瓦莱里的大门的？甘少苏的《宗岱与我》说是通过"一位美国同学介绍"，于是就有"一天早晨他来到我家"。那是1926年一个春天的早晨，瓦莱里时年五十四岁，已经进入法兰西学院，名满欧洲，应邀到处讲学，足迹遍及瑞士、英国、比利时、维也纳、布拉格、柏林的讲坛，正处于人生和事业的顶峰期。而梁宗岱呢？一个年仅二十三岁的留学生，只学过两三年法语，带着自己的诗作登门求教，年轻人仿佛此生此世，就为赴此宿约。瓦莱里看过他的诗后，接受了这位诗人。后来他在《陶潜诗译》序言中，有两段文字：

> 谈一首诗歌，音乐感是绝对的条件：如果作者不重视音乐感，不在上面花点心思，如果发现他的耳朵是迟钝的，是要在诗的结构中，节奏，重音，音色没有占根本的地位，跟义意平起平坐，就不要对这个人抱希望。他想唱歌而无唱歌的迫切感，他使用的词语使人联想起其他的词语。

> 我惊诧地发现，几乎被弄糊涂。在我这个年轻的中国人的诗稿中，出现了刚才所说的好征兆。比起大部分请我或者勒令我读的人，他的诗的确胜人一筹。我从中找到别人没有的东西。

原来不同国度的一老一少，对诗歌的绝对条件，有着同一的理解角度。瓦莱里慧眼识英才，忘年之交开始了。最初是年轻人上门求教，不知不觉间成了互相交流。1927年，宗岱师将瓦莱里的《水仙辞》译成中文，发表在《小说月报》上；1928年，他写了《保罗哇莱荔评传》，同样刊登于《小说月报》；1929年翻译《陶潜诗选》，由瓦莱里作序言，刊发于《交流》杂志。他们之间的关系，《评传》中有一段描写：

哇莱荔为人极温雅纯朴，和善可亲，谈话亦谆谆有度，娓娓动听。我，一个异国的青年，得常常追随左右，瞻其丰采，聆其清音：或低声叙述他少时文艺的回忆，或颤声背诵廉布、马拉梅及他自己底杰作，或欣然告诉我他想作或已作而未发表的诗文，或蔼然鼓励我在法国文坛继续努力，使我对于艺术底前途增了无穷的勇气和力量。

瓦莱里后来出版的书籍，都亲笔题赠给这位中国青年。1926年的《Rhumbs》和《Charmes》，1927年的《M. Teste》，1928年的《Réponses》和《Lettre à Madame C…》，一本不缺。《Charmes》的扉页题字："亲爱的梁宗岱，我原想在 Charmes 这本书上写几个中文字，里面有你翻译的《水仙辞》，但我在等着学习中文"。《Réponses》的题辞很有趣，"给梁宗岱，请勿将此书译成中文。祝好"。签名旁边，有时还盖上梁宗岱送给他的篆书印鉴：梵乐希印。

梁宗岱认为，重大收获往往出于偶然机缘，一株树影婆娑的异树，可能是雀鸟从别处带来的种子。他在诗歌和诗论方面的成就，是跟瓦莱里偶然结识所带来的成果吗？结论是肯定的。瓦莱里的诗学著作甚丰，他的诗学和审美的理论，对纯诗风格、形式与内容，对语言的美学理论的探索，至今法国无人能出其右。这位语言艺术大师，遣词造句简单常见，却精辟准确，一字千钧。尤其不着重感情奔放，倾向于哲理和数学的严谨，以最常用的字眼让你走进迷宫。当你领略其中奥秘，无不额首称绝。对他的《达·芬奇方法导言》，梁宗岱如是说："原文思想太浓密，字句太凝练，译出来颇不易解。"妙处在于，使用惯常字眼，却像拳击家的拳头，声东击西，打中要害。这种辛辣的文字，无论过去现在，不会经常遇到。

（Tagor: *Why does he not come back?*）。梁宗岱的文学创作和翻译就这样同步开始，在后来的文学活动中，两者互相交叉，相辅而行。

当然，所有文学道路都有阶段性。梁宗岱早期醉心于新诗，在 1924 年买棹放洋之前的两年多时间里，他发表的新诗超过三十首，但译作只得两篇：美国朗费罗的《黎明》（Henry Longfellow：*Daybreak*，《学生》杂志 1921 年 12 月 8 卷 12 号），以及太戈尔的戏剧《隐士》（Tagor：*Sanyasi or The Ascetic*，《东方杂志》1923 年 7 月 20 卷 14 期）。

法译《陶潜诗选》

1924 年秋，梁宗岱赴欧，先在日内瓦学法语，次年到巴黎，1930 年夏转往德国海德堡，1931 年夏到意大利短住，同年冬天从法国回国，前后七年。这段时间里，翻译变成他的主要工作，中文创作则屈指可数，只在头半年写过《游伴》（散文）和《白薇曲》（诗）两篇，发表在《小说月报》1925 年第 16 卷 1 号及 3 号上。

顺便提一下，这两篇文章末尾的写作日期和地点都值得注意。《游伴》注明"于印度洋船中"，显然是赴欧途中所作。梁宗岱是在 1924 年从香港出发往欧洲的，船期在冬天，不可能如文末所署的日期"一九二四、一、一六"，可能是排版时手民之误。至于《白薇曲》，坊间的梁宗岱传记都说诗中人"白薇"是"法国少女"，但有两个问号。《白薇曲》完稿于"一九二五、二、二〇"，此时梁宗岱到欧洲才数月，仍在瑞士读初阶法文，诗末注明写作地点"于 Genève"（日内瓦），可见两人在瑞士相识。"白薇"可能从法国来度假，也可能是当地居民，本诗副题有她的名字：《——A Anna Zawadzka 》（致安娜·查娃茨卡）。Zawadzka 是很常见的波兰人姓氏，Anna 也是很常见的天主教教名，不过是波兰文写法，与法文的拼写 Anne 不同。20 世纪初，法国仍是一个很保守的天主教国家，在法国出生的人取教名，名字必须符合正规写法，否则市政府官员有权拒绝登记。如果是外国人，不容易取得法国籍，入籍后姓名一般都要法国化。"白薇"是波兰裔，保留波兰文名字，在日瓦内邂逅梁宗岱，是否"法国少女"，值得进一步考证。

梁宗岱欧游最先完成的重要译作不是法译中，而是中译法，这是令人惊奇的事情，因为前者读懂原作便能入手，后者要求有驾驭外语的能力，而他仅仅三年前才从 ABC 开始学习法文。这并非由于他好高骛远，而是他在同一时期进行的法译中（《水仙辞》）是一件大工程，需要更多时间琢磨，尚未完工。

他的第一篇法译刊登在 1927 年 12 月《欧洲》杂志第 60 期，题名《Souvenir》（回忆）。这是一首自译诗，选自诗集《晚祷》的《途遇》。1928 年 3 月，《欧洲》杂志第 63 期又发表了他翻译的一首唐诗王维《酬张少府》，法文标题《Retour aux apparences》（回归外在世界）。

梁宗岱在《忆罗曼·罗兰》一文曾提及，"我在一九二七年和一九二八年之间曾经先后在《欧洲》杂志上发表过两首法文诗和一首王维底译诗"。因此除了上面两首，应该还有第三首。但笔者至今未能找到，在他遗下的文献中没有，在《欧洲》杂志目录里也没有，笔者试过对 1927 至 1928 年《欧洲》杂志电子版进行全文搜索，看有没有他人的文章引用过，但没有任何发现。

《欧洲》杂志是法国的重要文学刊物，由诺贝尔奖获得者罗曼·罗兰（Romain Rolland，1866 – 1944）在 1923 年创立，除了第二次世界大战停刊 6 年外，不间断出版到如今。年轻的梁宗岱能够在这本重要刊物上连续发表作品，不啻是一副兴奋剂。他乘着 1928 年寒假，一鼓作气把陶渊明十多篇作品译成法文，分别送交罗曼·罗兰和保罗·梵乐希（Paul Valéry，1871－1945，现译瓦雷里）求教。罗曼·罗兰回信表示愿意在《欧洲》杂志发表，保罗·梵乐希则建议他出单行本，并主动替他作序。梁宗岱选择了后者。

1929 年冬天，梵乐希在他主编的《交流》杂志（Commerce）22 期冬季号上发表了其中一篇译文《Oraison funèbre sur sa mort》（自祭文），文前是他为单行本写的序言，题目是《Petite préface aux poèmes de T'ao Yuan Ming》（陶渊明诗选小序）。梵乐希的文名从第一次世界大战结束后便如日中天，经常被邀请到外国演讲，1925 年当选为法兰西文学院院士后，被视为法国文学的官方代言人，《交流》杂志的影响力可想而知。他这篇"小序"并非应酬之作，写得很用心，是一篇精辟的诗论，他对梁宗岱的赞语尤其令人注目。

1930 年，单行本在巴黎出版，书名《Les Poème de T'ao Ts'ien》（陶潜诗选）。梁宗岱请画家常玉（1901－1966，作品法文署名 Sanyu）为《五柳先生传》《乞食》和《桃花源记》绘制了三张插图。当年的常玉默默无闻，生活潦倒，梁宗岱却独具慧眼，看中他的艺术。随着时间的推移，常玉的独特风格得到愈来愈高的评价，成为法国人最熟悉的留法中国画家之一。

2004 年 6 月，法国国家东方博物馆——巴黎吉美博物馆（Musée Guimet）举办《常玉——身体语言》画展（Sanyu，l'écriture du corps），副馆长戴浩石（Jean－Paul Desroches）写了一篇文章《从裸体画到风景画：漫无目的或既定路线？》（Du nu au paysage：errance ou itinéraire？），其中论及法译《陶潜诗选》

的插图（括号内说明为笔者所加）：

　　常玉在十八首诗中选择了三首刻制铜版画，其中两幅（《五柳先生传》、《乞食》）运用中国传统，地貌构图属倪瓒（元代画家，1301－1374年）的风格流派，第三幅（《桃花源记》）则引入一种曲线手法，令人想起马蒂斯的现代派视野。

《陶潜诗选》由巴黎勒玛日出版社（Editions Lemarget）印行，采用高档的限量本形式印制：编号 I 使用银色日本纸，内有插图两组，黑白及褐色；编号 II 至 VI 使用皇家日本纸，同样有两组插图；编号 VII 至 XVI 使用荷兰格尔德直纹纸（Hollande van Gelder），一组插图；编号 1－290 使用犊皮纸，一组插图。总印数三百零六册，现在已成为藏书家的珍品。

与让·普雷沃的友谊

　　梁宗岱和保罗·梵乐希与罗曼·罗兰的交往，是中法文化交流的一段佳话，也是读者最熟悉的。但是他的法国朋友除了两位大师，还有一批年轻作家和艺术家。在他留下的图书中，有他们题赠的作品。

　　这些人中有一位瑞士雕刻家哈烈（Hermann Haller，1880－1950），梁宗岱在《论画》（刘海粟《海粟油画》序言，1933年）中，引述过与他在苏黎世见面时的交谈。这位艺术家被视为20世纪瑞士三大雕刻家之一，他的代表作《汉斯·瓦尔德曼骑马像》（Hans Waldmann，1435－1489，瑞士军事和政治领袖），树立在苏黎世市中心圣母大教堂广场，是该城最重要的城市雕塑。

　　另一位是法国作家让·普雷沃（Jean Prévost，1901－1944）。

当我们翻开法译《陶潜诗选》时，便会发现梁宗岱的自序以《Dédicace》（献词）形式写成，标题是《À Jean Prévost》（呈让·普雷沃）：

亲爱的朋友，

　　这些诗其中一部分翻译好后，在抽屉里躺了很久。我对我们诗歌有那么多拙劣的翻译很反感，生怕轮到自己糟蹋杰作，所以从不敢示以相识。然而一天晚上，在塞纳河畔，在一盏守夜灯下，我让你读了。出乎意料，立即得到你的称许。此后，你的鼓励使我心情平和地继续工作，成果就是这部小书。这些诗陆续移译成法语，我们一起读过，后来我作过许多细微润色，但我相信你仍认得它们。

梁宗岱

寥寥几行字，充满真诚的谢意，清楚表明梁宗岱在翻译过程中不仅得到普雷沃的鼓励，而且"一起读过"，暗示得到指点。

普雷沃年轻时代在著名的巴黎亨利四世中学念师范预备班，和萨特、雷蒙·阿隆等是先后同学，老师中有著名作家、哲学家阿兰（Alain, Émile – Auguste Chartier, 1868 – 1951）。从巴黎高级师范学院毕业后，普雷沃没有选择安稳的中学高级教师职业，而是进入伽利玛出版社工作，成为著名的《新法兰西评论》（Nouvelle Revue Française）特约撰稿人，同时从事散文和小说创作。这种合作关系一直持续至 1940 年，直到巴黎被德军占领为止。

普雷沃此时已应召入伍，在法国北部的军队电讯部门服务，由于战局逆转，疏散到北非，但很快便返回尚未被德军占领的里昂。他一面替当地报刊工作，一面攻读博士学位，1942 年写成论文《司汤达的创作》（La création chez Stendhal），取得里昂大

学博士学位，1943 年获得法兰西文学院的文学大奖（Grand prix
de littérature）。

同年末，他参加抵抗运动，首先在文化抵抗组织里活动，参
与出版地下刊物，接着移居到阿尔卑斯山南部的维尔戈尔（Ver-
cors）山区，拿起枪杆，成为真正的游击队战士。他的代号叫
"高德维尔上尉"（Capitaine Goderville），高德维是他的故乡名
字。他领导一支小分队，多次参加战斗和破坏行动。战争结束前
夕，德军垂死挣扎，加紧围剿游击队。1944 年 8 月 1 日，他和战
友在转移途中遇伏，不幸牺牲。

普雷沃的英勇表现掩盖了他的文名，在很长时间中，法国人
只谈他这段壮烈经历，其实他是 1920 年至 1940 年法国文学界一
位活跃人物。他本人是多产作家，二十年间出版了二十五本书，
还有数量众多的书评、序言、翻译和戏剧评介。另一方面，他从
事过编辑工作。1926 年，他以二十五岁之年出任文学杂志《银
船》（Le Navire d'argent）的主编，经手发表了《飞行员》
（l'Aviateur），这是日后以《小王子》名闻世界文学史的圣埃克絮
佩里的处女作。他们两人年龄相若，志趣相投，很快成为莫逆之
交。德军入侵法国后，两人相约参加抵抗运动。说也凑巧，在普
雷沃牺牲前几小时，圣埃克絮佩里也在一次飞行任务中献出了
生命。

普雷沃是运动健将，尤爱拳击，当时旅居巴黎的海明威是他
的练习同伴。他以"烈汉子"性格闻名文学界，快人快语，坚
持己见，曾令不少大作家尴尬和生气，但没有人怀疑他的诚恳和
好意。

梁宗岱比他年轻两岁，同样的爽直性格，两人合得来是很自
然的事情，他们的友谊远远超出文学范围。普雷沃在 1926 年与
奥克莱（Marcelle Auclaire, 1899 – 1983）结婚，育有三子女，

1938 年分手，但终生保持友好关系。奥克莱也是作家，曾参与创建著名的妇女杂志《玛丽·克莱尔》（*Marie Claire*）。她曾在两本著作中提到梁宗岱，第一本是 1970 年的《走向幸福的晚年》（*Vers une viellesse heureuse*），第二本是 1978 年的《母女回忆录》（*Mémoire à deux voix*，和女儿合作，以对谈形式写成）。

她对这位年轻时的中国朋友印象至深，在文中提到他们相识于 1928 年至 1929 年间，梁宗岱是她家里的常客，曾向普雷沃请教过《陶潜诗选》的法译。梁宗岱回国后，音讯中断了三十多年，但她始终没有忘记这位中国朋友，20 世纪 50 年代到中国访问时曾到北京大学找寻，没有结果。与此同时，梁宗岱也没有忘记这位法国朋友和她的丈夫，60 年代向访问广州的法国官员打听，此人回国后转告奥克莱，两人终于联络上，此后书信往还，互寄书籍礼品，直到两人在 1983 年去世。

梁宗岱的法译作品只有上述数种，数量不多，他没有在这方面继续努力，是因为 1931 年离开欧洲返回中国后，再没有适合发展的土壤。

《水仙辞》

至于他的法译中作品，第一篇刊登在 1925 年 6 月《小说月报》16 卷 6 号上。所选的文章是瑞士作家阿米耶尔（Henri Fédéric Amiel，1821－1881）的日记片断，可以推测这是他初学法语时瑞士老师推荐的作品，这时离他到欧洲只有半年左右，属于牛刀初试。译文只有二百五十三字，虽是散文，却像一篇优美的诗篇：

> 每个蓓蕾只开一次花，每朵花只有它的刹那顷的完
> 全的美；这样，在灵魂的园里，每个情绪也只有它的芳

菲的片刻，它的炫熳璀璨的刹那顷。

　　每颗星每夜只有一次经过我们头上的子午线，而在那儿作一瞬的闪耀；这样，在智慧的太空里，每个思想，我可以说，也只有它的霎时的最高点，在那儿它辉煌昭伟地燃照。

　　美术家、诗人或哲士，不要放过你的意境和情绪于那微妙而悠忽之顷，以凝定而永生之，因为那正是它们登峰造极的时候。前乎此，你只有它们的纷乱的粗形，或模糊的预感；后乎此，你也将只有它们的微弱的忆念，或无力的懊悔；那一刻才是那理想的刹那呵！

　　《小说月报》编者显然很喜欢这篇翻译，放在前头，取题《卷头语》。

　　此后五年，梁宗岱再无中译面世，直到 1929 年 1 月，才石破天惊地发表了梵乐希的《水仙辞》。梵氏以"水仙"（Narcisse，纳喀索斯）为题的诗歌有两首，第一首《Narcisse parle》（直译《纳喀索斯之语》）写于 1890 年，收入诗集《Album de Vers Anciens》（旧作诗谱，1891 年），第二首《Fragments du Narcisse》（直译《纳喀索斯断片》），第一段成诗于 1919 年，第二、三段写于 1926 年，收入《Charmes》（幻美，1922 年及 1926 年）。1926 年，比利时安特卫普斯托尔斯（Stols）出版社曾以《Narcisse》（直译《纳喀索斯》）为题，为两诗出版了精美的珍藏本，扉页注明印数只有三十八册。

　　梁宗岱翻译了两首诗，题目统一使用《水仙辞》，并以"（少年作)"和"（老年作)"来区分，分四次发表。最先是 1929 年 1 月《小说月报》20 卷 1 期的《水仙辞（少年作)》（《纳喀索斯之语》）；然后是 1931 年 1 月 22 卷 1 期的《水仙辞（晚年作之一)》（《纳喀索斯断片》第一段）。1931 年 2 月中华书局出版《水仙辞》单行本，除了上述两篇外，还增加了第二段译文，梁宗岱在《译后记》中写道："第三段因为原著还未终篇，所以没有译出"。但是一直等到1936年，梵乐希仍没有改动该诗，梁宗岱于是趁《水仙辞》收入译诗集《一切的峰顶》的机会，补译了第三段，以及第二段缺失的第四至六行，至此《水仙辞》才算全部译完。诗题也恢复使用原题，第一篇《水仙辞》，第二篇《水仙底断片》。

《水仙辞》的翻译是在原作者解读下完成的，在中国现代翻译史上，可能还没有先例。梁宗岱和梵乐希的交情以"忘年交"来形容毫不过分，一个文学小青年，一个文坛祭酒，地位相距十万八千里。但两人相处融洽，来往密切。即使在梁宗岱回国后，远隔万里，两人仍然书信不绝。"文革"期间，红卫兵抄家，焚烧了他保存的十多封梵乐希来信。

这段不平凡的经历决定了梁宗岱的文学道路，他说，"梵乐希影响我底思想和艺术之深永是超出一切比较之外的"。无论在诗论文章或翻译中，读者都能找到梵乐希或远或近的影子。随手举几个例子：

·《诗与真》和《诗与真二集》共有十八篇论文，其中十四篇提到梵乐希其人或其诗歌理论。

·梵乐希出身象征派，年青时代的导师是象征派大师马拉美。梁氏对象征主义作过深入研究，所写的论文《象征主义》被认为是他的代表作。他也翻译过象征派另一位大师魏尔仑的诗歌。

·梁宗岱是鲁易斯（Pierre Louÿs，1870 – 1925）和里尔克（Rainer Maria Rilke，1875 – 1926）作品的中译先行者，这两人都是梵乐希的好朋友。

而在梵乐希方面，明显地赏识梁宗岱。他不懂中文，但相信自己的感觉和判断，在《陶潜诗选》序言中说：

> 毫无疑问，诗人的艺术内涵在翻译中几乎尽失；但我相信梁宗岱先生的文学意识，它曾使我如此惊奇和心醉，我相信他从原作里，为我们提取出语言之间巨大差距所能容许提取的东西。

他每有新书出版，都送一本给梁宗岱，而且必定在扉页上亲笔加上别具心思的题辞：

*送给诗人、朋友和译者梁宗岱的书。(《致 C 夫人信》，*Lettre*㊞*MmeC*……)

*这些罗盘针摆动送给梁宗岱。(《罗盘针上之诸点》，*Rhumbs*)

*送给梁宗岱先生的书，我喜欢他的开放而带有文采的思想。(《太司提先生》，*M. Teste*)

*送给梁宗岱，请不要把此书译成中文，问好。(《答案》，*Réponses*)

*亲爱的梁宗岱，我本想以中文在这本《幻美》书上给你写几个字，书中有你翻译的《水仙辞》，但是我仍在等候学会中文。(《幻美》，*Charmes*)

有些题辞还盖上中式印章，这是梁宗岱送给他的礼物，篆书刻成"梵乐希印"四个字，十分清晰。

梵乐希的小儿子法兰索亚（François Valéry, 1916 - 2002）曾任法国驻联合国科文教代表团团长，他去世后，2007 年 12 月，他的家属把家中收藏的梵乐希文献拿出来拍卖。

预展那天，笔者前往参观。文献中有不少画稿，其中一张是为《水仙辞》单行本设计的封面，梵乐希不仅是作家，也是画家，他的夫人是印象派女画家莫莉苏（Berthe Morisot, 1841 - 1895）的侄女。

刚好拍卖师在场，我告诉他梁宗岱曾经在 1935 年趁盛成先生重赴法国机会，捎给梵乐希两枚图章，一阴一阳，并问他是否知道这些图章的下落。对方听后跳起来："怪不得！我们一直不知道为什么有些图画和手稿上盖着红印章！"他带我到一个玻璃陈列柜前，里面果然有几张文献盖上中式四方大印章，鲜艳的中式朱砂印泥，但使用不得法，盖得很模糊，无法辨认文字，从红色占主要部分可推测是阴纹图章。至于是否梁宗岱所赠，则无从判断。

回头说《水仙辞》的中译，在新文学起步初期，《水仙辞》无疑是百里挑一的译作。由于得到原作者的解说，译者敢于脱离原文框套，不少地方使用了增添或意译的手法，某些句子几乎是再创作，比他后来谨守原文的风格自由得多。为了配合原作的古典题材和纯诗风格，梁宗岱使用华丽典雅的中文，音乐感很强，令人一读难忘，在当时产生了相当大的影响。

在翻译《水仙辞》同时，梁宗岱还写了一篇《保罗哇莱荔评传》（收入《诗与真》时改题《保罗·梵乐希先生》），与译诗同时发表在《小说月报》上。1993 年，法国文学刊物《诗》（Po&sie，中间的字母 & 是法文 é 的装饰变形）95 期刊登了该文的法文摘译两页，译者是中国当代诗歌专家尚德兰女士（Chantal Chen – Andro，巴黎第七大学），她在文前附上一段简短引言：

> 下面文字摘译自成文于 1928 年的一篇论作。当时法国的批评家，例如布莱（G. Poulet），已经指出梵乐希"精神生活独立的特性"，这种生活和感性与情感生活相反，其特点是疏远和拉开距离。梁宗岱是梵氏作品的最早中译者之一，他对纯粹的意识能够独立运行似乎有所保留。事实上，他喜欢使用《âme》这个词（中文"心灵、灵魂"），从而表现得遵循中国人对大自然的根本态度，确认主观和外界的相互影响（感情与景物

之间）。

这段话指出中西文化的差异，有其意义。但是从几个用词便推断梁宗岱以中国诗的传统来理解梵乐希的诗歌尚嫌仓促，因为梁宗岱在他的诗论中多次使用过"心凝形释"或者"宇宙"等词语，其包含的内容远不止"感情与景物的相互影响"或者"大自然"那么狭隘，而是后来反复阐扬的梵乐希"纯诗"理论中的"形神两忘"和"宇宙精神"。

这段引言还有一个漏洞，作者认为梁宗岱无视"当时法国的批评家"的评论，她举出的例子是布莱（Georges Poulet, 1902 – 1991）。这位比利时文学理论家比梁宗岱还要年青一岁，在梁宗岱为文前一年才从比利时里日大学获得博士学位，真正树立一家之言要等到第二次世界大战后。尚德兰女士引述的句子出自布莱半个世纪后，1977 年的作品《在我与我之间》（*Entre Moi et Moi*），实在不能算是"当时法国的批评家"。

关于《水仙辞》中译的面世过程，根据徐志摩留下的书信，当中有一段曲折。1928 年徐氏欧游，自英抵法，9 月 20 日从法国写信给胡适：

> 自英去函谅到。欧游已告结束，明晚自马赛东行。巴黎三日，故侣新知，共相欢叙，愉乐至深。《新月》重劳主政，待归再来重整旗鼓。此行得友不少，得助亦不少，谢寿康、周太玄、梁宗岱皆允为《新月》撰文，宗岱与法代大诗人［笔者按：疑为"法（国）当代大诗人"之漏写。］梵乐利（梁译"哇莱荔"）交往至密，所作论梵诗文颇得法批评界称许，有评传一篇，日内由商务徐元度送交兄处，希即刊载《新月》，稍迟再合译作出书。……

从此信看，徐志摩可能是《保罗哇莱荔评传》的第一位读

者。至于为何最后没有在《新月》发表，原因可能在"由商务
徐元度送交兄处"。徐元度（徐霞村）1927 年 5 月和郑振铎、陈
学昭同船到法国，一面勤工俭学，一面为《小说月报》当通讯
员，最早的一篇"文坛消息"便是《保罗哇莱希进法兰西学院》
（1927 年 6 月 18 卷 6 号）。但由于经济困难与身体不好，到年底
便决定回国，梁宗岱曾经解囊相助，为他解决旅费的难题。由于
徐元度和文学研究会的密切关系，梁宗岱的作品可能因此被中途
转交给《小说月报》，当然，也不能排除译者本人后来改变
主意。

　　然而，徐志摩和《水仙辞》的"交道"并未因此结束，
1930 年 4 月，刘海粟游欧，7 月 8 日，徐志摩从北京给他写信：

> 　　梁宗岱兄常来函，称与兄甚莫逆，时相过从。此君
> 学行皆超逸，且用功，前途甚大。其所译梵乐利诗，印
> 书事颇成问题。兄不有信来言及交中华印乎？两月前我
> 交去中华，伯鸿亦允承印。但左舜生忽作梗，言文词太
> 晦，无人能懂，且已见小说月报何不交商务云云。坚不
> 肯受，以致原稿仍存我处，无法出脱，为此颇愧对梁
> 君。今尚想再与伯鸿商量，请为代印若干部，如有损
> 失，归我个人负担，不知成否？见梁君时，希婉转为述
> 此意，迟早总可印成也。……

原以为文化事业文质彬彬，想不到也是同行如敌国，剑拔弩
张的。中华书局是商务（印书馆）的竞争者，左舜生当时担任
中华编辑所主任，"文词太晦"显是托词。幸好徐志摩善于与人
打交道，加上有老板陆伯鸿首肯在前，《水仙辞》单行本终于在
1931 年 2 月面世。

　　中华书局到底是一家出色的出版社，接受出版后便用足心
思，洋诗汉译，竟然采用中国传统的线装书形式，古色古香，手

工钉装，甚为精美。梵乐希收到梁宗岱送来的样书后，亲笔签名了一册送给法国国家图书馆，此书和《陶潜诗选》一起，双双被选入"珍本库"（Livres rares）。这家四百多年历史的图书馆，藏书以千百万计，能进入"珍本库"的著作只得二十万册，包括禁书在内。读者要参考库藏，必须先申报理由，获得批准后才能拿到限次阅读证。笔者 2000 年去的时候，还能触摸到这两部译作原书，但已不能影印，一年后再去，干脆连书的影子也看不到了，只能通过阅读机看微缩胶卷。

《华胥社文艺论集》

梁宗岱欧游时期，还翻译了鲁易斯的《女神的黄昏》（*Crépuscule des Nymphes*）和里尔克的《罗丹》（*Auguste Rodin*）。这两位作家当时还没有真正被介绍到中国来，梁宗岱是最早的翻译者之一。

鲁易斯是法国作家，先属巴拿斯派，后跟随转为象征派，凭着深厚的古希腊文化知识，善于描绘古代的情感生活，文字严谨，典雅优美，作曲家德彪西（Claude Debussy, 1862 – 1918）曾把他的三首诗歌谱成乐曲，流传至今。尽管如此，他的文名即使在法国也不算很大，梁宗岱初学法文，看中他的作品，明显与梵乐希有关。鲁易斯是梵乐希大学时代的好朋友，后来把梵乐希引进巴黎文学沙龙，介绍他认识了象征派大师马拉美及其他文艺朋友，其中有 1894 年当选为法兰西文学院士的埃雷迪亚（José María de Heredia, 1842 –1905），以及 1947 年获诺贝尔奖的纪德（André Gide, 1869 –1951）。梵乐希最早的诗歌作品，包括《水仙辞（少年作）》，也是发表在鲁易斯主编的《角号》（*La Conque*）杂志上的。

当然，梁宗岱的动机主要从文学着眼。《女神的黄昏》后来收入《交错集》（广西华胥社，1943 年），他在序言交代了翻译的动机：

> ……它们底内容，既非完全一般小说或戏剧所描写的现实，它们底表现，又非纯粹的散文或韵文；换句话说，它们多少是属于那诗文交错底境域的。如果人生实体，不一定是那赤裸裸的外在世界；灵魂底需要，也不一定是这外在世界底赤裸裸重现，——那么，这几篇作品足以帮助读者认识人生某些角落，或最低限度满足他们灵魂某种需要，或许不是不可能的事。

至于里尔克，这是一位奥地利德语作家，梁宗岱在法国时还未开始学习德语。他对里尔克的作品感兴趣，也是由于梵乐希。里尔克和他一样，是梵乐希的崇拜者与翻译者。他在第一次世界大战后才发现梵乐希的诗歌，一读之下，惊为天人，多次在书信中向朋友宣扬。从 1923 年到 1926 年去世为止，他把写作之余的时间全部用来翻译梵乐希的作品，其中包括《水仙辞》。

1926 年 6 月 25 日，他写信给一位瑞士朋友：

> 我的翻译完成了。您一定猜到的——又是梵乐希：《水仙底断片》三阕，在新版的《幻美》中。很美，超群拔类，我的译文不负己望。翻译这首诗，是至福中的至福！

9 月 12 日，梵乐希特别从巴黎来到日瓦湖边和他会面，聚首畅谈了一整天。他后来在纪念里尔克的文章中说，《水仙辞》翻译和水仙神话是那天的主要话题。可是里尔克没能看到译文的出版，十四个星期后，12 月 29 日便因白血病去世。

我们无法知道梵乐希是否向梁宗岱提到这次见面，从而促使他着手翻译《水仙辞》，但里尔克作为《水仙辞》的德译者，加上又在梁宗岱逗留过的瑞士居住，梁宗岱对其人及其作品感兴趣是很自然的事情。

里尔克以诗传世，梁宗岱首先选中的却是美术论著《罗丹》，这是受制于不谙德文之囿，只能从法译本转译。里尔克虽

然成名不久，法译却不少，从 1926 年至 1929 年总共有八种，不过诗歌只得二种，《旗手底爱与死之歌》和不完整的《致奥尔菲十四行诗》（五十五首选译十五首）。究其原因，诗歌是最难翻译的文学体裁，里尔克的诗作又以深奥难解出名，更添一层障碍。

比较令人奇怪的是，梁宗岱没有翻译里尔克的散文作品《勃列格底随笔》（*Aufzeichnungen des M. L. Brigge*，今译《布里格手记》），这部作品的法文节译本在 1923 年出版，得到法国文学界很高评价。1926 年全译本出版后，梁宗岱肯定读过此书，他在 1931 年《谈诗》中，引述过其中一段文字，用来针砭新月派的"风花雪月"倾向：

> ……一个人早年作的诗是这般乏意义，我们应该毕生期待和采集，如果可能，还要悠长的一生；然后，到晚年，或者可以写出十行好诗。因为诗并不像大众所想像，徒是情感（这是我们很早就有了的），而是经验。……可是单有记忆犹未足，还要能够忘记它们，当它们太拥挤的时候；还要有很大的忍耐去期待它们回来。因为回忆本身还不是这个，必要等到它们变成我们底血液，眼色和姿势了，等到它们没有了名字而且不能别于我们自己了，那么，然后可以希望在极难得的顷刻，在它们当中伸出一句诗底头一个字来。

梁宗岱对里尔克的评价显然很高，接着又翻译了长诗《旗手底爱与死之歌》，选译了短篇小说集《好上帝故事》四篇，以及

两首短诗。数十年后的今天，里尔克被公认为20世纪德语诗歌第一人，证明了梁宗岱的文学眼光。

梁宗岱的译作一般先交给杂志发表，然后结集，《罗丹》是一个例外，1929年译完后，直接收入1931年的《华胥社文艺论集》（中华书局）中。华胥社是一个名不见经传的组织，这本书是目前仅见的书面资料。该书的作者包括梁宗岱、刘海粟、傅雷、朱光潜、萧石君、王光祈等人，其中刘海粟1929年春天才到巴黎，另一位王光祈一直在德国留学，没有在巴黎居住过，他出现在书中，可能由于梁宗岱1930年夏天往德国海德堡学德文而结识。由此推测，华胥社的组成日期当在1929年至1930年间。这个组织必定十分松散，没有很多活动，至今未见有成员的回忆文字，他们走在一起，很可能只是为了出版同人的著译。

笔者认为梁宗岱即使不是华胥社的组织者，至少也是主力成员。首先，他的作品占了论集很大的分量，除了长篇的《罗丹》外，还有鲁易斯的中篇《女神的黄昏》，以及歌德及爱伦坡短诗各一首。其次，该书和梁译《水仙辞》同由中华书局在同年出版，十分巧合。最后，到了20世纪40年代初，梁宗岱再次打出华胥社的旗号，在广西桂林出版了系列个人著作和翻译，先后印行了《屈原》《歌德与悲多汶》《非古复古与科学精神》《交错集》与《芦笛风》等书。

1941年，重庆正中书局出版《罗丹》单行本，梁宗岱补译了原书第二部分《罗丹（一篇演说词)》。20世纪60年代，梁宗岱应出版社之邀整理该书旧译，"其中有些几乎等于再译"（《译者题记》)，但要等到1984年去世后，才由四川美术出版社出版，书名改为《罗丹论》。

梁宗岱在欧洲的翻译，最后一批是诗歌，发表在1931年10月《诗刊》第三期上，作者是魏尔仑，总共五首：《白色的夜》

（*La nuit blanche*）、《泪流在我底心里》（*Il pleure dans mon cœur*）、
《感伤的对语》（*Colloque sentimental*）、《月光曲》（*Claire de lune*）和《狱中》（原题《天空，它横在屋顶上》，*Le ciel est, par-dessus le toit*）。

魏尔仑是象征派领袖之一，生活放浪无行，梁宗岱没有因人废诗，也没有因为梵乐希曾经属于象征派另一分支而有门户之见。他完全听从自己的文学触觉。他在诗论文章中多次推崇魏尔仑，"感情底自然流泻，不论清与浊"、"作者底灵指偶然从大宇宙底洪钟敲出来的一声逸响，圆融，浑含，永恒……"、"魏尔仑继续［波特莱尔］那亲密的感觉以及那神秘的情绪和肉感的热忱底模糊的混合"。

这些诗的翻译时间离《水仙辞》不远，但译风已经不同，梁宗岱已经走完新手摸索道路，形成一套自己特有的成熟翻译理论和方法。他在《一切的峰顶》序中作过详细解释，其中关于译风是这样说的：

> 至于译笔，大体以直译为主。除了少数的例外，不独一行一行地译，并且一字一字地译，最近译的有时连节奏和用韵也极力模仿原作——大抵越近依傍原作也越甚。这译法也许太笨拙了。但是我有一种暗昧的信仰，其实可以说迷信：以为原作底字句和次序，就是说，经过大诗人选定的字句和次序是至善至美的。

这五首诗（尤其《白色的夜》）是最好的范例。

1931 年"九一八事变"爆发，梁宗岱结束了七年欧游生活，乘船回国，开始另一阶段的文学道路。

2008 年 6 月

附录

梁宗岱:《留别母校同学书》(1923 年)

"死别已吞声，生别常恻恻"，此杜少陵哭李白之销魂句也。绿阴夹道，芳草连天，杜宇声嘶，鹧鸪啼遍，嗟呼！一九二三年之暑假期届，级友等乃不能不舍母校而他之矣！相彼蛱蝶，翩翩醺醺，相彼沙鸥，怡然成群，人孰无情，谁能遣此？况同人等受母校所熏陶，同学所策励，数载于兹。欢娱情挚，一朝言别，有不怆然伤神，凄然下泪者乎？

虽然，人生聚散，本有前缘。吾侪之不期而合，缘也；及期而散，亦缘也。而学问之敦促，前程之异向，又在在足以趣吾人上离散之途。夫岂得已哉！苟能神交万里，魂梦时通，则虽地角天涯，奚啻相晤一室！然而离愁叵断，惓恋情殷，游子肠摧，百感凄恻，有不能已于怀者。不揣冒昧，谨为我亲爱之同学陈之。

人之生也，熙熙攘攘，遑遑彷彷，果何为哉？为社会之幸福也，为一己之私利也。然芸芸人事，外缘纷繁。苟非踌躇满志，安能有所成就？此吾人所以负笈就学，为将来之准备也。流光易逝，转瞬而此十余载之准备时期，将随滔滔之流水以俱去。苟犹饱食终日，以嬉以游，蹉跎岁月，无所用心，则十数年如一日，亦将一无所成耳。幸福云乎哉？非然者，际此大好韶光，孜孜不倦，黾勉图功，将个人之本能潜力，充量发挥而展拓之，则前途安可限量！盖不特一己之福利，抑亦人群之大幸也。此同人所望于诸君，充量发展个人之本能，一也。

"学校者，吾人之第二家庭也，培正者，吾人之慈爱母校也。"斯语也，吾人口言而耳闻之熟矣。然空言何补？亦贵乎吾人之能见诸实行耳。学术之奋勉也，行为之修谨也，团体之服务也，皆所以发扬母校，光荣母校者也。故母校之福利，当尽力肩之，母校之缺点，当勉力补救之。虽或校务有不惬意者，亦当原谅诸先生办事之维艰，而求所以改进之。则母校之光荣，亦吾辈儿女之光荣也。同人等留校数年，毫无足以贡献母校，引导同学者。清夜自思，宁无愧死！惟冀诸君能尽力发展，补同人所不逮耳。此同人所望于各同学，尽心尽性尽力以服务母校，二也。

以上二端，皆诸君所日践而实行之者，本无喋喋之必要。徒以期望情切，不暇择而言之，聊以自励励人耳。至于造福人群，服务社会，则因诸君所寝寐不忘者，更不待同人之赘言矣。诸君勉乎哉！

嗟乎！别矣，亲爱之母校，云水迢递，东山何许？望风惆怅，曷胜踟蹰！别矣，亲爱之同学！天南地北，各自西东；相去万里，问难谁从？所望身虽远隔，此志不容稍懈；学问道德，与时俱进。则他日相逢，庶可无愧于心乎？是视吾侪之努力已。

（转载自 2005 年 8 月《培正同学通讯》164 期）

认识梁宗岱的长路

卢岚

我们的四年大学生活，有半年在乡下劳动。三年半的学习时间，两年是梁老师担任我们的阅读课，那是法语的主要课程。他给我们的印象是开朗、直爽，喜欢跟人聊天，讲课不拘一格。一旦有人提问，他会很详细地解释，甚至离开课本，比如讲怎样制酒。还口出大言："我讲课是不用备课的。"一旦严格起来，那是另外一回事。我们印象特别深的是，他对字眼的选择，对语意的理解，特别讲究。每选择一个字眼或理解一个句子，总要我们轮着说出答案，如果他认为不够理想，就要从头再来一遍，他要的是准确，迫得很凶："inimaginable 怎么可以说是'不可想象'呢，该应是'不可思议'！"又说："fasciner 是'使人着迷'，不是'迷信'！"反正，我们挨骂是平常事，"水过鸭背"，"扶得东来西又倒"，都听惯了。如果找到适当的字眼，他会很开心，课间休息时气氛特别好，师生间谈笑风生，那时候他的快活，他的直爽就出来了，多少回伸出手臂来跟我们比粗壮，说我们衣服穿得太多，怕冷是感觉错误。你觉得他跟周围的人有差别，比别人多了些什么，又少了些什么。至于他的作品，只知道他当时发表的一篇学术论文《论"神思"》，是他跟中文系一位教授的辩论文章。他的旧作不是禁书，但属于"封资修"范围，出版社不出他的书，学校不向学生推荐，我们就没有机会读到，认识梁宗岱，就得走一条很长的路。

作为他的弟子，第一次接触他的作品是在香港，这本书名《梁宗岱选集》的集子，编者是璧华，印尼华侨，20 世纪 50 年代毕业于山东大学中文系，到香港后为梁老师编了这个选本。在我的阅读史上，有两回印象特别深刻，第一次是读沈从文的小说《边城》，也是在香港；第二次就是看到这个文集。记得开始时候，我很随便地翻看，很快就端坐起来了，有些东西触动了你，吸引了你的注意，比如《论诗》里一个句子：

> 因为前者差不多每首诗都是用字来铸成一颗不朽的金刚钻，每个字都经过他像琴簧般敲过它底轻重清浊的。

《谈诗》里的句子：

> 其实有些字是诗人最隐秘最深沉的心声，代表他们精神的本质或灵魂底怅望的，……这些字简直就是他们诗境底定义或评点。……

文章不断强调一个"字"字，还指出，诗人都有自己癖爱的字眼。这使我联想起他在课堂上，迫着我们去寻找适当字眼的情景。原来他是以诗人对字眼的严格挑选来要求我们的。法国作家福楼拜有这么样一句话："写作的全部才能，在于字眼的选择。准确就是力量。"原来他跟福楼拜的观点相一致。要我们寻找适当字眼，是他的教学法之一。在这个选本里有诗论、诗歌和诗译，都是以诗为主题。当时我还没有看到《水仙辞》的中译，但看到他翻译魏尔仑的《白色的月》，其中一段是：

一泓碧澄，

净的琉璃，

微波闪烁，

柳影依依

风在叹息

梦罢，正其时。

如果不说，你不会知道这是一首译诗。无论图像、音调、诗境，都像一首技巧圆融的中国四言古诗，自然工整得像原作。在这首诗里，魏尔伦写的是跟他的未婚妻在一个月夜里的散步。作为象征主义先驱之一的魏尔伦，没有激情，也不抒情，而是通过景物，以很轻淡的笔法来写出他的感受，情感就隐藏在细微的感觉后面，景致就是他的心情。而梁老师的翻译，透露出他的国学功底扎实，和一个诗人的敏感。只有诗人，才能翻译出这样的诗。写作与翻译，就有这种相辅相成的关系。

对他更全面更深入的了解，是2003年和志侠一起编过他的文集以后。梁老师的《水仙辞》中译很出色，数十年来影响很大，1931年出版时，罗大冈正在读大学，他说："我选择了法国语言文学作为学习专科，和梁宗岱译《水仙辞》的艺术魅力给我的启迪多少是有关系的"，他后来成为著名的法国文学专家。我们把这首译诗一读再读，心情上就好像围绕着这首诗来工作。评论界都说，梁老师的作品和翻译以质量取胜，事实是这样。他用字独特，不要一般化。也有人说他作品不多，这可不一定。他的诗论，如论象征主义、直觉与表现这类文章，内容涵盖面广，学术价值很大，不能单以字数来计算。加上他本人的诗，还有蒙田随笔，莎士比亚十四行诗，歌德《浮士德》这些世界名著的翻译，编起来就有好几大卷，都是高质量的文字。在工作过程中，我们也发现梁老师是一个天生的浪漫诗人，他的直觉与本能，主导着他的诗句，也主导着他的诗论和诗译。他的诗论有诗的和谐与凝练，用字华美，甚至太华美。但读起来就像读文学作品，不感到枯燥乏味。作者是把感觉说出来，不是讲道理，就像里尔克论罗丹的雕塑，也不是讲理论，而是说他的感受。梁老师的例句，总是把中外诗人的句子一起对照，也不常见。知识面的跨度极广，欧洲的大诗人和他们的代表作，几乎都搜罗到他的作品里。

《梁宗岱文集》出版以后，2006年又出过了单行本，当时以为梁老师这个课题可以结束。如说美中不足，是他在欧洲的七年生活，完全是个空白。我们在法国生活了数十年，想了解这段生活，也只能在作品中探索。但奇迹出现了，奇迹来自于电子技术。过去图书馆里的新旧书籍、杂志、报纸汪洋一片，很多宝贵资料就淹没在深海里，要找也不容易。而十多年前开始的图书馆书籍的电子化，使我们有可能翻看任何时代的电子化的资料。志侠得到梁老师的某些线索以后，就在网络上进行了地毯式的大搜索，浏览了数以千计的中外网页。又根据网络的线索跑图书馆，向法国、瑞士、意大利、日本的有关纪念馆和档案室去信查询。非常幸运，都得到他们的书面答复，甚至提供了一些新资料。有的珍本藏书和手稿不准拍照，就带着电脑去抄回来。就这样，梁老师当年的索邦大学生活，跟瓦莱里的交往，他们一起参加的沙龙活动，跟作家普雷沃的友谊，跟当时游欧的胡适、邵洵美、傅斯年、刘海粟、傅雷等文人的往来，先后发表的英文法文诗歌，外国评论家对他的评论文章等，都重新回到当下的视野中来。

使我们感到特别珍贵的是，找到了梁老师给瓦莱里的十四封信，罗曼·罗兰有关梁宗岱的四段日记，以及他在致《欧洲杂志》主编的信中，对青年梁宗岱的高度评价。他说："这是我所认识的最出众，最有学问的中国人之一。"一位和梁宗岱年纪相若的青年作家塔尔迪厄（Tardieu），在一篇文章里说，梁宗岱是"瓦莱里认为唯一能够及得上他自己的人。"瓦莱里是20世纪法国的著名诗人，法兰西学院院士；罗曼·罗兰得过诺贝尔奖，两位大作家都是国际名人。而梁老师只有二十六七岁，在欧洲期间，只写了两篇重要的作品，一篇是瓦莱里评传，另一篇是跟徐志摩讨论诗歌，就是那篇《论诗》，其余作品都是回国以后才写的。两位大师对他的高度评价，除了根据他少量的英文诗、法文诗以外，起决定性作用的是接触的过程，根据从他的谈吐所表现出的内涵与学问所作出的结论。

我们找到的新资料，填补了他的欧洲生活的空白，与黄建华、赵守仁的《梁宗岱传》的后半部一起，串成了一个完整的梁宗岱故事。同样重要的是，找到了打开梁宗岱秘密的锁匙。

梁老师是属于世界文化大游客当中的一个。这些人因为学习、职业需要，或带有目的性的旅游，在异国生活过，有机会接触到另一种文化，从中提取养分，丰富了自己，都写过一些带有异国情调或异国因素的跨文化作品。如洛蒂到过日本以后，写了《菊子夫人》，后来由法国作曲家梅萨热改编为《蝴蝶夫人》，是现在经常上演的歌剧；有在中国逗留了八年的军医谢阁兰，在上海当了十四年领事的克洛岱尔，在法国驻北京使馆担任了五年秘书的圣琼·佩斯，他们都写了有关中国的作品。但谢阁兰只从典籍文献来了解中国；克洛岱尔对中国文化不感兴趣，对老子、孔子、庄子漠不关心，将优越感留给自己的文化；圣琼·佩斯只着眼中国的佛教、密宗、寺院和僧侣世界神秘的一面。而梁老师呢，他带着深厚的国学根底去到西方，把东西两种文化放到同等的位置上，不谈它们之间的高低优劣，只从诗和文学的角度来进行比较和融汇。把陈子昂的《登幽州台歌》与歌德的《流浪者之夜歌》相比，把屈原与但丁、杜甫与雨果、姜白石与马拉美，在思想上、风格上、生活上进行比较。很少作品同时出现这么多外国作家的名字；在中外作家的作品中，找到那么多的中外文学的参照，对应，遥相呼唤，好像它们从来就有天然的联系。这正好说明，无论中国人或外国人，在审美的取向和基本的价值观上，都有共同的标尺。谈到做学问的态度，梁老师比上述几位法国作家都要开放，因此，在跨文化的探讨方面，成就更大。说梁宗岱是中国比较文学的先行者，并不夸张。即使在西方，比较文学到 20 世纪 50 年代才成为正式的学科，在中国一直到 80 年代中期才出现。

梁老师回国后写的作品，可以看成是他的欧洲游学的总结和回顾，或者干脆是他的欧洲生活的继续。没有那段生活，就不会出现这样的一个梁宗岱，不会产生这些作品。谈到瓦莱里，梁老师说："梵乐希影响我底思想和艺术之深永是超出一切比较之外的"，又说他"使我对艺术的前途增了无穷的勇气和力量。"这两句话，只有当你知道他们在学问上的承传和交流，日常生活上的来往，才能真正了解。比如他们在雷惠兰夫人沙龙里的表现，师生在布罗纳森林的散步，瓦莱里向他解释《水仙辞》的情景，是这两句话的最好注脚。为什么《水仙辞》的翻译那么成功？他的文学触觉特别敏锐，这点固然重要，但得到瓦莱里的提示，却是难得的机缘。他翻译这首诗的时候，索尔本大学正在闹《水仙辞》热，而梁老师恰好置身于这场热闹当中。正是这些因素，造就了他翻译上的神来之笔。梁老师在培正时开始写诗，这只是少年人常见的写诗冲动年龄，并不说明日后一定会成为诗人。即使成为诗人，也不一定成为诗论家，有了瓦莱里这样的诗人和诗论家作为老师，他的文学道路豁然开朗，不再有别的选择了。

他游学七年，除了法国，还跑了瑞士、德国和意大利，像蜻蜓点水，却留下一大串文化脚印，保存在外国人的文字记载里，都是正面的评价。一个二十六七岁青年人的博学表现，孜孜不倦的学习精神，手里老拿着一本书，外国人都看在眼里。"……最严寒的天气，只穿一件开领衬衫，一条长裤和一件单薄的短外套"，类似有趣的文字，不只出现在一个人的笔下。除了瓦莱里和罗曼·罗兰留下对他表示赏识的文字和日记以外，还有大学同学写下关于他的回忆文章，有文学杂志记者的访问记。法国作家普雷沃（Prévost）把一本杂志的中国文学专号献给他，以献辞《致梁宗岱》作为引言。直到 21 世纪，还有瑞士女作家哈斯莱（Hasler）把他写进小说，康贝尔（Kamber）把他写进人物传记，这一切说明梁老师的分量，到法国留学的中国学生当中，至今找不到第二人。但很可惜，外国人对他的评价，他们的回忆文章，献给他的文学专号，梁老师一无所知，他已经回国了。那时候信息传播不如现在发达。九十年来，没有人知道这段历史，更没有人提及过。直到我们写《青年梁宗岱》，里面一些资料先后在《作家》《书城》杂志上发表，他的七年欧洲生活才第一次披露。我们认识梁宗岱的确走了一条很长的路，但自有一番尽意的庆幸。

他回国后，很快进入抗日战争时期，再没有人对纯文学感兴趣，1949 年以后被冷藏，他的著作一直没有遇上好季节。直到最近十多年，他才重新被认识，围绕他的作品做论文的人越来越多。

好东西不一定要到老远的地方去寻找，它往往就在自己的身边。我们现在身处的中山大学，就是梁老师当年念书的岭南大学，他也是从这里出发到欧洲游学的。就学术角度而言，只要你打开梁老师的作品，首先会感受到他对文学的热情、投入，做学问的真诚、一丝不苟、精益求精。这是年轻人最需要的做学问的态度。你们看他的书，一定会有所收获，说不定还会改变你自己的一些什么。

2014 年 11 月

（在中山大学外国语学院讲座上的发言，2014 年 11 月 21日）

作家的职业事故

卢岚

甘少苏女士的《宗岱与我》第四章，有这么一段话：

> 无论从哪方面说，我和宗岱都是十分不相称的：我
> 不过是一个戏子，社会地位低下；容貌也算不上漂亮，
> 特别是又经过两次不幸婚姻的折腾，面上刻满了苦难的
> 痕迹，加之体弱多病，比实际年龄衰老得多，当时体重
> 仅仅六十多市斤，真可谓"骨瘦如柴"。宗岱虽大我十
> 二岁，可他少年得志，风度翩翩，俨然一位大教授，其
> 学识、名望、地位，都叫许多人望尘莫及。……不只一
> 个人问宗岱："教授，你究竟看中她什么呢？"

甘少苏所说的，大家有目共睹，也是大家的心里话和问号。
甘氏相貌平平，举止谈吐一般。她与梁老师的差距不在于年龄，
不在于文化程度，也不在于社会地位的高下，即便以常情或世俗
的大器小器来解释，都不容易说得明白。1959 年春节，东莞麻
涌的农民到中大梁老师家拜年，那些农民是我们在麻涌劳动半年
时候认识的。梁老师让甘少苏清唱一曲《汉宫秋月》。也许荒废
太久，嗓子平平，艺技也平平。梁老师边听边剥糖果吃。一曲过

后还唱了什么，忘记了。最后大家与农民兄弟一起，为师母热烈拍手掌，皆大欢喜。一个乡村戏班子的花旦，水平也算够得上了。那时候我们已风闻梁老师另有妻室，离婚？没有离婚？不知道，却知道她名叫沉樱，是个作家，难得的匹配。据老师说，沉樱母子生活在武汉，再没有多余说话。很久之后我们才知道，她带着三个孩子在1949年前夕去了台湾。你眼下的师母是这样的，不在他身边那位师母又如何？他们之间的关系究竟是怎么回事？既然无从了解，便将问号悬挂起来。

其实文坛这类事情不稀罕，与梁宗岱交往甚笃，以书信形式跟他《论诗》的徐志摩，不也停妻再娶，说离就离，将怀孕的张幼仪一手撇开，追求美人林徽音，不遂，后来迎娶陆小曼么？郁达夫已经使君有妇，却对王映霞一见倾心，以志在必得的劲头将美人追到了手，却又始乱终弃。外国文坛也不会缺少这类热闹，法国19世纪的文坛巨星夏多布里昂，一辈子找情人如走马灯，最后死在雷加米耶夫人家里，死在情人身边，而不是死在家里妻子身边。雨果自知人格分裂："我得了癫狂症，我爱恋，我是个老疯子。"只要是女人，见一个爱一个，乌鸦麻雀一揽抱。你有女儿最好不要让他看见，你有老祖母也要将她藏起来，演员朱丽叶一辈子被他作为禁脔。左拉在塞尚的画坊遇上洗衣女亚历山德里，令她成了左拉夫人；后来在自己家里又遇上另一个洗衣女贞娜，收为情妇。

将家室弄得闹哄哄的作家幸福么？左拉被人告密，一场家庭风暴刮得天昏地暗，就在他名满天下、即将进入法兰西文学院的前夕。还未来得及穿上院士的大礼服，一夜间就成了被当场抓住的小偷，左操右挡，左支右吾，出尽倒霉相、窝囊相。雨果让人当场捉奸，狼狈逃走，躲回朱丽叶家里，扔下的幽会情人被投入监狱。徐志摩与陆小曼闹得一程风雨一程霜，凭他这样的纨绔子弟，婚后还要奔波劳碌，挣钱给她抽大烟，忍受她的不忠。郁达夫与王映霞的家变，从"风雨茅庐"一直闹上街。郁达夫以《毁家诗纪》指王映霞贪图荣华富贵，红杏出墙；王映霞以《答辩书简》来反击，指他颠倒黑白，是个"阴险刻薄的无赖文人"。各人将家丑付诸文字，白纸黑字印出来，抖到外边去示众。

"永恒的女性引导我们上升"，歌德的名句就来给作家的杂乱居室理出个好局面，你一眼看过去，台是台，凳是凳，都是必需品。作家们很意识到自己在创作，很在意地给自己一些权利：放纵自己，走出常规，相信常规以外才有奇遇，才能找到出人意料的故事。社会对他们也特别通融，文学作品不大抵就是情，是性，是爱，是不忠，是通奸的记录么？没有亲身体验怎能写出一个"真"字？他们喜欢冒险、猎奇，不要过常人的生活，因为他们需要离奇的故事情节；如果他们牺牲家庭，牺牲一般人的追求，因为要不断拿出新东西来给读者；如果他们把生活弄成一团糟，是因为他们把最美好的东西放到作品里去了。看，魏尔伦的《狱中》就令人赞叹不已：

> 狱中
> 天空，它横在屋顶上，
> 多静，多青！
> 一棵树，在那屋顶上
> 欣欣向荣。
>
> 一座钟，向晴碧的天
> 悠悠地响；
> 一只鸟，在绿的树尖
> 幽幽地唱……

这些美丽轻淡的文字，不就在他给男朋友蓝波吃了一枪以后，被投入大牢的时候写成的么？

《日瓦戈医生》的作者帕斯捷尔纳克做了一件不寻常的事，临终前向妻子吉娜忏悔，说他跟情人奥勒嘉的关系，皆因写作需要，请她原谅。他逝世后，吉娜出版了他给她的信件，通过这些信件，可以看到那个时代的血腥和恐怖，看到帕氏的身体和精神状态，也了解到他们之间的感情："你，就是一切。你就是生命，绝对是我在这个世界上所认识的真、善与实在。"这是他1935年到巴黎参加反法西斯作家大会时，写给吉娜的信。1948年他在遗嘱献词上写道："给吉娜，我唯一的人。我逝世后不要相信任何人。你是我丰富地活过，丰满地走到终结的人生中唯一的一个人。"这些誓言般美丽的文字，使你不能不相信他们之间存在真正的爱情。但他另有一个女人奥勒嘉，因为他们的情人关系，被罗织"反革命"罪，投入大牢，在狱中流产。他发了狂，每天都要去撞开监狱的大门。但吉娜是他的"唯一的人"，奥勒嘉呢？也够得上"唯一的人"么？奥勒嘉五年后出狱，吵吵闹闹要跟帕氏结婚，因为她为他做出过重大牺牲。这种时刻，帕氏会无动于衷么？内心能够平静么？会觉得幸福么？但他是个幸福的贩子，至死都认为自己是幸福的。《日瓦戈医生》中拉拉的形象，吉娜认定出自于她，奥勒嘉却认为她才是真正的缪斯。这种争风吃醋，能不给帕氏带来烦恼？但，如果只有一个女人，一个只管柴米油盐、直起嗓门吆喝孩子的女人，过着刻板式的生活，没有自由的爱，没有风花雪月，没有远方，没有梦想，没有出轨出格，他能继续写下去么？据说作家就有这种苦处，必须制造事故，让自己缺德。

谈到宗岱师的诗词集《芦笛风》，你会留意到甘少苏女士的一段文字："《芦笛风》里收集的诗词，都是那两年里为我而写的，后来由宗岱自费出版了。"那么，宗岱师与甘少苏的故事，是否也属于作家的职业事故？你不能太相信甘女士所说的"为我而写"，中国诗人将理想政治或者艰辛的仕途求索寓于美人，是惯用的手法。如果要从《芦笛风》索隐出具体的人，可以找到很多沉樱的痕迹。作为艺术家，不论作家、画家、雕塑家，都是为艺术而艺术，不会为缪斯或模特儿而艺术。面对一个模特儿，画家不为描绘她的美貌，或身段的玲珑浮凸，而为表达自己的风格和艺术观。作家也一样。如果贞娜是《娜娜》的原型，娜娜只是左拉的娜娜，而非贞娜的娜娜；拉拉只是帕斯捷尔纳克的拉拉，而非吉娜或奥勒嘉的拉拉。而《芦笛风》的创作，按照宗岱师的说法："不是迫于强烈的切身的哀乐，而是从一种比较超自然的为创造而创造的态度出发"，是说，这个诗集是他作词的经验探索。所有缪斯都只是一种托辞，艺术品一旦完成，就作为一件独立的物件存在，只能就艺术品论艺术品，与缪斯无关。所以，"为我而写"的说法有不到位之处。倒是艺术家本人，应该负职业事故的责任。想想沉樱女士，一个人，以一份微薄的教师收入，带着三个孩子过活，个中的艰苦辛酸不难想象，皆因她遇上一个失职的丈夫，孩子们遇上一个失职的父亲。但这个丈夫和父亲，将文学事业置于一切之上，在这个事业中耗尽了自己。你能怎样？时局变迁，沉樱带着孩子去了台湾，造成了他们分离的局面，据说他们从来没有办过离婚手续。若非时局问题，可否设想宗岱师会有两个家庭的局面？

帕斯捷尔纳克临终前向妻子的忏悔，不是所有人都能做到。而没有勇气公开忏悔，内心却自责内疚的情况会有么？宗岱师的长女婿齐先生，曾经给我们谈及一段往事。他第一次跟妻子一起，带着两个孩子，一家四口回去探望岳丈时，老师刚好病卧在床，但还是将两个孩子接了过去，左手右手各搂抱一个，流起了眼泪。宗岱师落泪，第一次听说。这可真是说尽人生无限事的眼

259

泪！失职的丈夫，失职的父亲，内心的责备、愧疚，下冤狱，遭毒打，都在里头了。当然还有看见小外孙的开心。无论是悲是喜，想来沉樱见了这幕情景，会陪着他流泪，把他原谅了。他还是那个跟她一起东渡扶桑度蜜月的人。自始至终，没有改变。

2015 年 6 月

造化与心源

卢岚

朋友老李看了志侠和我写的《青年梁宗岱》，其中一段他觉得特别有趣："最严寒的天气，只穿一件开领衬衫，一条长裤和一件单薄的短外套。他把寒冷看作是感觉官能的错误，并以自己的理智去判断，不受其约束"。这段文字是法国作家普雷沃对梁宗岱老师的印象。老李又说："这副行头，可成了他的第二皮肤了，中国人、外国人，对他的第一印象莫不如是。"如果他还穿开领衬衫和长裤，只因为那时正值欧洲严冬，在国内，天气再冷，来给我们上课时也只穿反领运动衫和过膝短裤。平日在家，干脆是汗衫牛头短裤，这是他的特殊标记。这种低心服小，甘于简易平庸的装扮，再找不出第二位学者教授了。"余幼好此奇服兮，年既老而不衰"，真的，这副行头已经成了他的第二皮肤，有他的晚年照片为证。

他的始终如一的衣着故事，使你想起英国大诗人王尔德。但，两者正好相反，王尔德在文坛上是出了名的奇装异服，报章杂志所刊出的照片，每一帧的衣着皆醒人耳目，或西装革履，礼帽手杖，或斗篷蝶结，狐裘锦缎，其挑衅性直使你想起贵妇人的穿戴。不，请勿弄错，他绝非要扮成贵妇人。都说，这位文学上的唯美主义者，要在日常衣着上实践他的唯美主义。因此，跟他的灵魂和创作有秘密关系，这条路轨可以将你引进到他的作品里去，云云。但梁宗岱则相反，身上一件短袖运动衫和过膝短裤，不管是否礼貌欠周，就来将你引见希腊神话中一位绝世的美少年，他空灵、哀艳、凄美，在暮色阑珊中临流自鉴。在《保罗·梵乐希评传》中，他形容梵乐希诗句的精致："如景德瓷器底雪上一点胭脂，更有的缟素无暇如马拉梅底天鹅"，"羽衣蹁跹的天鹅"。运笔的精美，超凡脱俗的意境，跟短袖汗衫和牛头裤脱了节。原来他的唯美主义放在了文学的实践上，而非衣着上。他的外表不会将内在掩埋，不会将他甩到市井队伍里，而是一种语言，更深层的语言。西方人对王尔德衣着的逻辑推理流于肤浅，不适合梁宗岱。

上文提及的天鹅，并非一般的天鹅，而是象征主义的创始人马拉梅名诗的天鹅，因为冬天没有及时起飞，被冻结在结了冰的湖里，一幕被现实和理想同时出卖的生灵的悲剧。当大多数中国读者只知道小仲马的《茶花女》，卢梭的《忏悔录》，歌德的《少年维特的烦恼》的时候，他熟悉这首日后名声大噪的诗，把它写到文章里。他也将魏尔仑、蓝波、波德莱尔、里尔克的诗译成中文，介绍到中国，须知这几位著名诗人，当时的名气不大。可见他来到这个艺术的国度，同时也是时装、香水、美酒的国度，但吸引他的，首先是心灵上、智慧上的东西。当我们把他在欧洲整七年的生活，从网页、卷帙、杂志的深海打捞起来，一个长久以来我们所欠缺的青年梁宗岱，所企盼的青年梁宗岱，就显现在我们眼前。是图书馆书籍报刊的电子化，帮助我们找到了几近一百年前的梁老师。从法国、瑞士、意大利、日本有关的图书馆、档案室发来的复信中，也给我们补充了不少有趣的细节。围绕在他身边发生的，已经被遗忘的人物和事件，也被挟带回来了。

于是，你像通过后视镜看到几近一百年前，回到漫长而遥远的岁月中去。一个二十一岁的中国青年，横过大洋负笈法兰西，从马赛登岸，先到日内瓦习法语，然后是索邦大学文学院，生动活泼的学习生活；结识文学声望如日中天，被索邦学生视为偶像的瓦莱里；与《法兰西评论》的专栏作家普雷沃的交往；在巴黎的文化沙龙的活动；先后两次拜访罗曼·罗兰；在瑞士作家阿琳娜的阿尔卑斯山"船堡"的假期……日后这些人在作品或日记中为他留下的文字记载，就成为我们今回搜索的目标。这些亲身经历的叙述，为我们理清了一些来龙去脉，解答了从前难以理解的难题。比如《水仙辞》的翻译，他是怎样以刚从文言转为白话的中文，一种跟拼音文字完全脱节的语言，来诠释一个源出于希腊的最欧洲化的故事？怎样以极高明的手法，使瓦莱里的人所共知的精炼、晦涩的文字，变成了既是诗也是歌，既是翻译也是创作，给读者带来难以抗拒的魅力和阅读的愉快？《水仙辞》的日文译者铃木信太郎称："自昭和十年见过梁宗岱之后，再也没有和他通过书信，不过，我还是不时沉醉地重读他的《水仙辞》。"

最初，这位中国少年是"带着战战兢兢的心情"，去按响瓦莱里的门铃的，却出现了意想不到的局面。西方东方，一老一少，两个族类，原来不能指望有太多的投契，殊不知共同的诗趣使他们碰出了火花，难得的灵府的碰撞。大诗人在少年身上发现"一种热情"，谈到诗"这个崇高的话题"所"流露的几分狂热，这种罕见的火焰令我喜欢"。少年赢得他的好感，知道自己该做什么了，毫不客气地，一脚就踩进了大诗人的阴影里。他决定翻译《水仙辞》。日后就有忘年之交的来往，到大师家里走动，请他外出进餐。须知瓦莱里已是欧洲的大名人，应酬无数。更特殊而难得的待遇是，亲自为他解释《水仙辞》。想象一下吧，一老一少两位诗人，在巴黎西郊的布罗涅森林里，"朝寒彻骨，萧萧金雨中，他为我启示第三段后半篇底意境"。从树林回来后，小诗人将自己的感悟写信给大师。从此，两人之间就有了一条内心通道，他一辈子的人生风景线的底部，就有瓦莱里这个人。而当时索邦大学的文学院，也正好闹着"瓦莱里"热，据他的同学马蒂诺的回忆："那个年代，我们每三个句子，就有两句提及我们的偶像，我们引述他的诗句语录，滔滔不断朗诵他的作品……"这些文字，使你恍然大悟，萧萧落叶的布罗涅森林，就有他们师徒俩的沉吟与脚印；大学生对瓦莱里的狂热浪潮里，就有梁宗岱同样沉浸在"瓦莱里热"当中。难道这不就是造就他艺术成功的因素么？

"外师造化，中得心源"，这是唐朝画家张璪在中国的绘画史上留下的名句。他的"造化"指大自然，"心源"指内心感悟，要以大自然为师，但必须触动灵府，注入自己的能耐。我们可以把这句话迻释为一种学习手段。某种精神或事物使你有所感动，但必须经过入神状态，通过"心源"和涵养的充实，从另一条途径偏离而出，不是指掌工夫，不是鹦鹉学舌，而是我手写我心。且看《水仙辞》第一段的翻译：

　　哥呵，惨淡底白莲，我愁思着美艳，

　　把我赤裸裸地浸在你溶溶的清泉。

　　而向着你，女神，女神，水的女神呵，

　　我来这百静中呈献我无端的泪点。

这段文字比原诗异常了些什么，是一股积存已久的情绪，找了个适当时机，以殊途偏师喷薄而出。原来梁宗岱在师师过程中，在对学习环境的观照和体验中，将物性转化为自己的意识，当情绪从心灵深处任性而出的时候，已经摒弃理性，进入到感性状态，原文的"O! frères,"可以是"呵，兄长们"，或"呵，兄弟们"，但他一声"哥呵"，就克服了翻译上多少难题，到达了一个怎样的妙不可言的高度！

1934 年，他从日本写信给瓦莱里说："每当想起（我经常地想）在巴黎的幸福岁月，法国知识界对我的友好慷慨欢迎，我不能不充满谢意，感情激动。"但，不能说，只有在那些听不到一丝乡音的面孔中，他才如鱼得水，才到处受欢迎，到处得宠。他也遇上过一些为公干出差，为留学到巴黎的中国人，如胡适、傅雷、邵洵美、刘海粟等，这些奶油般浮在中国文坛、艺坛上的名人，停居巴黎期间，都跟他有过或多或少的交往，日后在作品、书信或日记中都留下了文字记载。与他接触较多的徐志摩，在给刘海粟的信中不止一次提及他，给胡适的信也谈到对他的良好印象；邵洵美把他当成一个人物，写进《儒林新史》，后来又推崇他对象征主义的阐释；在德国遇见的冯至，对他印象很深，留下第一次见面的详细的记载，说他的《论诗》"是一篇全面论诗的散文（我不说是论文），它涉及到诗各方面的问题，显示出作者对古今中外的诗歌有较深的修养。"二十八岁学成归来，北京大学已经有一个教授和系主任的职位，等着他去上任。

回国次年，1932 年，法国汉学泰斗伯希和来华购书，在北平停留了近四个月，轰动了华夏学术界，受到热烈欢迎，宴会和讲演会络绎不绝，梁宗岱出席过其中一次。那回宴会，无意间留下了胡适与梁宗岱产生嫌隙的插曲。据他回忆："……那是三十年代初北平一次热闹的宴会上，聚当时旧都名流学者于一堂，济济沧沧，为的是欢迎著名汉学家、东方学家、法国伯希和教授。除伯希和外，参加者还有其他欧美人士，因此交谈语言有中法英三种。我躬逢其盛，担任义务口译。席上有人问伯希和：当今中国历史学界，你以为谁是最高的权威？伯希和不假思索地回答：'我认为应推陈垣先生。'我照话直译。频频举杯，满面春风的胡适把脸一沉，不言不笑，与刚才判若两人。……"（引自戴镏龄《梁宗岱与胡适的不和》）我们且不去考核事实究竟如何，只是从这件事可以看到，在国内一如在国外，他凭自己的腕力将自己抬高的，不选季节，不择地点，不用挥动手中的旗号，不用推推搡搡，就可以成为最热闹场面当中的一员。年纪轻轻，晋身到名流学者队伍中，像天下雨般自然。博学，诗才，谈吐，可以把他带到他想抵达的地方，甚至更远的地方，学界于他有一条四通八达的路。中西学识的融会贯通，缪斯的吟唱，献身于文学的意志及其成就，不常见的殊众风度，造就一个文化名人的条件，他都具备了。无论在国外国内，都与名人有过交手，他本人就是个人物。

但这种春风桃李的繁华闪烁，跟间巷人家的牛头短裤和汗衫，是契合不起来的。他只把艺术作为神圣而崇高的事业来做，至于他身上的穿戴，连同有点乱套的人生，能够以几句俏皮话来打发，也就不错了。他在欧洲游学的时间，先后只有七年，其中到德国大约一年，到意大利数月，作蜻蜓点水式的勾留。比起他在中国生活的时间，几年游学时间不算长，却成为他一辈子学问成功的关键所在。面对一种环境，或一件事物，可以视而不见，隔山隔水，甚至粒尘不沾；而梁老师不但像海绵吸水，还灵府相照，以自己的能耐将物性在灵府中蜕变，转化为自己的意识，成为学问的无际极的源头。所谓"外师造化，中得心源"，师师既然重要，内心感悟更不可或缺，这可是一条曲折而神秘的道路呢。

2017 年 7 月

前言后记

纷纭万象中，皆见永恒美

刘志侠　卢岚

梁宗岱的文艺创作始于中学时期，直至去世为止，前后超过六十年，但遇上中国近代史最动荡的岁月，因此起伏很大。如果把他的作品按刊行时序排列，可以简略地分为五个阶段。

1925 年以前：新诗期

1928－1937 年：文艺评论及法国文学翻译期

1938－1948 年：文艺评论及英、德文学翻译期

1949－1976 年：沉默期

1977－1983 年：整理旧译期

这样划分虽属一家之见，但可以清楚看到 1928－1937 年是他的创作高峰期，最重要的作品都发表在这段期间。如果不是 1937 年 7 月 7 日卢沟桥事变揭开抗日战争序幕，他被迫匆忙离开北平，经上海转往大后方，令这个高峰戛然而止，可能会留下更多作品。因为随后十年虽然身处战乱，梁宗岱仍然努力笔耕，完成一些文学评论和翻译，其中莎士比亚《十四行诗》到了今天仍被视为经典之译。

诗词创作

梁宗岱是一位诗人。他创作的诗词有两本集子，第一本《晚祷》，收入新诗二十首，第二本《芦笛风》，共有五十篇词和六首十四行诗。

梁宗岱的中学时代正逢新文学狂飙乍起，十六岁开始写新诗，发表在广州报纸上。1921年成为"文学研究会"会员后，作品转往上海《小说月报》刊登。1924年，商务印书馆辑录了这批新诗，以其中一篇诗题《晚祷》为名出版了单行本。

当年新诗仍在起步阶段，句法、用字、格式、韵律都嫌生硬，有待探索，芸芸作品少有差强人意的，或青涩幼稚，或淡然无味。梁宗岱的作品能够引人注目，主要因为流畅动听，诗意盎然。他善于抒写年轻人的怅惘情怀，营造朦胧的诗境，少见平铺直叙，致力艺术创新，使用了一些象征和暗示手法，为了"获得一种更隐微更富于弹性的音节"而"系统地摒除脚韵"①，所得结果却无损诗歌的音乐感。

《芦笛风》写于1941－1943年，一个当年大力鼓吹新诗的人，回头选择被视为过时的诗歌体裁，难免令人惊异。其实这不过是他对诗歌艺术追求的延续："要用文字创造一种富于色彩的圆融的音乐"。他尝试过新诗和西洋商籁（十四行诗）的创作，"模糊地意识到白话这生涩粗糙的工具和我底信条或许是不相容的"，却又舍不得"放弃我这在沉默中磨练了二十多年的武器（新诗）"。直到有一天，他写下四句白话诗：

> 菊花香里初相见，
> 一掬笑容堆满面。
> 当时只道不关心，

---

① 《试论直觉与表现》，下同。

谁料如今心撩乱?

反复沉吟之际,却发现和《六一词》里的《玉楼春》很相像,尤其平仄完全一致。于是他想:"就是词又怎样呢,如果它能恰当地传达我心中的悸动与晕眩?"他开始填词,"从韵生意",三年间写下五十首,连同之前创作的六首十四行诗一起结集以《芦笛风》为名,在 1943 年刊行。

他的追求无疑深受法国诗人和诗论家梵乐希(Paul Valéry 1871 - 1945,今译瓦莱里)的影响。1929 年,他在发表梵乐希《水仙辞》译诗的同时,写了一篇《保罗·梵乐希评传》,详细介绍了这位带领他进入法国文学殿堂的大师。他在文中引述了梵氏的诗论,然后写道:

> 诗,最高的文学,遂不能不自己铸些镣铐,做它所占有的容易的代价。这些无理的格律,这些自作孽的桎梏,就是赐给那松散的文字一种抵抗性的;对于字匠,它们替代了云石底坚固,强逼他去制胜,强逼他去解脱那过于散漫的放纵的。

梁宗岱找到的"镣铐"就是词的格律。当我们细读《芦笛风》时,可以发现作者并未受制于"镣铐",相反地,"镣铐"成为一种创作工具。我们在其中几乎找不到古词常见的陈词滥调,没有遇到晦涩难明的典故,内容和意境和新诗一样容易理解,并且多了新诗难以觅得的音乐旋律和节奏。如果除去曲调名称,加上标题,再把诗文略加调整,把"卿、伊"等字现代化为"你、她",添上新诗常见的"的的了了",所得就和新诗相差无几。然而这样一来,词的工整形体美以及起伏有致的音乐感便会荡然无存。

和梁宗岱同时代的一些艺术大师,像徐悲鸿、刘海粟、林风眠或者吴冠中,最初都热衷于西洋油画创作,后来却不约而同回复以国画为主要表现方式。他们在这两方面的艺术成就不仅互不矛盾,反而相辅相成。梁宗岱的情况和他们很类似,这是勇于自我超越者的选择。

文学翻译

梁宗岱是一位文学翻译家，这是顺理成章的事情，因为他既从事中文写作，又精通多门外语。他的第一篇译作是泰戈尔的《隐士》，发表在 1923 年《东方杂志》（二十卷十四号）上，时年二十岁。1924 年赴欧游学，在法国翻译了梵乐希的《水仙辞》（1928 年）和法译《陶潜诗选》（1930 年）。自此之后，他一直没有离开过翻译，20 世纪 50 至 70 年代，他的文学活动几乎完全停顿，只是继续默默修改各种旧译。已结集出版的除上述两种外，还有译诗《一切的峰顶》（1936 年）、《莎士比亚十四行诗》（1978 年）和《浮士德》（1986 年，遗作），译文《蒙田试笔》（1935 年）、《哥德与悲多汶》（1942 年）、《罗丹》（1943 年及1962 年）和《交错集》（1943 年）。

梁宗岱在《一切的峰顶》序言里，曾经说明他的译诗原则：

这里面的诗差不多没有一首不是他反复吟咏，百读不厌的每位大诗人底登峰造极之作，就是说，他自己深信能够体会个中奥义，领略个中韵味的。……至于译笔，大体以直译为主。除了少数的例外，不独一行一行地译，并且一字一字地译，最近译的有时连节奏和用韵也极力模仿原作——大抵越近依傍原作也越甚。这译法也许太笨拙了。但是我有一种暗昧的信仰，其实可以说迷信：以为原作底字句和次序，就是说，经过大诗人选定的字句和次序是至善至美的。如果译者能够找到适当对照的字眼和成语，除了少数文法上地道的构造，几乎可以原封不动地移植过来。我用西文译中诗是这样，用中文译西诗也是这样。

他选择的作品从莎士比亚十四行诗到歌德诗剧，从蒙田散文到里尔克的罗丹传记，都属于世界名著，这种眼光不是任何译者都能具有的。

　　至于翻译原则，他曾说过："至于译笔，大体以直译为主"。这并非虚应之词，我们在校注时曾查阅过一些法文原著，发现的确如此。很多人看不起直译，其实按足字面译出并且组成通顺的中文句子，至少能避免出错，有时还能完美地传达原作的神韵。直译并非易事，梁氏是一位诗人，熟读古书，拥有用之不完的词藻，即使直译，也常有神来之笔。

　　举一个例子，波德莱尔《露台》（*Le Balcon*）最后的一段，我们借用郭宏安先生的译文（1992年）作对照，因为短短五句诗，竟有四句的处理（直译和意译）刚好相反：

> *Ces serments, ces parfums, ces baisers infinis,*
> *Renaîtront – ils d'un gouffre interdit à nos sondes,*
> *Comme montent au ciel les soleils rajeunis*
> *Après s'être lavés au fond des mers profondes?*
> *– ô serments! ô parfums! ô baisers infinis!*

郭宏安先生译文：

> 那些盟誓、芬芳、无休止的亲吻，
> 可会复生于不可测知的深渊，
> 就像在深邃的海底沐浴干净、
> 重获青春的太阳又升上青天？
> 那些盟誓、芬芳、无休止的亲吻。

梁译：

> 这深盟，这温馨，这无穷的偎搂
> 可能从那不容测的深渊复生，
> 像太阳在那沉沉的海底浴后
> 更光明地向晴碧的天空上升：
> ——啊深盟！啊温馨！啊无穷的偎搂！

　　梁译第一行三个"这"（ces）和最后一行三个"啊"（ô）按足原文翻译和重复，单这两个句子便足以证明直译的好处，把原诗的特殊的音乐感和神采忠实传达出来。第二行 interdit à nos sondes 字面是"不允许测量",梁氏直译为"不容测",微妙地令人感受到"深渊"的不友好。

在直译同时,梁氏也不吝意译,第四行"更光明地"的原文是 rajeunis(直译"重获青春的"),他甚至敢于离开原文,同一行的"晴碧的"是加上去的。这些转换和添加旨在加强原诗意图营造的意境:经历黑夜的朝阳冉冉上升,发出耀眼的光明。

无论直译或意译,都是第一步,反复的推敲和雕琢才是真正功夫所在,在这方面,梁宗岱是一位完美主义者。他很多作品发表后仍一改再改,改动可能不多,有时只涉及一个字。这样字斟句酌,最后使得译文更"依傍原作"。

1937 年《文学杂志》一卷二期发表了梁译莎士比亚《十四行诗》第三十三首,最后两句译文是:

> 我底爱却并不因此把他鄙视,
>
> 既然天上的太阳也不免瑕疵。

编者朱光潜先生在后面加上一段"编者附注":

> 末行原文为 Suns of the world may stain when heaven's sun staineth。译文省前半,如将后二句译为:
>
> > 我底爱却并不因此向他白眼,
> >
> > 人间太阳会失色,天日还常暗。
>
> 似与原文较合。

编者揪作者的后腿,实属罕见。但他们两人是文学上的挚友,一见面便争论不休,这次不过从幕后转到台前而已。杂志出版后,有人打抱不平,认为梁译道出原诗含意,而朱译连"达"仍未做到。四十年后,人民文学出版社印行《莎士比亚全集》,在几个版本中,选中梁宗岱的《十四行诗》的译文,收入第十一册内。而这两句译文,梁氏已经改为:

> 我的爱却并不因此把他鄙贱,
>
> 天上的太阳有瑕疵,何况人间!

工不厌精,这是翻译成功的不二之道。

文艺评论

梁宗岱是一位文艺评论家。《诗与真》（1935 年）和《诗与真二集》（1936 年）是最为人所知的作品，但并非梁氏唯一的文艺评论。在这两集之后，还发表过《屈原》（1941 年）、《试论直觉与表现》（1944 年）和《论"神思"》（1962 年）等重要论文。他的评论主要谈文学，尤其诗歌，旁及美术（《论画》）、美学（《论崇高》），甚至学术研究（《非古复古与科学精神》）。

梁宗岱和同时代的文学评论家比起来，至少有三个不同之处。

一、他先从事诗歌创作和文学翻译，然后才涉足评论，并非单纯地从理论到理论，在抽象的概念或定义中打转。他在《论崇高》中曾把自己和朱光潜比较：

> 大抵光潜是专门学者，无论哲学，文学，心理学，美学，都做过一番系统的研究；我却只是野狐禅，事事都爱涉猎，东鳞西爪，无一深造。光潜底对象是理论，是学问，因求理论底证实而研究文艺品；我底对象是创作，是文艺品，为要印证我对于创作和文艺品的理解而间或涉及理论。

他拥有丰富的文学感性认识和体验，因此研读理论时更能深刻理解其内涵。当他把心得和见解写成文字，个人的具体经历和文学史例子信手拈来，条分缕析，娓娓而谈，教人分外信服。

二、他精通法英德三国文字，引用的外国文学作品片断，无论诗歌或散文，都从原文直接翻译过来。他曾精读和研究过歌德、梵乐希、波德莱尔等大师的作品，引用时不仅不会出现翻译谬误，而且采撷得宜，和文章配合得天衣无缝，结合成浑然一体。

三、他的诗人气质和雄辩性格，在评论中发挥得淋漓尽致。

和学院派字正腔圆的评论不同，他不爱卖弄名词和理论，使用人人喜闻乐见的文学语言和手法，文字优美，滔滔不绝，常常一泻千里，气势非凡，令人读起来趣味益然。

以上各点仅就形式而言，更重要的是评论的内容。有人把20世纪初引进西方文化的中国的知识分子称为"盗火者"，梁宗岱是其中之一。他介绍过的外国作家，诸如梵乐希、罗曼·罗兰、歌德、韩波，都是西方文学大师。他阐述过最新的西方文学潮流，其中《象征主义》一文，篇幅不长，精辟入微，已成为经典之作。

梁宗岱的国学根底深厚，热爱中国文化，虽然在很年轻的时候就以漂亮的姿态进入法国文坛，但他的立足点首先是，而且始终是中国的文化土壤。他在评介西方文学时，总是以对应的中国例子来比较和说明。相反地，他谈论中国文学或作家时，又常常借用西方的文学理论及例子。在中西文化间来去自如，不亢不卑，令他的作品充满生命力，不怕时间侵蚀，现在读起来仍然清新俊逸，一尘不染。

本集所选的作品跨越梁宗岱各个创作阶段，高峰期占的篇幅较多，分为诗词创作、文艺评论、译诗和译文四部分。所有文章都按照梁氏生前最后过目的版本重新校对，并补上必要的注释。

为了保持原作的本来面貌，除《浮士德》断片外，集内文章未作任何删节，但也因此被迫放弃某些重要的长篇，有心人士请参阅本系列其他单行本。

2006 年 3 月

（《梁宗岱选集》导言，中央编译出版社 2006 年版。标题采自梁宗岱译歌德《浮士德》第二部《守望者之歌》句）

诗与真之路

刘志侠

梁宗岱是中国现代文学史上一位重要的文学批评家。由于时局关系，也由于个人选择，他曾长时间置身文坛之外，已出版的评论集《诗与真》（1935 年，商务印书馆）和《诗与真二集》（1936 年，商务印书馆）也被打入冷宫，直到 20 世纪 80 年代才重见天日，海峡两岸出版社相继重刊，广为流传，已成为经典作品。

梁宗岱很早就尝试文艺评论，现存的最早文献是《左氏浮夸辩》，写于 1917 年左右，当时他刚考上中学，年仅十四岁，文章以文言写作，投给校报刊登。至于"真正"的评论，第一篇发表于 1923 年 8 月上海《文学周刊》八十五期上，题名《杂感》，针对成仿吾和郭沫若的文章与译诗表示不同意见。如果只观文字不问其人，很难相信这篇初试啼声的作品出自一位二十岁的年轻人笔下。差不多一年后，当事人成仿吾在给《文学周刊》主编郑振铎的信中还旧事重提："去年有一个梁宗岱君曾在贵刊上为两句英文把我痛骂过……我为中国的评论界痛哭过一次"（1924年 6 月《文学周刊》一二五期）。可见该文力度之大，作者的雄辩和锐利笔锋，预告这将是一位出色的评论家。

梁宗岱的最末一篇评论发表于 1962 年，应报刊邀约写成《怎样理解于连这个人?》。梁氏下半生（1949 年后）仅得三篇评论短文，均完成于这一年，其余两篇是《论"神思"》和《法国启蒙运动的杰出代表卢梭》，这是因为当时正值学术气氛较为宽松的年份。

在这两个时期之间，梁宗岱经历了两个创作高峰。第一阶段从 1927 年至 1936 年，他到欧洲游学，接触到西方文学界，受到强烈的冲击，开始从事翻译和介绍西方作家，所得评论收入《诗与真》与《诗与真二集》。

第二阶段从 1937 年至 1943 年，由于抗日战争爆发，梁宗岱撤退至后方，在重庆复旦大学任教，尽管兵荒马乱，他没有停止创作，完成了三篇长论文，探讨的范围离开他熟悉的外国文学和理论。由于战乱，这些作品流传不广，却是梁宗岱诗与真道路上的重要里程碑。

第一篇《屈原》是为 1941 年第一届诗人节而作。当时正值民族生死存亡关头，屈原的正气和悲壮的结局，正好用来激励爱国主义，在大后方的作家和艺术家都积极参加纪念活动，几乎所有报刊都开辟专栏，刊登纪念文章和诗词，但喊口号的多，真正探讨学术的论文却很少，梁宗岱的《屈原》和李长之的《孔子与屈原》几乎是仅有的两篇。

《屈原》是一篇独具个性的文章，作者开宗明义宣布自己的评论方法："……我们和伟大的文艺品接触是用不着媒介的。真正的理解和欣赏只有直接叩作品之门，以期直达它底堂奥"，"一个敏锐的读者不独可以从那里面认识作者底人格，态度，和信仰，并且可以重织他底灵魂活动底过程和背景……"。具体的做法是按照时序，逐篇评介屈原的作品。他的诗人语言像一团烈火那样，从第一页一直烧到最后一页，一气呵成。在中国现代文学史上，以抒情文字来写诗评可说绝无仅有，而他的见解有不少独到之处。评论家李长之自己写了长文纪念屈原，但在读完梁作后，也禁不住击节叹赏：

> 作者对于风格，更特别有一类敏锐的美感，他以轻歌微吟来形容《九歌》，他以促管繁弦来形容《九章》，他以黄钟大品来形容《离骚》，他并以"刻画精致，雕骨镂肝的雕刻或工笔画"来形容《招魂》（页90），这形容有多美，有多切！

在他抒写他那审美底印象中，尤以关于《橘颂》的一段最成功。他说：

> 当我们从这些作品，尤其是，譬如说，从《涉江》或《悲回风》转到《橘颂》的时候，我们仿佛在一个惊涛骇浪的黑水洋航驶后忽然扬帆于风日流利的碧海；或者从一个暗无天日，或只在天风掠过时偶然透出一线微光的幽林走到一个明净的水滨，那上面亭亭玉立着一株"青黄杂糅"的橘树，在头上的蓝天划出一个极清楚的轮廓：一切都那么和平，澄静，圆融……（页37）
>
> ……从来人对于《橘颂》的赞赏，可说没有这样深刻，尽致，而又不失却美的！
>
> 高头讲章式的著述过去了，饾饤考证式的篇章也让人厌弃了，我们难得有这样好的批评文字。对过去任何大诗人，我们似乎都应该由具这样艺术素养的人去表彰一番。（《评梁宗岱〈屈原〉》，《苦雾集》，商务印书馆，1943）

作为评论家，李长之也不忘"评论"，他认为梁氏"不能忘情于和一般的考据家打笔墨官司"，"把许多作品强属于一个人

——屈原"。不过，他承认这是"不厌求详地苛责"。事实也是这样，因为屈原个别诗篇的真伪争论源远流长，早在汉朝便开始，一直没有定论，即使到了今天，仍然处于百家争鸣的局面。李长之的看法只是一位学者在一时一地的一种见解，事实上，与

梁宗岱站在同一立场的研究者为数不少。

1942年，抗日战争进入最艰苦的阶段，民族的危机促使梁宗岱去思考科学精神，写成了《非古复古与科学精神》。他在文首写道："本文只有一个目的：就是试去认识我们民族性一个基本弱点。其中所论列，没有一点不是一个稍微关心我国学术界和浅尝科学理论的人所能见到的，作者不过想加以比较系统和透彻的分析，使自己得到一个清楚的概念而已。"

文人谈科学，谈何容易。可是梁宗岱举重若轻，在自己熟悉的东西方作家和哲学家（孔子、庄子、歌德、梵乐希等）的著作里，轻易找到所需的例子和论点。而他所批评的"我国自海通以来，我们对自己固有的文化似乎总不出这两种态度：夜郎自大和妄自菲薄"，直到21世纪的今天，仍有重要的现实意义。他在文首提到的刘子华事件就是一个例子。这位勤工俭学留学生以八卦推算太阳系行星尚缺一颗的论文获得巴黎大学博士学位，当时引起国内报章的一片嘲笑声。20世纪80年代后，美国天文学家数次声称在太阳系外围发现第十颗行星，每次宣布都令刘子华再次成为新闻人物，有些报刊把他捧为这颗行星的真正发现者、天文学奇才、中国"哥白尼"，另一些则认为他贩卖伪科学，"江湖术士"，"欺世盗名"。这正合了梁氏当年一段话：

自尊和自卑，复古和非古，也就是普恩迦赫所说的，拒绝思索的全信与全疑：仿佛我们对于自己的文化，和政治上的左右倾一样，除了两极端就找不着出路似的。

稍微知道梁宗岱生平的人，都会把这篇文章和他中年后从事中药研究联系起来。在他的遗稿中，有一篇《我学制药的经过》，一开头便引述了《非古复古与科学精神》的两大段文字，其中一段高度评价中医药：

> 可怜我们中国……学和术始终没有联成一气，而只有模糊笼统的纸上谈兵的学，和墨守成法的莫名其妙的术。唯独医药一门，因为关系于一个更迫切的现实，理论和实习还或断或续地相辅而行。虽然限于一般学术水准，始终没有发展成科学；这几千年来所积蓄的经验，那些慢慢地在摸索中淘汰掉错误所剩下来的经验（因为，我们不能否认，旧医对病理的解释尽管不合理，治病却往往有惊人的效验）却不失为一个科学原料底无尽藏的富源，有待于我们那些受过新训练的医学专家之抉择，整理，吸收或发扬……

这段话并非来自书本或凭空想出来，梁宗岱自小因为父亲赠药济贫而对中草药产生兴趣，十二岁前曾经跟江湖草药师父入山采药，亲眼看到中医药的疗效。但真正的研究工作要到1944年才开始，这年他辞去复旦教职回广西百色居住。他的研究路向正是本文阐述的主张："不非古，不复古，奉行科学精神"。他从传统中草药入手，提炼其中精华，通过反复临床试验，证实有效后进行批量生产。最早的两种药品叫做"草精油"和"绿素酊"，名字一中一西。1950年，他在广西百色竭尽个人财力成立了太和化工厂，准备动手生产，不旋踵时局遽变，药厂被迫关闭。但他毫不气馁，此后数十年，继续在家里独自研究和少量制造。他不仅赠药医人，也用来自疗。到了晚年不幸遇上"文革"，多次在斗争大会被殴打得遍体创伤，事后他使用"绿素酊"来自我疗伤。一个文人这样身体力行去实践科学，在当代文学史上未见第二人，同时也证明了《非古复古与科学精神》不是一篇徒有虚言的泛泛之作，而是出自作者的真正信念，一字一句都是由衷之言。

1943 年，梁宗岱重新回到他擅长的文艺批评，在重庆复旦大学学报创刊号发表了《试论直觉与表现》。这篇论文一直没有出单行本，较少为人所知，却是中国文学史上一篇罕见的文献。

"直觉与表现"本是文学艺术的一个重大课题，文中所选的例子，几乎全部来自梁氏的个人作品，尤其 1941 年至 1943 年写成的诗词集《芦笛风》。梁宗岱在 20 世纪初"新文学运动"中崭露头角，以新诗集《晚祷》（1924 年）成名，二十多年后，忽然采用词来创作《芦笛风》。旧体词被"新文学运动"视为陈腐过时的文学体裁，属于打倒的对象，表面看来，梁氏的做法否定了昨天的自我，难免引人议论。《试论直觉与表现》于此时出现，又大量引用《芦笛风》的句子，因此给人一篇"自辩词"的错觉。

事实并非如此，梁宗岱对"直觉与表现"的探索远于旧词写作之前，1935 年在施蛰存主编的《文饭小品》发表的《论崇高》便已提及：

> 朱光潜先生是我底畏友，可是我们底意见永远是纷歧的。五六年前在欧洲的时候，我们差不多没有一次见面不吵架。去年在北平同寓，吵架的机会更多了：为字句，为文体，为象征主义，为"直觉即表现"……

最早的草稿大约启端于 1937 年，这年 3 月，他在《从滥用名词说起》（《宇宙风》三十六期）中写道：

> 我这两天因为要写一篇《"直觉即表现"辨》（一半是要批判克罗齐美学底根据，一半想藉以说明我几年来对于创作心理所拟的一个假设，也许还夹入几句我对

于文艺心理学的管见），把这书细心重读一遍……

在他留下的极少量的手稿中，还奇迹般地保存着这篇文稿的第一页，标题《"直觉即表现"辨》。但同年 7 月 7 日发生卢沟桥事变，梁氏仓促辞京，令这篇文章迟至 1943 年才问世。此时他已写成《芦笛风》，但对新诗的热情丝毫未减，文章一开头便骄傲地宣称："新诗在新文学中虽然是最遭人白眼的产儿，其实比那一部门都长进。"他之所以放下新诗转向旧词，源于对诗的真善美孜孜不倦的追求：

> 我这二十余年如一日（我相信你不会以我为夸大）对于诗的努力，无论是二十岁前的《晚祷》之系统地摒除脚韵（那是为获得一种更隐微更富于弹性的音节），或者那对于极严格的几乎与中国文字底音乐性不相投合的意大利式商籁之试作，差不多都指向这一点：要用文字创造一种富于色彩的圆融的音乐。

他在文章讨论的主题是意大利美学家克罗齐（Benedetto Croce, 1866 – 1952）提出的直觉与表现的关系，具体评论的对象则是美学家朱光潜根据克罗齐理论发展而来的"直觉即表现说"。梁宗岱从自己的文学体验出发，提出自己的见解，认为直觉不等于表现，表现不等于艺术。只有个别大师在个别场合能做到直觉与表现即时合一，否则"从作品形成底步骤而言，则由直觉到表现，至少经过四个阶段：受感，酝酿，结晶，和表现或传达"，"我不相信在艺术上有一种离开任何工具而存在的抽象的表现"，因此选择表现的工具（艺术形式）成为文艺追求必经之途。刚好梁氏的诗歌创作经历过新诗、十四行诗和旧体词几个阶段，他进行自我剖析比使用其他作家的例子更具说服力。

在这篇长文中，梁宗岱毫无保留地披露了自己的诗人心路历程，叙述如何毕生追求"诗与真"，如何从事实（真）出发，一斧一凿，把粗糙原始的石头（文字），雕琢成文学最高形式的大理石像（诗）。这种深刻的自我剖析不仅文学史上罕见，而且不是任何人都能做得到，只有像他那样兼具诗人和文艺批评家气质的人，才能写出这种文情并茂、钩隐抉微的深刻文字。

反过来，文章留下的第一手资料能够让人更好地理解他的诗歌作品，尤其《芦笛风》。这本集子在 1943 年出版，适逢战乱，流传不广，直到 2001 年才由广东人民出版社重刊。编者在序言中说，为了清除"许多人都认定：《芦笛风》是写给甘少苏的"这一错误印象，以及纠正某些文章"借宗岱生平的一些事件，凭自己的想象，把词集里某几首作品硬套上去"的谬误，一方面采用梁宗岱主张的"直叩作品"的"走内线"做法，同时又"走外线"，"尽量了解一首词出现的背景"，在注释中，把词中某些句子和梁氏的具体生活细节联系起来。可惜封面和扉页加印了两行触目的广告口号："一个尘封半个世纪的爱情童话，解放后首次出版"。任谁看了都立即把《芦笛风》当成一部爱情故事，书内的背景注释也无可避免地受牵连，蒙上了索隐的色彩。

我们知道，梁宗岱向来不认同以索隐方法进行文学评论。《试论直觉与表现》包含不少具体的事实，但是范围不限于《芦笛风》的写作，也涉及更早的《晚祷》和十四行诗。作者只是为了交代创作源头的"直觉"从何而来，然后由此出发，去论证"受感，酝酿，结晶，和表现或传达"的文艺创作过程。他在文内提醒读者：

> 当我正酝酿着要和原作第十首（即和作第九首）的时候，上文所提的那位朋友忽决定那踌躇了许久的远行，——同时也决定了这首及以下三首底题材。但这并非说这几首词所写的尽是由她底辞别引起的离绪，虽然在她临行的前夕我们（还有两位别的朋友）在灯下度

过一个极平静又极温暖的晚上。因为一切文艺底目的固
不是纯粹外界的描写，也不是客观的情感底表现，而是
无数的景象和情思交融和提炼出来的一个更高的真实。

这的确是文学的最大特点，文学来自现实，超越现实，表
达全人类共有的感情和价值，具有超越性和普遍性，能够引起
和作者素昧生平的读者的共鸣。从"直觉"到"表现"，其间
经过不知多少变化，两者距离不知有多远，像化学反应那样，
其过程是不可逆的。差不多同一时期，梁宗岱在《莎士比亚的
商籁》（1943 年 8 月《民族文学》一卷二期）一文中重提同一
观点：

> 要想根据诗人的天才的化炼和结晶，重织作者某段
> 生命的节目，在那里面认出一些个别的音容，一些熟悉
> 的名字，实在是"可怜无补费精神"的事。

他当然不会想到自己的诗词遭遇类似的命运，幸好他留下这
篇《试论直觉与表现》，足可绳愆纠谬。他等待的是真正的文学
批评。在这方面，他十分清楚诗歌创新和探索存在的风险，但对
自己的作品深具信心，他在文首说："关于批评，我始终深信
'时间是最公允的裁判'。"为了方便读者评价他的诗词，以及和
《试论直觉与表现》对照，我们特别把《晚祷》和《芦笛风》附
在书末。

本集汇编梁氏生前未及结集的文艺评论和三篇抗战政论杂
文。这些文章多数写于战乱时期，零散发表在不同刊物上，原件
难得一见，令校勘殊为困难。幸好得到中国国家图书馆吴京生先
生的热心协助，为我们从多个图书馆觅齐初刊的影印，保证了这
本文集的可靠性。

集内章篇以写作时序排列。在字里行间，我们又重新见到熟
悉的梁宗岱，他的博学、直爽和雄辩，他的诗一般优美的语言，

几乎可以听到他急促的呼吸声和猛烈跳动的脉搏。由于这些作品和《诗与真》、《诗与真二集》一脉相承，作者满腔热情地在文学道路上探索，所以本集题名《诗与真续编》。

2006 年 2 月

（《诗与真续编》序言，中央编译出版社 2006 年版）

蒙田，一个文学化的哲人

卢岚

　　《蒙田试笔》这部巨著洋洋百万言，但序言《致读者》很短，排起版来几乎不够半页纸；调子也放得低，声言写的是自己，为家人和朋友写，无意追求荣誉。一句话，无心插柳。1580年春天，他将戏称为"卤肉片""柴捆"的文稿结为两集，起了《试笔》（Essais）这个书名出版，原意是对生活经验、思想活动、现实状况尝试思考和判断。但《试笔》一出来，从此就有了 Essai 这种文体。之前，柏拉图的哲学是以对话形式表达，塞内卡（Sénèque，约前 4 – 65）的以书信手法探讨，而蒙田的哲学，则以 Essai 的形式来思考、引述、描绘现实中的大小事件。

　　在传媒不发达的中世纪，《试笔》出版后，马上不胫而走。它使同时代的人震动、惊奇、着迷，大家发现了一部引录了无数格言、警句，蕴涵了无限思想的智慧之书。他的引录，阿根廷诗人博尔赫斯这样评述："蜜蜂到处采花，然后酿成蜜糖，全部变成自己的东西。"这部书也像一件精致的艺术品，集文、史、哲于一身。须知法国最古老的文学作品《罗兰之歌》（La Chansson de Roland），大约出现于公元 1150 年，由一些无名作者写成，不带作者个性，章句也嫌单调；另一本《列那狐传奇》（Le Roman de Renart），大约成书于 1174 – 1250 年间，也是出自多人之手，属寓言式的文学。事实上，法国语言公元 9 世纪才成形，现存最古老的文献是 842 年的《斯特拉斯堡誓言》（Les Serments de Strasbourg）。在这个蹒跚学步阶段，文字运用和文学创作，皆处于单纯原始阶段。到 16 世纪的拉伯雷（F. Rabelais，约 1494 – 1553）、龙萨（P. de Ronsard，1524 – 1585）和蒙田，才将法国文学一下子提高到卓绝完美的程度。《试笔》的出现，无疑是一个里程碑。这部书很快走出国门，被翻译成意大利文和英文，一个近代欧洲的散文随笔的新世纪开始了。日后的哲学家、思想家、评论家，如法国的帕斯卡尔、孟德斯鸠、卢梭，英国的培根等，整整一群思想带头羊，不管他们当中有的人怎样指着他的鼻子批驳，到头来都是在他的牧区底下讨生活。

蒙田将这部书作为运用知识、使用脑筋的指南，但它的出版是文学事件。作者的杰出表现在于，面对复杂的哲学思想，却摒弃哲学术语和夸夸其谈的说道，相反，采用形象的文学语言和手法，通过世俗而朴素自然的生活经验，深入浅出地阐释迂回曲折、往复变化的思想："与无羁的马一般，它为自己跑比为别人跑快百倍；因而便产生了无数的妖魔与怪物，无次序，无目的，一个两个接踵而来。为要可以优悠默索它们的离奇不经，我已开始把它们一一写下来，希望日后用它们来羞它"①。蒙田致力于将哲学简单化，轻盈化，使它切入生活，切入人生。"在哲学主张中，我更愿意接受脚踏实地的，即最符合人性和适合我们的。"但却非系统的学院派哲学，而是零碎分散，具体论事的生活哲学。他的笔跟着日常生活和思考行进，不做作，不带情愫，不图

---

① 本文的蒙田引语均采自《试笔》。第一卷的根据梁宗岱先生的译文《蒙田试笔》（即本书），其余两卷的由笔者自译。

诗情画意。思考的方式方法就是他的表达方法。

蒙田是只有一本书的作家，而这部书在世人眼里却有多种面貌。17世纪时候，蒙田的自然和正直备受赞扬，《试笔》的魅力使它成为畅销书，但1676年却被教会暗地里列为禁书。蒙田没有对天主教提出正面批评，但他认为人来到世上是偶然的。他敬重的是维系大自然秩序的力量。"那些星球不但支配着我们的生命，命运，还支配着我们的倾向，言辞和意愿"，"天体稍有动静……整个人间就会完蛋"。而超自然的神呢，是按照人的需要和样子来塑造的，都有世俗人的标记，是一种不可理解的自然力量。所以"我觉得我更喜欢那些崇拜太阳的人。"神学家一早认定蒙田是无神论者，以自然主义来代替天主。有七十年时间里，《试笔》没有在法国重版。

帕斯卡尔（Blaise Pascal，1623－1662）是蒙田的对头，以他的理性和机械主义来针对蒙田的人性和人文主义，时或颂扬，时或斥责，就看他的脾气而定。此外，有人责备作者谈论自己太多，有人认为文章结构散乱，条理不分明，有人指责它语言粗俗，也有人说它煽动淫欲。作者的大胆直言，也曾经被指为具有革命倾向和颠覆性。但到头来，世代人读《试笔》，就是通过蒙田阅读自己，认识自己。它像一面镜子，将所有人的影像反映进去。它被称为"正直人的枕边书"，是一本独树一帜的书。蒙田在中世纪法国的出现，一如荷马在古希腊的出现，他们对欧洲的文学，先后起开源创始的作用，而影响是世界性的。

1571年，蒙田辞官归故里。"我们已经为别人活够了，让我们为自己活着吧……世界上最重大的事莫过于知道怎样将自己交给自己。"他辞去议员职务后，用九年时间潜心治学，读书，写笔记。最初作为一种日记式的纪录，后来发现思考是一种自我分析、自我定位的方法，才将那些不断以思考贯串起来的文字，结集出版。1580 年初版后，1582、1587、1588 年先后再版。欧洲之旅，以及四年波尔多市长的公职之后，他继续写作，后来将那些文字结成第三卷，同时给第一、二卷增补了六百处。此后，修改、增补、删节工作一辈子都在进行，直到 1592 年逝世。遗稿经过他的义女古尔奈（Marie Gourney，1566 – 1645）整理，于 1595 年出版了三卷本的全集。

修改工作一直没有间断，蒙田的思想也不断发展，所以三卷书都具有不同特点，并非以某种思想一贯到底。第一卷的基调是伦理道德的哲学，对生与死、人类的野蛮与文明进行思考。他提出克己自制，引述安提思典的话："德行自足于己：无规律，无语言，无效果"；主张不论任何活动，在取乐的同时，必须防止过度。"让我们不要任欢乐冲没我们，以致忘记了有时想起我们的娱乐往往只是死的先声"。蒙田的态度中庸，言论合时宜，甚至拒绝永恒，颂扬平庸。评论界指出，主导第一卷的思想是斯多葛主义，即苦行主义（Stoicisme）。他的挚友拉博埃西（Etienne La Boétie，1530 –1635）宣扬苦行，是个死亡的崇拜者。"哲学不是别的，只是准备死"，西塞罗这句话对拉博埃西影响至深。虽然蒙田认为死亡只是生的另一极，绝非生的目的，且认为"快乐是我们的目的，虽然方法各有不同"，但他对拉博埃西的勇气十分着迷，以致他本人对死亡的思考，对面临死亡的人的英勇态度的描绘，可谓惊天动地。

蒙田所写的是置身其中的世界，个人的小世界和外边的大世界，在生活和观察过程中，难免不发现它的无常，盲目，自相矛盾，经常陷入混乱。"我所生活的时代，内战带来无数难以置信的罪恶……有些人残忍无道，杀人只为取乐。"而人在那个世界中显得无能，犹疑不决，不可捉摸，有时竟是乱糟糟的糊涂浑噩的一群，却天生自负自大，给自己的所谓伟大尊严定位。"人类是狂妄的，制造不出一条小虫，却创造出满天神佛"。他还指出人类残酷的一面，有时连动物也不如，一头狮子不会为表现勇敢就去要另一头狮子的命。人类好战，同室操戈，斩尽杀绝，"我怕人的天性中有非人性的本能"。为此，作者提出问号：我是谁？我们是谁？而他的拉丁和希腊的深厚文化底蕴，向他所提供的例证是：人类是愚蠢的，是可悲的动物。他以自己为例，对人这头动物进行孜孜不倦的剖析，对它的丑恶层出不穷地揭露。他认为，人是宇宙万物的中心和主人这种说法是不对的。"人似乎有本事衡量任何事物，却不懂得衡量自己。"蒙田主张在正直宽容的自然世界中，将人放回到他原来的位置。

蒙田置身那个时代，一方面是科学进步，哥白尼的遗著《天体运行》出来了，不断出现的发明与宗教纷争，与这些因素所引起的暴力混做一处，越发使蒙田感到真理的蜉蝣一瞬。后浪推前浪，新物替旧物，一切都是相对的，暂时的，不肯定的。世界在不断发展，人对新事物的认识和判断在不断改变，绝对的真理是没有的。"'我知道什么？'我把这句话作为箴言，写在一把天平上。"

自从拉博埃西在三十三岁年纪上头逝世后，蒙田开始对世界感到厌倦。"自从我失去他那天……我的生命苟延残喘"，"我已经那么习惯随时随地做他的第二个自我，以致我觉得自己只是半个人。"而外边的大世界呢？文艺复兴带来的希望和活力似乎已经消失，把邦国变成废墟的动乱使他感到失望。面对这种局面，理性无能为力，而法律呢，又经常野蛮怪诞。他的价值观开始动摇，蒙田的怀疑世纪开始了。声称："我们唯一知道的东西，是什么也不知道"。他的怀疑思想在第二卷的《雷蒙·塞邦辩》（Apologie de Raimond de Sebonde）中有强烈的透露。1569 年，蒙田在父亲的要求下，将雷蒙·塞邦（Raimond de Sebonde，约

1385－1436）的《自然神学》（Théologie naturelle）从拉丁文翻译成法语，那是15世纪时候西班牙的一部著作。蒙田从该书的反面角度切入，来揭发人的自负，虚弱和不幸。他引用柏拉图的话，指出我们的感觉有限，智力不足，人生太短，我们的力量无法到达真理。我们自以为知道的东西是虚的，不知道的东西才是实的。人对自身无知的无知是可悲的。表面上蒙田是个遵守教规的天主教徒，但目睹了眼下的宗教战争，不得不指出："没有比基督徒更深怀敌意的了。"尤其，"宗教的创立，目的是消灭罪恶，但现在给它们掩饰、滋养、激发。"他对宗教和政治采取敬而远之的态度。从他大量的言论看来，很难相信蒙田是个真正的基督徒。在《雷蒙·塞邦辩》这一章里，他以普通人的身份来思考人、自然和科学的价值。这一章占了第二卷三分之一篇幅，怀疑思想从头到尾笼罩着整卷书。

他与当时政界的关系并不融和，除却政治思想分歧，也明白自己不是一个可以在宫庭长久立足的人。他发现，由于被小人包围，国王也难以逃脱被奴役的命运。而作为一个绅士，在自己的领地里要比国王更自由。所谓宗教和政治的诚信，就是只忠实于自己。公元1571年，时年三十八岁，他决定辞去议员职务，宁可拥有个人独立的生活和见解，将精神放到写作、阅读和操持古堡园务上。1572到1574年间，他勤于阅读，从塞内卡、卢克莱修、普鲁塔克等古罗马哲人中吸取养分。

第三卷《试笔》，是在经过长达十七个多月的旅行之后，先后两届波尔多市长职务期间断断续续写成的。如果说第一、二卷态度中庸得体，第三卷则秉书直言，言论的大胆，在那个时代显然不合时宜，甚至具有挑衅性。在这卷文集中，作者本人粉墨登场，谈他在欧洲几个国家的旅行，"酷热时候则夜间上路，从日落走到日出。"他把旅行作为一种有益的锻炼，使自己不断留意从未见过的新事物。但也为别的原因，"我很明白我逃避什么，但不知道我想找些什么。"旅行期间目睹的社会现实，战争造成的混乱，成为他落笔的题材。"内战比其他战争造成更糟糕的局面，它把我们赶上自己家里的哨楼。骚扰到家居安宁，令人难以忍受。"他指出到处不稳定不安全。而在一个充满战争暴力、欺诈、粉饰和伪装的世界中，寻找真理是何等可笑。你揭露虚伪，而伪君子也在揭露，比你还要起劲。蒙田的态度是保持距离，将自己的处境和见闻记录下来。他也写厕身市政事务的感受，干脆就是书生从政的难处："从前我尝试以生活信念和准则来为大众服务"，但很快发现，"这是一种学院式且幼稚的教条，既无用，又危险。走进人群中，必须紧抱胳膊左绕右弯，或进或退，甚至偏离直路，就看遇上的情况而定"，而这种按别人意愿行事的生活，是如何与本人自由闲散的个性相对立。他也谈写作，赞扬漫不经心、风云莫测的写作手法。"我的文风和思想都不拘一格，所谓游移不定。"

第三卷自由灵活的思考，使蒙田的思想显得十分超前，就像生活在我们当中的人。16 世纪时，西班牙殖民阿根廷，英国殖民者开始经略印度，葡萄牙企图占领摩洛哥。而蒙田反对以某种所谓信念，实质是为某一集团的利益而发起的战争。一句话，他反对殖民战争，指出文明对所谓野蛮的征服，是将自己的法律强加到别人头上。他也是最早反对肉刑的人，杀一儆百既残忍又愚蠢。不断出现的残忍，是时代堕落的原因。在爱情和婚姻方面，他指出由男性单方面炮制要女性服从的法律和社会成见，严重约束了女人的天性。他看出离婚制度的好处，在于使男人明白会失去妻子。他引用柏拉图和安蒂谢纳（Antishène）的主张，认为女性应该有权利参与社会一切工作。蒙田反对法律不公平的一面，"法律信用的维持，并非因为它正确，而因为它是法律……它们经常由蠢材制订"。他反对精神上和宗教上的教条，反对社会等级，反对文明人的野蛮。现代人上街示威喊口号所要求的一切，蒙田在四百多年前就提出来了。

其实从总体而言，16世纪蕴酿着光明新生，正从野蛮灰暗的中世纪破茧而出，是走向充满希望的新时代，这点蒙田很明白。所以，他谈失去希望的同时，也明智地在矛盾中开拓新路，没有将那个时代一股脑儿否定。屋梁一旦被拆，房子就会坍塌。他宁可吸取人文主义的精神，转入个人化的内心活动，从生活经验出发来谈他对知识的热忱，对进步的深信不疑，愿意返回到真正的源头，在古代读物中寻找文明的宝藏。他主张奋发图强，反对苟且拖沓，相信可能性，认为非要吃鞭子才省悟的人不是真正的智者。

如果说第一、二卷探讨道德伦理学，探讨如何美丽地死去，第三卷则探讨如何更好地生。蒙田逐步从死的哲学走向生的哲学。最初是年轻人的狂热，加上挚友拉博埃西的影响，后来是对于所谓贤明的无所谓，"我知道什么？"成为他思想的中心。再下来，除了外界环境不安定，更因为年事渐长，疾病缠身，坠马受伤，使他变得更加平衡、恬静、安顺，越发想到生活和身体的享受。在充满战争和黑死病的年代，学会逃避灾难，控制忧虑不安，紧抓此时此地享受眼下生活，不让幸福从身边溜走，的确有其必然的道理。何况在蒙田眼里，灵魂和肉体是不可分割的。只追求灵魂不朽而蔑视肉体，是将活生生的人割裂开。"顺应自然的一切都值得尊重"，但灵肉结合必须高尚理智。既然"自然是温和的向导"，本能一旦醒来就不会弄错。享受自然的幸福，是权利也是本分。如果说第一卷是斯多葛主义，第二卷是怀疑主义，第三卷则被认为是享乐主义。他一再强调人的自然属性，生活艺术成为他落笔的重点。

蒙田对死亡的意识，对生活和生活艺术的追求，构成《试笔》特殊的艺术风格。生活艺术是他思考最多的亮点，先后贯串全书。即使谈死亡，也是寻找好的生活方法。他的生活艺术徘徊在一个理念上：人必须懂得什么叫"自然"。自然既包括整体生活的法则，也包括自然的官能和乐趣，食色是一个总和谐与平衡，拒绝和排斥它都是不对的，要遵循自然状态生活。蒙田这个16世纪的哲学先驱，赞美原始的幸福，但指出首先必须是文明的，合乎情理的。

蒙田在书中一再谈及自己，是企图通过描绘自己来描绘人类，使读者推人及己。他对自己的描画并非是简单的、直线的，而是复杂的。他从各方面来探讨自己，充满个人的印象和经验。他追求孤独，也渴望友谊；他崇拜古代英雄，却承认自己畏惧死亡和痛苦；他出身官宦世家，却拒绝为需要服从政治；他蔑视人类的弱点，所描绘的历史人物中，很多人灵魂卑鄙肮脏，心肠扭曲，但他还是主张从具体、平常、世俗的角度来看人，来对待人，因为完人不存在，所有人都是普通平庸的个体。我们只能接受人本身的状况，认识自己，做你自己的人，做自然将你造就成的那种人。人不可以改造，只能在他本身的自然属性内打滚。这就是蒙田的明智之处。

《试笔》学究天地古今，知识和哲理幅面极为宽广。而从整体笔墨的底部，透出两支小曲，一支是对挚友拉博埃西的怀念；一支是对苏格拉底的崇拜。

拉博埃西是人文主义者，像蒙田一样，也是个大法官。他的《论自我奴役》（Discours de la servitude volontaire）是反对专制的著作。为了他与拉博西埃之间的关系，蒙田写了《论友谊》，他自己也感觉到，"我们的灵魂这么一致地同行……并且信赖他比信赖我自己更胜一筹"，"超过我能说出的理由，超过我所特别能加以解释的，有一种我也不知是什么的不可知的命定的力量做这个结合的媒介。"他把友谊这种人际关系推向极致。他认为父子缺乏平等，不可能有真正的交流；"至于结婚，它不独是一种只有进口的自由的贸易……并且往往是一种含有别的动机的贸易"。而友谊呢，是自由意志的选择，是精神沟通，只跟本身有关，不牵涉其他利害关系。他受拉博埃西的思想影响至深，也从他的眼里看到了自己。拉博埃西逝世后，为填补精神上的巨大空虚和确认自己，他投入写作。评论家认为，蒙田与拉博埃西之间的关系，远非偶然事件，若非这段友谊，就不会有蒙田和他的《试笔》。

读者也不难发现，"苏格拉底"这个名字在书中经常出现，有人统计过，全书总共出现过一百一十多次。他称赞亚历山大大帝为"最伟大的常人"；将伊巴密农达（Epaminondas，约前418－前362）称为"最杰出者中的最杰出者"。而苏格拉底呢，则是一个带有秘密使命的人，他身上发出的神秘的光，笼罩着某些章节。在蒙田眼里，他是最完美的人，一个人类的圣人，"所有优秀品质皆十全十美的典范"。

一部包含无限思想的书，造就了一个无限的蒙田。都说《试笔》的成功是作者人格的成功，两者是分不开的，它的独特之处还在于：古老却永远现代。蒙田指出荷马史诗的空前绝后，是最初的也是最完美的。我们是否也可以认为，像《试笔》这样一本书，在散文世界中，可能会再出现，也可能永远不再出现？

梁宗岱先生是中国翻译蒙田作品的第一人，对蒙田推崇备至。最早的一篇译文刊登在1933年7月上海《文学》创刊号上，篇名《论哲学即是学死》。此后十年，他在不同刊物上发表了三批译文。1935和1936年，郑振铎主编的《世界文库》第七册至第十二册收入了二十一篇，以《蒙田散文选》为总题。1938年夏，香港《星岛日报》创刊，梁宗岱应文学版《星座》主编戴望舒之邀，从该年8月至次年2月，陆续发表了十一篇译文，为了适合报纸副刊需要，所选文章的篇幅较短。第三批译文共两篇，1943年分别发表在重庆《文艺先锋》及《文化先锋》月刊上，字数较多。

1942年前后，广西华胥社印行梁氏系列译著时，曾经预告出版《蒙田试笔》，但最后没有实现。到了五六十年代，梁宗岱在广州中山大学任法语教授，继续翻译及修改蒙田译文，但其手稿在"文革"中尽毁。

1984年，湖南人民出版社印行《蒙田随笔》，虽然目录没有注明，但可以看出第一部分是梁宗岱的译文，而且来自《世界文库》，篇章的数目和次序完全相同，只在最末增加一篇未完成的译文《论儿童教育》。

编者动手编校前，曾经把湖南版和《世界文库》版逐句比较，发现译文有所改动。一部分是文字修饰，例如助词"底"改为"的"，个别外文专名改用通译或另译（"哥勒"改为"高卢"、"干拉"改为"康拉德"等），还有把一些长句子断句，或调整字句位置等。这些改动出于正常的编辑需要，方便了阅读。

另一些改动则牵涉到内容，经查对法文原著，无论修改、增加或删除，几乎无一例外造成误译或漏译。这是十分离奇的现象，《世界文库》版并不存在这些错误，可以肯定不是出自梁宗岱先生手笔。为慎重起见，本书全部采用译者生前发表的初刊，只有《论儿童教育》篇转载自湖南版。编排顺序根据发表日期，未注明出处者均来自《世界文库》。

蒙田使用文艺复兴时期的法文写作，文笔别具一格。梁宗岱先生的翻译深得其神韵，译文不仅忠实贴合原著，而且十分神似。编者曾师从梁氏，依据他的译不厌的精神，参照法文原作和一些专著，逐句校对过全部译文，除了补上注释外，还把常见的外文专名统一为通用译名，对个别词语和句子作过一些调整，目的在于使阅读更为流畅。如有错讹之处，文责概由编者负责。

Essai 是蒙田自创的文体，一般译为"随笔，漫笔，小品"，梁宗岱先生最早译为"散文"。1938 年 8 月 25 日在香港《星岛日报》的译者前言中改用"试笔"，并作了说明：

> "试笔"原文为 Essai，是尝试的意思。蒙田因为自谦，用这字作书名，希望读者以习作看待它。谁知道书出版后竟不胫而走，英法大作家仿作的极多，因而成为一种特殊的文体。
>
> 其实蒙田底原作是迂回多姿，无所不包的，模仿者却往往只得其一面。单就英国而论，大哲学家培根得其严肃，是完全属于论辩类的；兰姆（Charles Lamb）和后起的小品文家却多得其轻松的叙述与亲切的抒情，属于随笔一类。
>
> 所以同是用一个字：Essais 做他们底书底题名，一个应该译为"论文"，一个却应该译为"随笔"，但用到蒙田都两失了。日译本作"随想录"则更不妥，因为全书大部分都是精心结撰（虽然表面上似乎满不在意）的二三万言甚至十余言的论文，与巴士卡尔、朱伯尔（Joseph Joubert）底 Pensées（随想录）是截然两物。现在就原意译作"试笔"，不知读者以为如何。

这个译名十分传神，不仅为识者所欣赏，也代表了译者译笔神形俱到的风格，故本书恢复梁氏原拟书名《蒙田试笔》。

笔者根据法文原作为全书补充了必要的注解，订正了前刊一些漏误，以及统一了个别译名。为了这本书，又曾专程前往法国西部尔多地区，参观蒙田故居，实地了解这位哲人的生活和写作的具体环境，收集了蒙田书房屋顶梁柱上的古希腊及古罗马格言，翻译成中文，与参观记《从贵族老爷到大哲人》一并附在本书后面，为大家提供认识蒙田的另一条路径。

2003 年 1 月 1 稿
2006 年 2 月修改

（《热爱生命——蒙田试笔》序言，中央编译出版社 2006 年版）

静待霹雳雷一声

刘志侠

20 世纪上半期的"新文学运动",出现了一批杰出的翻译家。他们多数本身从事文学创作,到外国留学时接受了西方文学的洗礼,感到有必要介绍到中国,因而涉足翻译。梁宗岱先生是其中一位。

这是一位早熟的诗人,中学时代就在广州报刊发表新诗。在写诗同时,他也尝试翻译。1921 年 10 月,第一次在全国性刊物发表外国诗的白话文中译。商务印书馆《学生》杂志刊登了他的泰戈尔《他为什么不回来呢?》译文。1924 年秋天,他动身前往欧洲游学,很快便把兴趣集中在诗歌迻译上,既中译法,也法译中。

稍微涉猎过翻译的人都知道,译诗难度最高,能够紧贴原文是运气,形到意及只可偶尔一得,更多时候需要译者越俎代庖,在理解原作意图基础上重组句子,重排韵律,有时甚至触动到内容,某些地方等于重新创作。

即使作者自译亦难逃同样的命运。巴黎埃美尔—保尔出版社在 1943 年出版的《里尔克与法国》(Rilke et la France),有一篇法国文学批评家迪波(Charles du Bos, 1882 – 1939)1925 年 1 月 30 日的日记,里面记述了 20 世纪德语大诗人里尔克亲述的一次创作经历。里尔克精通德法两种文字，1924 年撰诗祝贺诗人霍夫曼斯塔尔（Hugo von Hoffmannsthal，1874－1929）五十寿辰，从法文 Corne d'abondance（"丰收角"，传统吉祥装饰物，在羊角里塞满花草、水果和麦穗，象征丰收）得到灵感，顺利完成一首德文诗。可是搁笔后，法文原词继续在他脑海回旋，挥之不去，于是以法文重写一遍，原以为可以把德文诗翻译过来，结果所得的诗句不仅不同，连主题都改变了。

梁宗岱也有过类似的经验。1927 年，他把诗集《晚祷》其中一篇《途遇》译成法文，发表在罗曼·罗兰主编的《欧洲》（Europe）杂志第六十期上：

途遇

我不能忘记那一天。

夕阳在山，轻风微漾，
幽竹在暮霭里掩映着。
黄蝉花的香气在梦境般的
黄昏的沈默里浸着。

独自徜徉在夹道上。
伊姗姗的走过来。
竹影萧疏中，
我们互相认识了。

伊低头頩然微笑地走过；
我也低头頩然微笑地走过。
一再回顾的——去了。

Souvenir

Le soleil couchant s'attarde sur la montagne,
La brise de mai souffle doucement,
Les bambous s'obscurcissent
Se balancent dans le crépuscule.
Et la senteur des cigales en fleurs
Se répand au silence songeur du soir.

Je me promène seul le long de la haie.
Lentement et gracieusement
Elle vient de l'autre bout de l'allée,
Parmi l'ombre qu'éparpillant les bambous vacillants
Nous reconnaissons l'un et l'autre.

Baissant ses yeux, d'un pas indécis,
Elle passe, rougissant
Avec un sourire sur ses lèvres ;
Tandis que, moi de même,
Rougissant et baissant mes yeux,
Je passe d'un pas indécis avec un sourire...

译文近乎完美，逐字紧贴原文，信、雅、达都做到了，但无法避免必要的添加或改动：

微风	→	五月轻风	La brise de mai
黄蝉花	→	开花之蝉	cigales en fleur
浸着	→	溢出，散布	se répand
低头	→	垂下眼睛	baissant ses/mes yeux
一再回顾的	→	踌躇的脚步	d'un pas indécis

最大改变在标题，"途遇"和第一行诗"我不能忘记那一天"合译为 Souvenir（回忆），这是完全改写了。

译诗之难，可见一斑。然而诗歌是文字和思想升华的结晶，加上特有的音乐节奏和美观格式，具有散文无法企及的魅力。梁宗岱酷爱诗歌，走上译诗之路是很自然的事情。在这方面，命运对他特别厚待，在他的文学道路上安排了一位文学大师梵乐希（Paul Valéry，1872－1945，这是梁氏替大师翻译的中文名字，通译瓦莱里）。

如果说翻译家有成名作，那么梁宗岱的中译法成名作就是法国诗人梵乐希的《水仙辞》（Narcisse）。梵乐希是著名的诗人和诗论家，1925 年遇到梁宗岱时已名满天下，被视为法国文坛大纛，经常应邀到外国访问和演讲。梁宗岱当年不过是一个来自遥远东方的文艺小青年，但有烧不完的热情，性格乐天爽朗，像一头初生之犊，朝气蓬勃，梵乐希一见便留下深刻的印象。1929 年，他替梁宗岱的法译《陶潜诗选》作序时，以不足二百字的妙笔，勾画出一幅活灵活现的青年梁宗岱肖像。

梁宗岱结识梵乐希两年后，在 1928 年夏天完成了梵氏诗歌《水仙辞（少年作）》的中译，发表在 1929 年《小说月报》第二十卷第一号上，再越一年，上海中华书局出版单行本。在卷首的《保罗·梵乐希评传》里，梁宗岱简短地描写了他和梵乐希的密切交往。

成为入室子弟，接受亲身指点，很少译者有这种不寻常的运气。难怪《水仙辞》在《小说月报》发表时，引起文坛轰动。当时西诗中译仍在萌芽阶段，有人硬译、直译，结果中文西化，如读天书；有人意译，文字流畅，但常常背离作者原意。处于两者之间的佳作如凤毛麟角，难得一见。《水仙辞》此时出现，令人耳目一新。译者对原作如此心融神会，默与契合，笔墨如此淋漓尽致，译到好处时，中法文浑然一体，令人难以相信出自一位学习法文不过两三年的二十四岁青年之手：

Un grand calme m'écoute, où j'écoute l'espoir,

la voix des sources change et me parle du soir;

j'entends l'herbe d'argent grandir dans l'ombre sainte,

et la lune perfide élève son miroir

jusque dans les secrets de la fontaines éteintes.

无边的静倾听着我，我向希望倾听。

泉声忽然转了，它和我絮语黄昏；

我听见银草在圣洁的影里潜生。

宿幻的霁月又高擎她黝古的明镜

照澈那黯淡无光的清泉底幽隐。

自此之后，梁宗岱对译诗乐此不疲，不断有作品面世，选译的作家也从法国扩大到德国、英国和美国。身为诗人，具有比旁人优越的条件，他懂得鉴赏诗歌，熟习格式韵律，文字功力游刃有余。不过，数十年没有停笔，所得译诗却不多，已结集的除《水仙辞》外只有三种，只有三种单行本，生前出版的《一切的峰顶》（上海时代图书公司及商务印书馆）和莎士比亚《十四行诗》（人民文学出版社），以及遗作《浮士德》第一卷（广东人民出版社）。

梁宗岱于 1934 年与沉樱女士（1907－1988）结婚，随即东渡日本，居留至 1935 年，在此期间完成《一切的峰顶》尚余的翻译工作。回国后交给上海时代图书公司在 1936 年出版，全书共收三十二首诗，包括《水仙辞》，一年后增补五篇，改由商务印书馆印行。1976 年，沉樱女士在台湾重编本书，校勘全文，补充原作者生平介绍，并且把梁宗岱的诗论《新诗的纷歧路口》及《论诗》（节选）分放前后，作为代序及后语，由台北大地出版社印行，由于时局原因，只署"沉樱编"三字。

莎士比亚《十四行诗》的翻译始于 30 年代，梁宗岱一直把十四行诗（sonnet）翻译为"商籁"，取其音近意到。他的译作最早发表于朱光潜主编的《文学杂志》1937 年 6 月一卷二期上，后来又在《时与潮文艺》、《民族文学》等刊物上陆续刊登。1963 年 5 月至 1964 年 3 月，香港《文汇报·文艺》以《莎士比亚十四行诗》为题，分三十二期连载了梁氏的一百五十四首全译。1978 年，人民文学出版社刊行《莎士比亚全集》，从坊间几个《十四行诗》译本中选取了梁氏的译文，收进第十一册中。1992 年，台湾纯文学出版社为该集出版单行本，题名《莎士比亚十四行诗》，由诗人余光中先生作序。

《浮士德》的翻译同样从 30 年代开始，1937 年 2 月，卞之琳主编的《新诗》月刊第五期刊登了其中两节。但系统翻译要等到抗日战争后才开始，1946－1947 年，《时与潮文艺》《宇宙风》和《文学杂志》相继发表及连载了一些章节。第一卷在 1957 年翻译就绪，但一直未能出版。俞士忱先生后来在《梁译〈浮士德〉出版志感》（1987 年 3 月 17 日香港《大公报》）一文中指出，这是由于文学以外的原因。当时文学翻译必须定于一尊，由于有郭沫若译本在前，出版社不能接受。迨至"文革"，手稿被毁。"文革"后梁宗岱不顾身心俱伤，奋力重译，可惜时不我待，未及出版便溘然长逝。遗作一年后由广东人民出版社印行，某些重译章节未及修改，但这是一部特殊时代的特殊翻译，闪发着一种特殊的光芒。

囿于篇幅，本书收入了前两种单行本全部内容，《浮士德》只从梁氏生前发表过的章节撷取六篇，加上《一切的峰顶》已有的《守望者之歌》和《神秘的和歌》，足够让我们认识梁氏的翻译功力。他的《浮士德》译文精雕细琢，古雅工整，音调铿锵，文采斐然，充分表现出歌德这部传世名著的古典风格和气势。

梁宗岱译诗给人"少而精"的印象，以"千锤百炼"来形容毫不过分。他留下的手稿很少，笔者看过其中几页，上面的改动密密麻麻。即使已经发表的作品，仍不断润色。他最钟爱的歌德诗歌《流浪者之夜歌》最早在 1931 年译成，出现在文艺评论《论诗》（《诗刊》第二期）中，译文如下：

一切的峰顶

无声，

一切的树尖

全不见

丝儿风影。

小鸟们在林间梦深。

少待呵，俄顷

你快也安静。

这首诗五年后收入《一切的峰顶》，译文变成：

一切的峰顶

沉静，

一切的树尖

全不见

丝儿风影。

小鸟们在林间无声。

等着罢：俄顷

你也要安静。

　　三十七个字的译文，改动了九个字，整整四分之一篇幅，而这种例子俯首可拾。可以说，梁宗岱在翻译方面是一位完美主义者，这也是他刻意追求的。在《一切的峰顶》序言中，我们看到他自订的译诗三原则。

　　1. 严格选题："这里面的诗差不多没有一首不是他反复吟咏，百读不厌的每位大诗人底登峰造极之作"。

　　2. 深入理解："深信能够体会个中奥义，领略个中韵味"。

　　3. 译不厌精："不独一行一行地译，并且一字一字地译，最近译的有时连节奏和用韵也极力模仿原作"。

　　对于最后一项，可能有人认为是哗众取宠的颟词，了解他的人也替他捏一把汗，因为把标杆摆得那么高，作为尝试无伤大雅，作为守则岂非作茧自缚？他自己也知道："这译法也许太笨拙了。"

其实，文学亦像其他精确科学那样容不得取巧，只有耕耘才有收获。就诗歌而言，任何民族、任何时期，都有自己"笨拙"的格律及诗韵。梁宗岱师承梵乐希，深受梵乐希"遵守那最谨严最束缚的古典诗律"的影响。他在《保罗·梵乐希评传》一文中，引述过梵氏《关于阿都尼》（Au sujet d'Adonis）的两段论述：

> 一百个泥像，无论塑得如何完美，总比不上一个差不多那么美丽的石像在我们心灵里所引起的宏伟的观感。前者比我们还要易朽；后者却比我们耐久一点。我们想象那块云石怎样地和雕刻者抵抗；怎样地不情愿脱离那固结的黑暗。这口，这手臂，都糜费了无数的时日。经过了艺术家几许的匠心，几千度的挥斧，向那未来的形体慢慢地叩问。浓重的影在闪烁中落下来了，随着火花乱喷的粉屑飞散了……然后才得成这坚固而柔媚的精灵，在无定的期间从同样坚贞的思想产生出来的。

> 接受了这些格律之后，我们便不能什么都干了；我们便不能什么都说了；而且无论想说什么，单是熟筹深思，或单靠那在神秘的顷刻，不觉间露出来一个几乎完成的意象是断不够的了。只有上帝才有思行合一的特权。我们呢，我们是要劳苦的；我们是要很苦闷地感到思想与实现底区分的。我们要追寻不常有的字，和不可思议的偶合；我们要在无力里挣扎，尝试着音与义底配合，要在光天化日中创造一个使做梦的人精力俱疲的梦魇……

梁宗岱认同这些见解，在同一篇文章里作出宣言式的结论：

> 诗，最高的文学，遂不能不自己铸些镣铐，做它所占有的容易的代价。这些无理的格律，这些自作孽的桎梏，就是赐给那松散的文字一种抵抗性的；对于字匠，

它们替代了云石底坚固，强逼他去制胜，强逼他去解脱那过于散漫的放纵的。

"自作孽的桎梏"就是"这译法也许太笨拙"的根源，然而，这是攀登文学高峰必须付出的代价，梁宗岱心甘情愿去攀登，最后达到的境界是留在山脚下望山兴叹的人无法想象的。试看他的一首魏尔仑诗歌译文：

La lune blanche

白色的月

La lune blanche

Luit dans les bois

De chaque branche

Part une voix

Sous la ramée. . .

白色的月

照着幽林，

离披的叶

时吐轻音，

声声清切：

Ô bien – aimée.

哦，我的爱人！

L'étang reflète,

Profond miroir,

La silhouette

Du saule noir

Où le vent pleure. . .

一泓澄碧，

净的琉璃，

微波闪烁，
柳影依依——
风在叹息：

Revons, c'est l'heure.
梦罢，正其时。

Un vaste et tendre
Apaisement
Semble descendre
Du firmament
Que l'astre irise...
无边的静
温婉，慈祥，
万丈虹影
垂自穹苍
五色映辉……

C'est l'heure exquise
幸福的辰光！

　　中译文字如此优美，音韵如此悠扬，简直就是一首纯粹的中国诗。再看法文，我们发现译者真的"不独一行一行地译，并且一字一字地译"，"有时连节奏和用韵也极力模仿原作"。法文原诗四音节，译文也是四音节，原诗韵每段前四行 ABAB，译文也是一样，对仗工整。

　　但是译者并未被自订规矩缚死，在迻译过程中，调整过形式，每段第五六行自由韵，第六行独立成段和增加至五音节。这一切是为了更适当传达原作的音乐感，因为把这三行诗重新改回四音节易如反掌："哦，我的爱人／哦，我的爱"，"梦罢，正其时／梦正其时"，"幸福的辰光／幸福辰光"，但中文偶数音节听进耳里，四平八稳，没有奇数音节的跳跃感，全诗就会立即变得单调平淡，毫无光彩。

形式如此，字句也作过调整。梁宗岱在注解中说：

> 本诗第三节字面和原作微有出入。原作末三行大意是"垂自月华照耀的穹苍"，译文却用"万丈虹影"把诗人所感到的"无边的静"Visualized（烘托）出来。因为要表出原作音乐底美妙，所以擅自把它改了。

最忠实的翻译是最不忠实的翻译，最不忠实的翻译是最忠实的翻译，只有高手才能做到，梁宗岱达到了诗译的高峰境界。

除了"少而精"外，梁宗岱的译诗还有一个其他人没有的特点，有些诗既可作为独立的文学作品来欣赏，又可参照他的文学评论来细嚼。他写过很多探讨文学创作和欣赏的论述，尤其诗论，无论已出单行本的《诗与真》《诗与真二集》《屈原》，或者未结集的《试论直觉与表现》，尽管成文于六七十年前，生不逢时，长期尘封，现在读起来依然充满生命力，毫无明日黄花之感。在这些理论著作中，他旁征博引，上下古今，东西交错，引用了一些外国诗歌，亲自译成中文，与他的一泻千里、独具一格的评论文字互相交织，互相渗透，互相辉映，融为和谐的整体。

我们无法知道，到底他先有理论再到诗歌寻找例子说明，还是译诗启发了他对理论的探讨，或者两者兼而有之。但是引用得如此恰当贴切，有时简直达到天衣无缝的境界，大大强化了雄辩滔滔论述的说服力，也加深了读者对诗歌本身的理解。这些译诗大部分收入本书，有心人可按图索骥。

在编辑过程中，我们搜集到一些从未入集的梁宗岱译诗。虽然数量不多，但因为年月久远，一般人难以见到，弥足珍贵，特汇为"集外"，作为我们对翻译家梁宗岱先生的致敬。

本书还收入梁氏唯一的法译诗集《陶潜诗选》。法文诗应该由法国人来评价，这集译诗的最早读者正是两位法国人，两位大作家。第一位是罗曼·罗兰，诺贝尔文学奖获得者。梁氏在1936年《忆罗曼·罗兰》一文中提到，他在发表前曾把集子寄给罗曼·罗兰：

　　信去后接到罗曼·罗兰底回信说："你翻译的陶潜诗使我神往，不独由于你底稀有的法文智识，并且由于这些歌底单纯动人的美。它们底声调对于一个法国人是这么熟习！从我们古老的地上升上来的气味是同样的。"接着便问我想不想把它们在《欧洲》杂志上发表，说这杂志是随时都愿意登载我底文章的。

　　第二位便是梵乐希先生，他不仅抢先在自己编辑的文学杂志《交流》（Commerce）（1929年冬季号）发表了其中一首译诗，而且亲自写了一篇长序，在提及梁宗岱先生及其作品时，使用了不比寻常的褒词，最后一句最惹人注目：

　　……我相信梁宗岱先生的文学意识，它曾使我如此惊奇和心醉，我相信他从原作里，为我们提取出语言之间巨大差距所能容许提取的东西。

　　这个评价出诸大师笔下，分量特别重。这篇序言本身是一篇精辟的诗论，读完之后就会明白大师的评价不是客套应酬，更不是无原则吹捧，他为了评诗"自订一种简单而常恒的规则"：

　　我采用的方法是在必须由我评判的文章中，观察它们的语言本身及其和谐的所有方面。

　　换而言之，他认为一个诗人最起码的条件是讲究遣词造句和重视音乐感。而这两点正是梁氏诗歌创作和翻译中的过人之处。于是我们便明白了，梁宗岱先生的作品当年得到大师垂青，至今仍广泛流传，未来一定也不会为人所忘记。

2006年1月

（《一切的峰顶》序言，中央编译出版社2006年版。标题《静待霹雳雷一声》采自梁宗岱译尼采《松与雷》句）

梁宗岱与里尔克的书缘

刘志侠

莱内·马利亚·里尔克（Rainer Maria Rilke, 1875 – 1926）是奥地利作家，被称为20世纪最伟大的德语诗人，梁宗岱先生是他的最早中译者之一。

1931年3月，梁宗岱游学德国，读到徐志摩主编的新月社《诗刊》创刊号，在海德堡写下一篇铿锵有力的文章《论诗》，寄回《诗刊》发表。在探讨诗歌创作与生活的关系时，引用了里尔克《勃列格底随笔》的一段话，鼓吹诗人不应脱离生活，"总要热热烈烈地活着"。接下来，笔锋转到新诗的音韵和节奏，忽然以括号插进一句题外话，再次提到里尔克：

　　……我恐怕我底国语靠不住，问诸冯至君（现在这里研究德国诗，是一个极诚恳极真挚的忠于艺术的同志，他现在正从事迻译里尔克《给一个青年诗人的信》），他也和我同意。

20世纪30年代的中国文坛对里尔克还很陌生，梁宗岱的举动异乎寻常，毫无疑问，他当时正在沉迷于里尔克的著作中，脑袋中充塞着这位玫瑰诗人的一切，以至笔下自然流露出来。

《论诗》以书柬体裁写成，收信人是《诗刊》主编徐志摩。如果我们知道里尔克是著名的书翰作家，就明白梁氏的选择并非一时心血来潮。里尔克酷爱写信，不停在写信，新恋人、旧情人、朋友、妻子、作家、画家、出版商、读者，以至陌生人……坊间所见，他的书信集有十多二十种，数量与文学作品并驾齐驱。最为人所知的是上面提到的《给一个青年诗人的信》，这是和一位正在军事学校读书的文艺青年通信的结晶，由收信人在1929年发表。另一本《论塞尚的信》（Briefe uber Cezanne），被视为重要的艺术评论，是他在1907年参观巴黎塞尚画展后，一口气给在德国的妻子写了二十多封信的汇编。梁宗岱当年采用书柬形式写文章，或多或少在模仿里尔克。后来他以同样的文体，写成两篇重要的文艺评论。第一篇是致刘海粟信，刘氏把该文加上标题《走进殿堂的画家》，作为1932年出版的《海粟油画》序言。这篇文章后来收入《诗与真》，改题《论画》。第二封信致一位未名友人，刊登在1944年重庆《复旦大学学报》创刊号上，题为《试论直觉与表现》。

梁宗岱1925年到欧洲，潜心专攻法国语言文学，在短短几年间，结交到梵乐希（Paul Valéry, 1872 – 1945，通译瓦莱里，梵乐希是梁宗岱替他起的中文名字）和罗曼·罗兰（Romain Rolland, 1866 – 1944）两位大师，完成了《陶潜诗选》的法译和梵乐希《水仙辞》的中译，引起中法文坛的注意。正像风帆刚刚驶出港口，在大海上自由畅行，为何在这时刻改变航向，如此倾心这位德语诗人？须知德语于他仍很陌生。

没有任何文献可以提供直接的答案，但并不妨碍我们推本溯源。

里尔克只活了五十一岁，文学创作期不长，可简略分为三个阶段：少作期（1898 – 1902），成熟期（1902 – 1910）和收获期

（1911 - 1926，除去中间的 1914 - 1919 年间，即第一次世界大战的"荒年"）。

德国文坛认识里尔克相当晚，法国人的触觉似乎更锐利。早在 1911 年，纪德（André Gide, 1869 - 1951）就发现了里尔克，亲自翻译了《勃列格底随笔》两片段，发表在他主编的《法兰西新杂志》（Nouvelle Revue fran？aise）上，这本杂志在法国文学界占有举足轻重地位。1913 年，《德国当代抒情诗选》（Anthologie des lyriques allemands contemporains）出版，由诗人维尔哈仑（Emile Verhaeren）作序，收入里尔克十首诗歌和作者简介。接下来十年遇到第一次世界大战，文坛一片空白。但大战结束不久，1923 年《勃列格底随笔》（Die Aufzeichnungen des Malte Laurids Brigge）法译本面世，虽然不是全译本，却一举把里尔克推到法国文坛聚光灯下。

这是里尔克的运气，《勃列格底随笔》是散文体作品，翻译失真度较小，加上译者表现出色，把原作的真貌呈现出来，让读者能够鉴赏到他的文学才能。换了诗歌，后果很难预料。里尔克的诗歌继承日耳曼传统，无论题材、形式、意境、象征或手法，和法文诗的差异颇大。诗歌欣赏不同散文阅读，除了无法避免的翻译失真外，不同语言的读者不易体会其微妙之处。里尔克后期曾经直接以法文成诗，出过四本专集，但都是小诗，和德文作品比起来，气势和深度判若云泥。如果以诗歌做开路先锋，无论德文或法文，都难掀起波澜。

当然，《勃列格底随笔》本身出色是最大的关键。里尔克以一介默默无闻的穷书生到巴黎闯世界，除了经济拮据外，还要忍受远离故国和亲友的乡愁。但他有幸结识大雕刻家罗丹（Auguste Rodin, 1840 - 1917），受到大师言传身教的熏陶；参观博物馆，接触世界艺术精华；在图书馆里饥不择食地饱览群书，到法兰西学院听名师讲演；在陋室孤灯下思考和写作……这一切像炼丹炉那样，令里尔克潜移默化，写出了这部精深的作品。

他本人否认《勃列格底随笔》是自传式作品，但书中很多细节和他的巴黎生活吻合，连主人公的居住地点也一致。也是在这一年，里尔克完成了他的两部传世之作《杜伊诺哀歌》（Duineser Elegien）和《献给奥尔甫斯的十四行诗》（Die Sonette an Orpheus），奠定了他的德语桂冠诗人地位。法译本尚未刊行，已在法国文学界引起很大回响，评论家一致认为里尔克是继歌德和荷尔德林之后的最伟大的德语诗人。

1925年1月，里尔克访问巴黎，受到热烈欢迎。法国著名作家与他见面，画家、歌唱家、明星慕名登门，文学杂志评论他的著作，刊登他的作品翻译和法文诗。里尔克在巴黎逗留了八个月，除了应酬和访旧外，还曾求医问药，希望找出多年来纠缠他的怪病的根源，但这个愿望没有实现。一年多后才由医生确诊出白血病，为时已晚，乏术回天，诗人在1926年12月29日去世。

里尔克访问法国时，梁宗岱抵达欧洲才三个月，正在日内瓦念法语。次年秋转到巴黎，里尔克已飘然回到瑞士友人的古堡隐居，梁氏和这场盛会失诸交臂，这毋宁是一种遗憾。

然而，世事错综复杂，只要有缘分，往往失之东隅，收之桑榆。梁宗岱到巴黎后结识了梵乐希，很快成为忘年之交，来往密切，当然不会没有风闻大师和里尔克的交情。梵乐希很早开始文学创作，份属象征派大师马拉梅（Stéphane Mallarmé, 1842 - 1898）的弟子，后来为了生计以及深造数学，中断写作近二十年。第一次世界大战前夕，他接受好朋友纪德建议，把少作结集出版，在整理旧稿时灵感突然像洪水暴发，一泻千里，原来预算写一篇四十行左右的诗，却一口气写出五百余行的长诗《年轻的命运女神》（La Jeune Parque）。一石激起千重浪，热情的赞美铺天盖地而来。梁宗岱在《保罗·梵乐希评传》中转述了当时两位评论家的话：

> 我国近来产生了一桩比欧战更重要的事，那就是保罗·梵乐希底《年轻的命运女神》。

> 诗句这么优美欲解剖他底意义固觉得不恭，诗意这般稠密若只安于美底欣赏又觉得不敬，诗义这般玄妙想澈底了解他又觉得冒昧。

此时是 1917 年，欧战方殷，里尔克身在敌方德国，无法知道这件大事。战争结束后三年，1921 年春，他才初次接触到梵乐希的作品。一读之下，大为震动，他这样对友人描述当时的心情：

> 我孤独一身，我等待，全心等待。有一天，我读到梵乐希，我知道我的等待结束了。

以他享有的文名，这句话的分量非同小可。说也凑巧，里尔克从 1914 年起，整整七八年没有写出重要作品，人人以为他江郎才尽，但读过梵乐希诗作后不到一年，忽然在 1922 年 2 月，以不足一个月的时间，如有神助般完成了《杜伊诺哀歌》第六至第十篇，增补了《献给奥尔甫斯的十四行诗》第一部二十六首，写成第二部二十九首，两部作品都是他的巅峰之作，被誉为世纪之歌。因此有人认为，这是梵乐希通过作品把活力、注意力和心灵力量传递给他。这种说法有一定根据，里氏诗作不乏梵乐希的痕迹，但是钻石并不因为打磨才成为钻石。另一种解释可能更贴近真实：里尔克大战前为了写《罗丹论》（Auguste Rodin），在巴黎断断续续生活了近十年，和罗丹过从甚密，在雕刻大师身上找到生活的导师，带领自己找到生活的道路；如今又通过作品，在梵乐希身上找到诗艺的导师，带领自己走进诗歌的神圣殿堂。

他对梵乐希真诚崇拜，完成自己的巅峰作品后，从 1923 年开始动手把梵乐希的著作翻译成德文。他把这件工作看成一种使命，在致友人信中写道：

梵乐希，梵乐希冲着我来了，你明白吗？我别无出路，必须翻译，找上我真的找对门了！

他很快完成梵氏诗集《幻美》（Charmes）和美学论文集《建筑家及灵魂与舞蹈》（Eupalinos précédé de l'Âme et la Danse）的德译本，分别在 1925 年和 1926 年出版。里尔克翻译过很多法国文学作品，但评论家莫不认为这两部的成就最高。梵乐希对他的举动十分感激，1926 年 9 月亲自到瑞士，在一位朋友的古堡里和他会面，三个月后，里尔克病逝。

梁宗岱跟里尔克一样，本身是诗人，跟里尔克一样，倾心于梵乐希的诗歌，跟里尔克一样，翻译了梵乐希的《水仙辞》，很难想象他会对里尔克无动于衷。何况他到巴黎时，正赶上文坛的第二次里尔克热潮。

1926 年 8 月，离开里尔克访问法国刚好一年，巴黎埃美尔—保尔出版社（Emile-Paul）的《每月书讯》（Cahiers du mois）为他出版了一期专辑，这本是不足为奇的事情，里尔克的法译本最早由这家出版社印行。但是这本专辑厚达一百六十页，收集了一批法国著名作家和批评家的文字，还有西班牙、意大利、德国、奥地利等国的名家评论，无一例外高唱赞歌，更惹人注目的是专辑的标题：《感谢里尔克》（Reconnaissance à Rilke）。

近二十年后，文学史家布里翁（Marcel Brion，1895-1984）回首当年，曾经感叹道，"没有任何外国作品，没有任何法国作品（《故梦》除外）能够汇集到如此异口同声的赞扬！"他认为正是这本小册子掀起了法国的里尔克热潮，从 1926 年至 1929 年，里尔克的作品源源译成法文：《勃列格底随笔》全译本、

《致奥尔甫斯十四行诗》、《罗丹论》、《好上帝的故事》（Histoire du Bon Dieu）、《军旗手的爱与死之歌》（La Chanson d'amour et de mort du cornette Christoph Rilke）、《梦》（Le Livre des rêves）、《散文片断》（Fragments en prose），还有以法文直接写成的诗集《果园》（Vergers）、《玫瑰》（Les Roses）、《窗户》（Fenêtres）和《小笔记簿》（Carnet de poche）……

　　梁宗岱适逢其会，合理地推测，他像很多法国知识分子那样，阅读过里尔克的作品，并且为之倾倒。他在 1930 年夏天离开法国，到海德堡研习德语，到底这是原定游学计划的一部分，或是受到里尔克的影响，旁人无从知晓。虽然后来他在文艺评论中，对德国诗歌的兴趣明显集中在歌德身上，但当他在 1931 年致函徐志摩时，里尔克正像一团烈火在他的心中燃烧。不仅文章一再提及，而且已经完成里尔克《罗丹论》的中译。

　　这部译作初刊《华胥社文艺论集》，题名《罗丹》，作者名字译为"李尔克"，1931 年由上海中华书局出版。华胥社是当年一批志同道合的留欧文艺青年成立的团体，除梁宗岱外，还有傅雷、朱光潜、刘海粟等人。有关该社的资料极少，梁宗岱应该是主将之一，因为到了 40 年代初，他仍高举华胥社的大旗，在广西桂林出版系列译著时，继续以华胥社名义印行。

　　1941 年，重庆正中书局为《罗丹》出版单行本。1962 年，梁宗岱在广州中山大学任教，重新修订全书，改写题记，但要等到他去世后，才由四川美术出版社于 1984 年印行，书名改为《罗丹论》。

　　在里尔克的文学生涯中，《罗丹论》是一本里程碑式的著作，一般文学史家认为，他在此之前发表的作品属于少作，之后才进入成熟期。

　　里尔克在 1902 年结识罗丹，他当时不过是个小诗人，正在摸索生活和创作的道路，而罗丹已是名满天下的雕刻大师，他们有千条万条理由不会走在一起。但命运另有主张，把里尔克引向罗丹的道路，竟然启端于意大利。1898年圣诞节，里尔克正在佛罗伦萨浪游，结识了一位年轻的德国画家，回国后接到邀请，到不来梅郊外的小村庄沃尔普斯弗德（Worpswede）见面。他发现那里聚居着一群青年艺术家，像19世纪中叶法国巴比松派的画家那样，逃避学院派，逃避城市，重返大自然生活，寻找新的艺术灵感。里尔克喜欢那儿的环境和气氛，第二次往访便决定居住下来。

他与艺术家日夕为伍，观看他们的工作，欣赏他们的作品，无拘无束地讨论艺术和人生。1900年，村子里来了一位女雕刻家克拉拉·韦斯特霍芙（Clara Westhoff），刚从巴黎学艺归来。一年后，里尔克和她结为连理。

里尔克以写作为业，靠微薄的稿费糊口，婚后一年添了一个女儿，阮囊羞涩，已到了无以为家的地步。他四出向朋友求援，人人都爱莫能助，他只拿到两本书的写作合约，一本介绍沃尔普斯弗德的年轻艺术家，另一本评论罗丹的作品。

出版商约请里尔克写罗丹，可能因为他的妻子克拉拉从事雕刻工作，像当时很多在巴黎学艺的学生那样，她在巴黎作坊中与大名鼎鼎的罗丹有数面之缘。里尔克从来没有捏过一块黏土，也没有受过系统的美术理论的训练，要他评述红透半边天的罗丹，多少有点强人之难。但里尔克接下这个挑战，因为他的诗人眼睛令他对罗丹的作品另具角度。在他留下数量很少的日记中，1900年11月17日那一天，却有长长的一页关于罗丹的评价，他认为罗丹的雕塑与众不同，如同堡垒那样，一夫当关，万夫莫敌。

为了全面了解罗丹的作品，1902年8月，他独自来到巴黎。原来的计划至多停留一两个月，看完写完便打道回府。但是命运再一次另有主张，他被罗丹的人格及作品所征服，又爱上表面忧郁而内里充满生命力的巴黎，虽然不时到外地居住，但牵肠挂肚，很快便回来，直到1913年欧战迫近眉睫，才被迫离开。

罗丹被视为自米开朗基罗以来西方最伟大的雕刻家，有关他的书籍如恒河沙数，这本《罗丹论》别具个性。里尔克不仅详尽地看过罗丹的完成或未完成的作品，而且有机会亲近大师，实地观察他的工作，深入交谈，所以剖析罗丹作品时能人所不能，深刻地揭示作品和作者的有机关系，披露作品包含的深沉精神力量。梁宗岱在1943年为正中书局单行本写的译者题记中说过：

> 里尔克对于罗丹，对于他底为人和作品，其了解之深刻和透澈是不待言的。专注的读者，我可以断言将在这两篇文章里找到源源不竭的精神上的启迪和灵感——不独关于罗丹的，不独关于雕刻的，也不独关于一般艺术的，而是整个精神上的启迪和灵感。

里尔克的写作角度和笔法，和普通美术评论大异径庭。他的诗人情怀和语言，令全书闪烁着耀眼的文学色彩。直到现在，很多艺术评论家在撰写罗丹传记或作品研究时，都不由自主借助里尔克对罗丹雕刻和绘画作品的描写，因为没有人比他描写得更生动、更贴切、更深入，实在没有必要再发明一次车轮。

梁宗岱熟谙德语，但翻译这本《罗丹论》时刚开始学习德文，所以由法译本转译，译文保留的一条法译者注解可为佐证。法译者贝兹（Maurice Betz, 1898－1946）是里尔克著作的法译权威，生长在和德国接壤的阿尔萨斯，很年轻时就钟情于里尔克的作品，全心全意投入翻译和介绍，里尔克在法国成名之作《勃列格底随笔》法译就是出于他的笔下。里尔克本人熟悉法语，对贝兹的翻译十分欣赏，与他结成朋友，一起讨论和修改译文，其可靠性自不待言，文坛甚至传说某些诗歌的法文翻译其实出自里尔克手笔。直到现在，贝兹的译本仍一再重印。

本书的校注仍然依据法译初版本（巴黎埃美尔—保尔出版社，1927 年），中译采用四川美术出版社 1984 年版为蓝本，同时参照重庆正中书局单行本（1941 年）和《华胥社文艺论集》（1931 年）。罗丹很多作品以人名作标题，而里尔克喜欢使用拟人化的技巧，在描述时以人名代替作品，中译遇到这种情况时，有时还原成标题，有时译为人名。本书作了统一处理，把代表作品的人名全部加上书名号（如《夏娃》《巴尔扎克》《雨果》……）。这个做法可能有违里尔克拟人化的原意，但对不熟悉罗丹作品的读者来说，有助理解原文。编者在订正手民之误之外，特别为罗丹作品补回法文原文，交代与罗丹作品有关的一些时代背景，并且增添图录，收入内文提及的罗丹作品，方便对照和理解。

梁宗岱翻译的里尔克作品不止《罗丹论》。1936 年上海时代图书公司出版他的译诗集《一切的峰顶》，收入了里尔克两首短诗《严重的时刻》和《这村里》。次年上海商务印书馆重印该集，补进里尔克另一篇重要作品《军旗手的爱与死之歌》。1943 年，短篇小说翻译集《交错集》在广西桂林出版，里面选译了四篇里尔克《好上帝的故事》的短篇小说：《老提摩斐之死》《正义之歌》《欺诈怎样到了俄国》和《听石头的人》。最后这篇名气最大，以意大利文艺复兴雕刻家米开朗基罗为主人公，写于 1900 年，距离他结识罗丹不过两年，很有点先兆的味道，现录入本书供鉴赏。

编者在校注工作完成后，意犹未尽，着手编译里尔克与罗丹的通信集，另行出版。因为这两位文学与艺术大师的交往前后超过十年，留下的文字成果绝不限于这本《罗丹论》，还有大批来往信件。在这些不事修饰的文字里，我们看到一段令人羡慕的友谊，里面充满了真诚、爱心和灵性；我们看到岁月峥嵘的大艺术家罗丹，像他的大理石雕像那样粗壮结实，昂头青天；我们看到砥心砺志的年青诗人里尔克，像出山的细弱小溪，慢慢流成浩荡的大江。这些资料是珍贵的第一手材料，可用来与本书互为印证，让我们更具体了解这段 20 世纪的文艺界佳话。

2006 年 3 月

（梁宗岱译里尔克《罗丹论》序言，中央编译出版社 2006 年版）

请莫不带着欲望走进来

卢岚

因着家住铁塔下，得以经常在铁塔公园散步。这一带地方远不止是这个公园，还群集了好几个博物馆：军事博物馆，夏约宫的人类博物馆，纪美博物馆，现代艺术馆等等，塑像、喷泉、古木、草坪就错落其中。这片塞纳河谷给你提供了脚丫的走动，也提供了精神的漫步。但于你还不止这些，有些东西与你有点关系。从家门出来向左拐，一两分钟路程就可以看到夏约宫，正面两边墙头最高位置上，有几行金字：

> 在这里，巧妙地聚集了一些罕见或美丽的东西，它们教会眼睛以全新的目光来看待世界所有的事物；

> 在这个奉献给奇迹的墙壁里面，我收藏和保管出自艺术家的巧手的作品，他的手和思想可以互相媲美和争一日之长短，但两者不可缺一地存在。

然后，你转到夏约宫的背面，看到另外几行金字：

> 所有人都在创造，像呼吸般不自觉。但艺术家感觉到自己在创造，他全身投入到行动中，他所热爱的艰辛劳动使他变得强大。

就取决于走过的人，我是墓坟或宝藏，我在说话或沉默，这个就全凭你而定，朋友，请莫不带着欲望走进来。

这几句平常的话，道出了常人说不出的常理。它以博物馆的口吻写成，"我收藏和保管出自艺术家的巧手的作品"。嵌在墙头上的浮雕般的金字，像花边领圈，绕在建筑物的脖子上，散发出浓厚的文化气息，把整一片地方收拢在温厚的艺术氛围里。是哪一位作家有此殊荣？但，又有哪一位作家拥有这种语言风格？除非是象征主义诗人保罗·瓦莱里。这个名字于你特别惯熟，因为他是梁宗岱老师游学法国时代的老师。老师的老师。

然后，你沿着人权广场右边的梯阶拾级而下，很快就会看到保罗·瓦莱里的青铜头像，立在一块草坪当中。每一回走过，你总是特别在意地跟它打个照面，且不缺少意识流，一股半透明的情绪就悄然来到。就是这位被誉为法国20世纪最伟大的诗人，曾经为宗岱师的《陶潜诗选》的法译作序，序言中如此这般地称赞过他。

老师的老师，距离不太远；跟那个时代的距离也不太远。但在过去相当长的时间里，你对他们的师生关系，对宗岱师的欧洲生活的了解，只限于从诗到诗，从中译法到法译中，从《途遇》到《晚祷》，即便是回忆罗曼·罗兰，他登门拜访那天，"按铃时，罗曼·罗兰亲自出来开门"已经是难得的细节。瓦莱里呢，为人"极温雅纯朴"，他"追随左右，瞻其丰采，聆其清音"，你只能反复琢磨那几句话。而你眼前的青铜头像，会知道得很多。唯是，你向它发问，它不作答，一个沉默的斯芬克斯。但要串成一个完整的梁宗岱故事，又怎能欠缺这段欧洲生活？我们虽然长期生活在法国，而那段相距不太远的日子，于我们又聋又盲，你呼它不应，它看你不到，像陷落了的断层，厚重的岁月泥土不会给你发来任何信号。你谈梁宗岱，就说不出新鲜话来。所以，当我们编过《梁宗岱文集》，又出了单行本之后，就将手头上收集到的资料送回到广东外语外贸大学的"梁宗岱藏书室"。拍拍手掌，这个课题到此为止。

但，当你相信再没有可以作为的时候，一道大门突然打开，一股带着烟尘的气流掠过，一个熟悉的身影回来了。他就在那里。在欧洲。一个九十年前的青年梁宗岱。太阳底下还是有新事，新事就来自于新科技，来自于图书馆书籍的电子化。过去，迷失在书海里的文献与你，是世事两茫茫，而现在就有了打捞的可能，旧事就变成了新事。志侠得到线索后，就跑图书馆，向法国、瑞士、意大利、日本有关的纪念馆和档案室查询，还搜查了数以千计的中、法文网页，进行了一场地毯式的大搜索，将得到的材料进行筛选组织。两三年来，找到一些以前不敢想象能够得到的材料：宗岱师的索邦大学生活，文学沙龙活动；跟瓦莱里、普雷沃的关系；跟当时游欧的胡适、邵洵美、傅斯年、刘海粟等人的来往；先后刊发的英文法文诗歌；外国评论家的评论文章；在欧洲的政治活动，等等。而找到宗岱师给瓦莱里的十七封信，以及罗曼·罗兰有关他的四段日记，就成为志侠今回大搜查的压轴宝藏，成为了解他与这两位世界名人的关系的最直接资料。所有这些文献，都是他跟他的外国同学和朋友们，或从国内来的中国朋友们，共同经历过的生活，后来他们根据回忆写成文章，分别发表在国内外不同的刊物上，也有在通信或书籍中提及的，都是当事人的活生生的笔头记载。那些文字，像随手拍摄下的镜头，有着很强的透露能力。从那里我们看到一个奋发向上，孜孜不倦地追求学问，既热情直率又开朗的青年梁宗岱。

当年一个二十一岁的青年人，要去大洋以外的法兰西，因着交通和电信都不怎么发达，抵达之前要设想它的情况，恐怕还得依靠一点想象。他从法国南部马赛登岸，这就从东方去到西方，从一种文化进入到另一种文化。去国前，他虽然受教于培正中学和岭南大学，纯粹美式教育，在西化的学习环境中，每天与西人和西洋文化接触，但于他日后的文字工程而言，同样关键的是，他有备而去，他的备，就是身上带着深厚的中国文化。他的行囊里除了ABCD，还揣着陶渊明、屈原、苏东坡、欧阳修，身心还浸淫在陶潜的"抚孤松而盘桓"，在屈原的《离骚》《渔父》《山鬼》的氛围中。这使他一来到西方，就从自身的文化来理解另一种文化，又从另一文化来琢磨自身的文化。两种文化在他身上撞击所产生的火花，照亮和强化了他的知识，影响了他的思维，撇开所有偏见，全方位地给两种文化以同等的位置，将它们进行比较，融汇。这种态度主导了，也成就了他日后的文学创作活动。

要真正进入到一种文化当中，必须走经一道门。否则，即使置身其中，也隔了一座山。宗岱师就从文学这道门进入，诗歌就成为他特有的敲门工具。瓦莱里那篇著名的序言写道："我将他递过来的纸页一读再读，有英文诗，也有法文诗……"一东一西，一老一少两位诗人，就这样一头栽到共同的世界里。他以他的小诗赢得了瓦莱里这个人，赢得了《水仙辞》的翻译，充满创造性和建设性的交往，日后以质取胜的法译中，就这样开始了，文学的路向就此一锤敲定。如果他在培正中学时代开始写诗，不等于他日后一定成为诗人，那么因着结识了瓦莱里，就永远定居在诗歌国度里。是瓦莱里"使我对艺术的前途增了无穷的勇气和力量。"在《忆罗曼·罗兰》中又说："梵乐希影响我底思想和艺术之深永是超出一切比较之外的。"日后他只是译诗，写诗，论诗，像瓦莱里，走上了诗人和诗论家的道路。

他跟普雷沃的交往，还是习惯了的动静，普雷沃说："我们结为朋友后，他不时带来一首诗歌，用他的语言给我诵唱，为我即兴翻译。"日后他与这位青年作家之间的来往，关于翻译的讨论，就这样开始了。普雷沃毕业于巴黎高级师范学院，30年代成为著名的《新法兰西评论》的专栏作家，他写小说、诗歌、散文，研究波德莱尔、司汤达、蒙田。他成了瓦莱里以外，学术上跟宗岱师关系最密切的人。此外，他跟文学青年塔尔狄尔，跟美国青年萨伦逊，跟瑞士女作家阿琳娜的朋友关系，都跟诗歌有关。他充分地利用了诗和诗人的身份，来跟另一种文化打交道。

　　新发现的文献给我们提供了对照，印证，和理解他的作品的可能性，也提供了一些具体的生活细节。他跟瓦莱里的师生关系，按照他自己的记载是常常追随左右，而塔尔狄尔的描写更详细，更精彩，比你所想象的，比他自己所说的，要更深厚，更密切。宗岱师后来谈起那段生活，非但没有夸张，还砝码不足。那回在雷惠兰夫人的沙龙里，在为数不少的来客中，是梁宗岱吸引了塔尔狄尔的注意，成了他眼里的中心人物，后来文章重点就放在他身上，把他和瓦莱里的密切关系写得惟妙惟肖：

　　　　……他像磁针找回磁极那样急急忙忙要抽身离开，因为瓦莱里在邻室已经开始滔滔不绝地说话……梁宗岱像奔向母猫怀里的小猫，肩肘并用，很快钻进到他的磁极左边，然后动也不动了。他听着，表情好像在说"这个位置属于我的。"

　　一个中国青年进入巴黎沙龙，你不知道有任何先例，而梁宗岱是你所知道的唯一的一个，他在那里还非等闲角色，因着瓦莱里，他"现在好像自视为在他的主子之后，成为是雷惠兰府邸的第二条支柱。"塔尔狄尔还说，梁宗岱"是瓦莱里认为唯一能及得上自己的人。"

　　我们所理解的诗，是在情感迷宫里的摸索，在欲望、辛酸、痛苦、遗憾、内疚等情愫中的磕碰。但瓦莱里要写的是纯诗，不依赖叙事、写景和情感的流露，要以自身的力量来支撑，就像地球依靠内在的力量来公转；要具有哲理和数学的严谨，要凭借字句的凝练、奥妙和音乐感来召唤感觉官能；还拒绝浪漫，保持中性美。但于读者而言，就显得隐晦难懂。《水仙辞》使用的字眼平常惯熟，一如他平日使用的文字，但因着使用得巧妙，恰到好处地在自己的位置上，产生一种既常理又深刻的分量，就有一股顽强的抵抗力，不容易翻译。这是他特有的语言艺术，非普通法国人能够及得上。宗岱师要翻译这首诗，必须克服双重难度，一是原诗的精炼和隐晦，其次是中文的使用刚从古文转为白话文，白话文的使用还未成熟，宗岱师不但把原诗的敏感，脆弱都表达出来，还将白话文的使用提高到相当完美的程度。全诗行文如流水，有难以抗拒的魅力，给人带来阅读的幸福。

梁老师对语言特别敏感，拥有特强的驾驭能力，但从新材料中还可以看到，当时的索邦大学正在闹"瓦莱里热"，也在闹"《水仙辞》热"，同学之间，每三句话，就有两句关系到他们的偶像瓦莱里。学习气氛从课堂延续到课外，自由，生动，活泼，从一读再读，苦苦深思，为激赏而气喘吁吁，而红光满面，而高声叫喊，从被动的学习转到主动的接受。这段回忆的作者马蒂诺，生动地描写了学问的传递过程，师生之间有的是互动，他们引述、朗诵他的诗句，找不到语言来表达感情的时候，就长叹一声。马蒂诺这段有趣的文字当中，忽然蹦出了"梁宗岱"这个名字，这是你不曾指望会发生的事。作者还说，这种生动活泼的气氛的出现，"可能是因为我们的朋友梁宗岱正在翻译"这首诗，要介绍给中国读者。置身于这种气氛当中的梁宗岱，正好在翻译这首诗，会得不到生机葱茏的启发么？又说梁宗岱如何用中文朗读《水仙辞》，"他使用一种跳动的声音，抑扬顿挫，清脆奇异，像铃声颤抖"。索邦大学的生活被写活了，一场"瓦莱里热"也被写活了，在这种热闹的文学气氛中，就有梁宗岱这个人存在，就有他朗诵中文诗的声音存在。《水仙辞》的诗译一气呵成，辞藻或华丽飞扬，或熟稔僻冷，皆必己出。一个二十四岁青年的诗怀尽情释放，舒展，自然，轻捷，自由自在得像即兴，一路吟唱下来，既是诗，也是歌，充满节奏和韵律，恰好是瓦莱里宣扬的音乐感的回应。几近一百年前的文字，以现在的角度来看，依然显得现代。说是翻译，也是创作。它成就了一种风格，成为新诗开始时代的一个奇迹。不用敲锣打鼓，梁宗岱就在文坛上赢得了青年诗人的位置，被聘请为北大教授。

你打开宗岱师的译作，除了瓦莱里，他还介绍蒙田、里尔克、魏尔仑、波特莱尔。一个初到贵境的年轻人，怎么一下子就准确地找到了他做学问的目标？这几位诗人，以及哲学家蒙田，当时认识他们的中国人不多，大家只知道卢梭的《忏悔录》，歌德的《少年维特的烦恼》，小仲马的《茶花女》等稍欠整洁的作品。但宗岱师要做的是传统学问，不容忍肤浅平庸，这是他的特点。如果他射出的箭都中了靶心，没有秘密，只因为他是通过法国社会生活，文化生活，以及交往的学人来认识法国文学的，当然也取决于他本人的文化涵养和精神状态。他出生后父亲才从小贩转营烟草业，很快成为暴发户，谈不上家学渊源，成就他的首先是培正中学的良好教育。法国有太多的香水、美酒、时装、探戈，有太多的浪漫，有的人一踏上花都就翻了船，但这位青年不将自己身上的锁匙逐条去试，一下子就将自己定位在文学上，勤奋学习，努力去明白一切，旨在一步步进入到文化的核心，掌握其精华。

欧洲七年，瑞士、法国、德国、意大利，步履匆匆只为游学。法国逗留时间较长，其余的只是打个水漂儿。又得瓦莱里悉心指点，但求实学，不汲汲于一纸文凭。在游学的长旅中，起步止步任由，目标可远可近，计划可伸可缩，"我却只是野狐禅，事事都爱涉猎，东鳞西爪……"凭感觉，凭求知欲望与好奇，意志就成为推动力，总有一条路可走。重要的是提高自己，要以自己的手腕力来将自己抬高。这段看似散漫无章的游学，成为他做学问的高峰期之一。1929年小说月报刊登了他的《保罗哇莱荔评传》，同时刊出《水仙辞（少年作）》翻译，1930年勒马日出版社出版了《陶潜诗选》法译本，1931年《诗刊》登了他的《论诗》，华胥社出版了里尔克的《罗丹论》的翻译。他的法文诗、英文诗，或者中译法、法译中，分别刊登在《欧罗巴》《欧洲杂志》《鼓》和国内的《诗刊》。短短数年学子生涯，所产生的作品，从数量到质量，都不亚于一个职业作家。

行脚匆匆，却一下子抓住了一种文化的最本质、最优雅、最具影响力的亮点。日后他除了翻译《莎士比亚十四行诗》《浮士德》之外，1936年，翻译了《蒙田试笔》，1941年翻译了里尔克的《罗丹论》。蒙田以文学手段来谈哲学，里尔克则以文学手段来谈罗丹的石头，日后宗岱师写《象征主义》《屈原》《论崇高》等文学论著，就不是从理论到理论的碰硬，而是以文学手段来谈文学理论。他把《象征主义》指给你看的时候，指头上是沾满了文学的："一片迷茫澄澈中，隔绝了尘嚣与凡迹，只闻色，静，香，影底荡漾与潆洄。"

洋眼看梁宗岱，还是我们眼中的梁宗岱。没有变形，没有雾失楼台，一贯的快活，开朗，喜欢滔滔不绝的"抬杠"，到处成为中心人物，抵冷为殊众，为潇洒。普雷沃说："他很年轻，一副孩子脸孔，最严寒的天气，只穿一件开领衬衫，一条长裤和一件单薄的短外套。他把寒冷看做是感觉官能的错误，并且以自己的理智去判断，不受其束缚。"他到处被发现，到处被称赞，到处得宠。有人第一次见面就给他定位："梁宗岱——一位前途无量的年轻中国诗人。"有美国青年作家的"呈梁宗岱"的文章，赠书题辞说"希望他读完再定罪"；有普雷沃献给他的文学专号，以献辞《致梁宗岱》作为引言；有汉学家马古烈称赏他的陶潜与王维的译诗；有文学评论家封登拿的评语，"他对我们语言之精通，令人惊讶"；而罗曼·罗兰的称赞几达最高音阶："这是我认识的最出众，最有学问的中国人之一。"从瓦莱里、罗曼·罗兰这类世界名人直到普通学人，都让他一网打尽了。种种难得的机缘带引他走向成功。不是所有人都有这种幸运。但，不是所有人都是一般的质素。七年步履匆匆，所留下的成行成串的文化脚印，连同一段瑞士度假日子，生活十分充实，既浪漫也独特，脚步所到之处，总不忘撒下诗的种子。他的行囊中，除了诗与文学，再没有别的重量了。他在欧洲的故事，远超过一个学子的范围，在法国再无别例，可以抵得一篇名作。

欧洲生活是宗岱师人生的关键时期，没有那段日子，就没有日后的梁宗岱。回国后，他深知这个过去造就了他，给了他特殊标记，他特别加以珍惜，有意把这个过去延续下去，让自己身上的文化烙印继续说话，就产生了诗论和翻译风格的奇迹。他把歌德的《流浪者之夜歌》与陈子昂的《登幽州台歌》作比较，将歌德与李白，屈原与但丁，杜甫与雨果，姜白石与马拉美，在生活上、思想上和风格上进行比较，这是他的欧洲生活的继续叙述，实际上已经是比较文学。尽管谈的是诗歌和文学，但他本人的印记都留在了里面。他也不会忘记跟罗曼·罗兰的两次会晤，和追随瓦莱里的日子，这是他的人生的美好经历，是他的机缘，他的幸运，他很认真地把这一切放在心上。记得他曾经向笔者出示过罗曼·罗兰给他的信，也出示过一封复信的底稿，开头是：grande est ma joie de recevoir votre lettre（非常高兴收到你的信）。

将简单的开场白，以字眼的位置使之变得活泼多彩，这正好是他的人风文风。他不爱平庸，不爱一般化，连一个句子也不例外。一如瓦莱里的评语，他"热衷于这些相当特殊的精美。"

当你将他的不连贯，却有代表性的七年欧洲生活片断，与最初的印象进行对照，比较，就会得到印证，或找到线索，弄清疑点，明白了一些所以然。比如他如何走进瓦莱里的世界，怎样进入到文化沙龙，《水仙辞》的翻译之谜，瓦莱里序言的产生，译诗的出版过程等等。如果他特别推崇歌德的《流浪者的夜歌》，皆因他有亲身体验，"阅历与经验，对于创造和理解一样重要。"他说。但与此同时，你依然发现一些不可理解。他拥有丰富的知识和阅历，但在生活的长流中没有给他起保护作用，总是理性让位于感性。他的人生被学识、意志、奋斗、机缘所造就，也被错失、谬误、牢狱、灾难所损毁。不止一次，他放弃了相对更好的命运，相对理想的生活，宁可与之擦身而过，就有闹哄哄的社会新闻，与身份不相符的纠纷，不明不白的被冤屈，以及在"文革"中的精神和肉体的灾难。原来人生可以这样完美，或者不完美。如果我们为他的传记加上欧洲生活这个链环，串成了一个完整的诗人、学者梁宗岱的故事，而他的另一个带着世俗颜色和气味的故事，却不缺少不可捉摸和难以理解。也许这些掩眼法般的不尽人意，反而成了梁宗岱传奇不可或缺的因素。

2014 年 7 月

（《青年梁宗岱》序言，华东师范大学出版社 2014 年版）

《青年梁宗岱》后记

刘志侠

    梁宗岱（1903—1983）是著名诗人，翻译家，文学评论家和教授。由于历史原因，他的作品到上世纪末才重新受重视。卢岚和我曾参加中央编译出版社《梁宗岱文集》四卷本和《梁宗岱著作精华》六种单行本的出版工作，在编辑和校注过程中，发觉缺乏早期作品，妨碍对他的全面了解，因此继续留意搜集。

    这件工作需要时间和耐心，也需要运气。每有新线索出现，便努力追踪，加上其他学者的发现，几年下来，积累了一批资料。其中不仅有佚文，也有他的文学活动的珍贵文献：

    一，佚文——《培正学生》和《培正青年》的少作，包括他的第一首新诗；文学研究会广州分会机关刊物《文学》旬刊和岭南大学《南风》的诗文；法国杂志《欧洲评论》和《鼓》的法文诗和英文诗。

    二，文学活动——培正中学的五年现代教育和生活；岭南大学的诗歌雅集；文学研究会广州分会的成立；在索邦大学求学；参加巴黎文艺沙龙；和中国留学生的交往；瑞士女作家阿琳娜·瓦朗让的回忆；法国作家普雷沃和奥克莱记述和他的友谊。

三，瓦莱里与罗曼·罗兰——梁宗岱书信手稿在"文革"期间遭劫，被红卫兵焚毁，其中有瓦莱里十三封信和罗曼·罗兰六封信。我们在法国找到他写给瓦莱里的十七封信，以及罗曼·罗兰日记中关于他的四段记叙，包括两次见面的情况。

这些佚文和史料不是一朝一夕得到的，而是一点一滴收集而来。最初只打算撰写散篇文章介绍法国文献，已经发表了《梁宗岱巴黎文踪》四篇（《书城》月刊）和《梁宗岱瑞士文踪》（《作家》月刊）。在此前后，一些求索多年的珍贵史料出乎预料之外，很快收集到了，国内外都有，不仅解开了一些过去没有答案的难题，而且提供了从未为人所知的很多细节。

回顾已出版的梁宗岱的传记，只有两种，面世已有一段时日：《宗岱和我》（甘少苏，重庆出版社，1991）和《梁宗岱》（黄建华、赵守仁，广东人民出版社，2003，2013）。两书从不同角度讲述梁宗岱一生，唯早年文学活动部分比较简略。近年有关梁宗岱的学术研究日趋活跃，这部分成为相对薄弱的一环。初步整理新史料后，觉得内容足够丰富，能够全面重组梁宗岱的文学起步过程。这些文献的收藏地方分散国内外，不是轻易能全部见到。为了让更多人分享，我们暂时放下其他工作，致力完成搜集和整理，写成这部传记，全面地系统阐述。

书中使用的文献来源广泛，主要有四部分：

一，梁宗岱个人自述和作品中的回忆，直接来自他本人，这是全书的基础。其中个人自述的文献仅得两种，《我的简史》和"简历手稿两页"（手稿残页，1911年—1930年），写于晚年，文内有些记忆错误，但以其他文献印证，不难辨正。

二，传记与回忆：甘少苏手抄稿《梁宗岱与甘少苏》，梁宗恒 Chinois de Paris（花都华人）和《阿公的故事》，以及黄建华、赵守仁《梁宗岱》。

三，历史背景及人物资料，尽可能上溯到同时代的报刊和著作，间接的记载只限于研究专著或学术论文。所有引文均注明出处。

四，梁宗岱的文学活动文献，主体是新发现的佚文、出版物、书信、日记和作家手稿，无论中国或外国，都力求原件，力求亲自过目。由于这是同时期的原始文献，真实性无可置疑，成为本书的主要内容。

这是一本叙述性传记，跨越 1903 年至 1931 年的二十八年时间。从梁宗岱的家庭和童年开始，经过培正中学、岭南大学，到日内瓦大学、巴黎索邦大学、德国柏林大学、海德堡大学及意大利游学，最后学成归国。全书以事实为重，评论从简，大致按时序排列，详尽介绍事件，人物和时代背景，所有叙述均有所本，具体还原出一个真实的青年梁宗岱，他的成长过程，以及他的不平凡的文学道路。

本书的写作是一件繁重的工作，也是一个愉快的经验，从收集文献到完成，得到四面八方的帮助。无论个人或图书馆，无论相识或不相识，无论见面或通信，无论中国或外国（法国、瑞士、日本等），都得到友好的回应，令本书的内容更详尽透彻，更接近历史面目。书成后，又得到上海九久读书人总经理黄育海、编辑何家炜的妥善安排，完成本书的出版。

本书开卷以梁宗岱翻译《浮士德》的诗句作题记，此处再录四句作终卷语，向这位著名的诗人教授致敬：

时辰已遥遥地隐没，

苦与乐已渺无踪影；

预感吧！你就要康复，
要信任白昼的新生。

2014 年 7 月

（《青年梁宗岱》后记，华东师范大学出版社 2014 年版）

《梁宗岱早期作品集》编后语

刘志侠

《梁宗岱早期作品集》编辑完成了，回头看，认识宗岱师其人其作品的道路何其修远。

卢岚和我曾经师从门下，毕业后留校工作数年，但是梁老师的作品，离校前只读过1962年《羊城晚报》刊登的《论"神思"》，以前的文字一直无缘见识。他的著作虽非禁书，却因时代变迁，被打入另类冷宫，梁老师本人也三缄其口，我们绕了一个好大的弯子，才一步一步了解他的文学道路和成就。

第一次接触在1979年的香港，看的书是璧华先生编的《梁宗岱选集》。卢岚清楚记得："在我的阅读史上，有两回印象特别深，第一次是读沈从文的小说《边城》，第二次就是看这本文集，薄薄的一百五十页。记得开始时候，我是歪在沙发上打开这本书的，看了一会儿，就直坐起来了。怎么？这些好东西怎么我们以前不知道？"（《认识梁宗岱》）好书就是好书，此后每过一段时间总会重温一下。

璧华的工作具有开创性，但是选集在海外出版并不意味国内没有识者，只是受制于环境。1962年曾有出版社请梁老师重译《罗丹论》，1963年人民文学出版社约他修订莎士比亚十四行诗，准备次年莎士比亚诞生四百周年出书。两个计划都没有实现，但到了 1978 年，开放伊始，人民文学出版社率先刊行《莎士比亚全集》，在第十一册收入了梁老师的《莎士比亚十四行诗》，虽然只限于诗译，却比香港的选集还早一年。《罗丹论》也在 1985 年由成立不久的四川美术出版社出版。

梁老师在 1983 年病逝后不久，他的家里出现一位远道而来的陌生人。他是诗人彭燕郊先生，专程从湖南到广州，收集梁老师的文学资料。在甘少苏女士协助下，挑选了一批文献，包括绝版的广西华胥社单行本。凭着作家的触觉，他成为研究和宣扬梁老师的先行者，不仅在自己主持的丛书重版了《梁宗岱译诗集》（1983 年）和《晚祷》（1986 年），还仆仆风尘于湖广之间，亲自策划和协助甘少苏《宗岱和我》的写作。此后十多年，他不断在海内外报刊为文介绍梁老师，对他的为人和作品都给予高度评价。他没有把独家资料视为私器，若有研究者求助，他都热情地无条件提供。踏进本世纪后，他又把珍贵的宗岱师与沉樱女史的晚年通信原件，送还给他们的亲属。如果没有他，这些文献将被无情的时间所吞噬。可以说，在上今两个世纪交替的十多年间，有关梁老师的研究成果几乎都是直接或间接在他的工作基础上完成。

在梁老师最后任教的广州外国语学院（现已改名广东外语外贸大学），黄建华和余秀梅老师既是他的首届学生，毕业后又长期在同一教研室，了解至深。他们几乎与彭燕郊同时开始收集梁老师的资料，范围更广，伸展到佚文、评论和生平资料，其成果是贡献出一套全面大型的《宗岱的世界》系列，其中黄建华与赵守仁合作的《梁宗岱传》，至今仍是最完整的生平记载。虽然后来全力投入规模庞大的《汉法大辞典》编纂，他们仍然不断关心。李敬平和伍方斐两位老师先后接手这件工作，他们在学校图书馆卢巧云女士积极协助下，继续找寻和整理资料。两代人孜孜不懈地钩沉，发现梁老师中学时期第一首新诗便是他们的成果之一。同一时候，他们还致力于扩大梁宗岱纪念室，以及建立梁宗岱信息库。当我们计划本书时，他们全体积极参加，各展所专。李敬平老师甚至动手输入佚文，这是一桩既无名又吃力的差事。中文学院研究生冯琪琪女士，也在春假期间为文集赶工，完成最后一批文本的输入。

2003年，梁老师百年寿辰，四卷本《梁宗岱文集》和五卷本《宗岱的世界》，分别在北京和广州同时出版，引起学术界的注意，研究逐渐朝着广度和深度发展，梁老师的文学成就得回了应得的评价。我们三年前开始撰写《青年梁宗岱》时，清楚地感受到这种变化，不再觉得孤身只影。在搜集培正中学和岭南大学时期的文献时，遇到广东省立中山图书馆搬迁新址重开无期的难题，一些新朋友的手立即出现，向我们伸来。北京师范大学文学院陈太胜老师寄来梁老师简历手稿，尽管只得两页残页，却十分珍贵，因为跨越年度自1911年至1930年，刚好与我们要叙述的时期契合。澳门大学教育学院郑振伟老师把在学术研究中收集到的培正中学佚文及相关文献，毫无保留地送给我们，并且分享搜索心得。武汉大学文学院裴亮老师刚从日本取得博士学位归国，解开行囊便寄来尚未在国内发表的三篇日语论文，里面有文学研究会广州分会《文学》旬刊第一至第十期目录，印证了我们手上的线索，让我们顺利找到相关的文献，解决了长期悬而未决的问题。

至于在海外的搜集工作，开头一筹莫展，因为梁老师1931年便离开法国，他的名字已为善忘的文坛所遗忘。后来我们找到突破点，一连串的惊喜随之而来，最终的收获远超预期。

功劳归于法国人，一个珍惜文化遗产的民族。如果没有法国国家图书馆手稿部和巴黎大学杜塞文学图书馆的瓦莱里典藏室，梁老师在法国的文学活动将是一片空白。他们把他的当年书信和相关文献，珍而重之完整无缺地保存下来，尽管可能在过去差不多一个世纪里，还没有人查阅过。当我们在瓦莱里典藏室，亲手触摸到梁老师的《水仙辞》隶书手抄稿，如新的字迹，恍如时光倒流，青年梁宗岱当年就住在一百米开外的学生旅舍。图书馆工作人员的敬业乐业精神，教人敬佩。笔者尤其要感谢法国国家图书馆手稿部罗曼·罗兰文献室（Fonds Romain Rolland）主管博雷尔女士（Sylvie Borel），在差不多一年时间中，反复为我们寻找所需的文献，主动提供新线索。她的专业、耐心、认真和友好态度，让我们能够在一个心情平和的气氛中，专心一意逐字逐句抄录。工作至今未完，因为已越出原订的搜索范围。

华东师范大学出版社 2014 年印行了《青年梁宗岱》，现在又把本集列入《梁宗岱译集》八卷本，并给予具体的建议，我们衷心感谢他们的热心支持。本集的出版编辑何家炜先生是诗人和文学翻译者，钟爱梁老师的诗歌和诗译，曾为我们的《青年梁宗岱》把关。两年多前，他创办了"梁宗岱诗坛"，为读者举办讲座，组织具有翻译经验的大学老师和专业译者，现身说法，到现在已经举行七场。这种对文学的热忱和忠诚是本集的最好担保。

宗岱师的作品有其独到之处，经得起时间考验。他和外国名作家的交往，在新文学史上极为罕见。只有像他这样不比寻常的作家，才能在那么长的时间里，不断吸引新读者，又得到不同的学者自发地接力，进行探索，进行再发现。我们相信这本集子是这场接力中的一棒，但不是最后一棒。

2016 年 3 月识于巴黎

（《梁宗岱早期作品集》编后语，华东师范大学出版社 2016 年版）

《梁宗岱译集》简介

刘志侠

一切的峰顶

外国诗歌翻译层出不穷，只有少量有流传价值，《一切的峰顶》是其中之一。

梁宗岱从中学时期开始翻译诗歌，一直到晚年仍乐此不疲。前后超过半世纪，风格虽然不断演变，但一直谨守两条简单原则：作品必须在译者心里唤起感应，译笔尽量以直译为主。凭着丰富的中西文学知识去选题，凭着深厚的中文造诣去雕琢译文，凭着诗人的敏感去营造音韵声调，他的译作成为他的最重要文学成就之一。尽管数量远不及其他译家，但光彩耀目，不因时间而褪色，已经进入中国诗译经典之列。

他的译作不仅是百里挑一的精品，而且有两篇诗译发表的时候，曾经引起不比寻常的反应，在文学史上留下印记，

第一篇是三百余行的长诗《水仙辞》，法国瓦莱里的作品。梁宗岱从1926年开始翻译，1929年1月在《小说月报》发表第一部分。这个举动被文学史家视为法国现代派诗歌（尤其象征主

义）真正被引进中国的开始，为新文学时期寻找新道路的诗歌创作者打开了一片新天地。他当时不过二十三四岁，却凭这篇译作影响了整整一代文学青年。一些人后来为文或私下谈话，提到如何深受震动，甚至由此决定毕生的文学路向，这些人中有卞之琳、何其芳和罗大冈等名家。

第二篇是八行的短诗《流浪者之夜歌》，出自德国歌德之手笔。1929 年 8 月，梁宗岱在瑞士阿尔卑斯山一座古堡度假，独居堡顶，夜间灭烛远眺星宿，静听自然，冥索天道人生，在"松风，瀑布，与天上流云底合奏"中完成此诗的翻译。1931 年他在《诗刊》与梁实秋论战小诗的价值，举此诗为例，"给我们心灵的震荡却不减于悲多汶一曲交响乐"（《论诗》）。梁实秋反驳说："我所认识的哥德不仅仅是一个写'小诗'的哥德。"（《诗的大小长短》）大半个世纪后，谁是谁非已有定论，这首小诗"短短八行，它的声誉并不在一万二千一百一十一行的《浮士德》之下。1982 年歌德逝世一百五十周年时，西德文化界征求群众关于歌德诗歌的意见。公认《夜歌》是歌德诗中最著名的一首。"（冯至《一首朴素的诗》）

梁宗岱的文学眼光显然更高一筹，这也解释了他选译的篇目总是百读不厌的经典作品。

本集第一部分收入《一切的峰顶》，这是他生前亲自编辑的唯一译诗集。1934 年夏天，他与沉樱女史东渡日本，居留至1935 年秋，读书写作，其间完成本书的编译工作。1936 年交给上海时代图书公司付梓。1937 年经过增修，由商务印书馆再版。1976 年沉樱女史在台湾重编本书，以梁氏《新诗的分歧路口》及《论诗》分别作为代序及附录，由台北大地出版社印行。囿于时局，只由编者署名。

本集在商务版基础上，综合大地版沉樱女史撰写的原作者介绍，另外补进《尼采底诗》译序。

第二部分是生前未及入集的散篇，第一篇是泰戈尔《他为什么不回来呢?》,这是他的翻译少作,发表于 1921 年 10 月,刚升上高中不久。最后一组诗是宗教圣歌,译于 20 世纪 60 年代,生前没有发表。1983 年去世后,在他的手稿残片中发现,1994 年才首次刊出。

这部分的校对采用初刊作蓝本,并以外文原文作参照,按发表的时间顺序排列。

莎士比亚十四行诗

梁宗岱是莎士比亚十四行诗翻译的先行者之一。最早的译作在 1937 年 6 月发表,《文学》一卷三期刊登了第三十三首和第六十五首译文。1938 年,戴望舒在他主编的香港《星岛日报·星座》登载了另外五首。1942 年前后,广西华胥社出版梁氏多种译著,有一则预告"《莎士比亚商籁》(准备中)",显示全译已基本就绪。1943 年,《民族文学》第二至第四期连续发表了第一首至第三十首译文,前有译者导言《莎士比亚的商籁》,预示准备发表全部译文。但是《民族文学》一个月后便停刊。1944 年,《时与潮文艺》接续刊登了第三十一首至第四十首,同样因为停刊而中断。而华胥社预告的单行本,也因战乱,最终没有面世。

差不多二十年后,梁宗岱才如愿以偿。1963 年 5 月 1 日,香港《文汇报·文艺》刊登了第一首至第十首译文,编者加上按语:"明年是莎士比亚诞生四百周年,梁宗岱先生应北京人民文学出版社之请,重译《莎士比亚十四行诗集》准备出书。全部共一百五十四首,'文艺'将陆续优先发表。"连载共分三十二期,至次年 3 月 18 日顺利完成,可是单行本却没有下文。

1996 年"文革"结束后,梁宗岱"已经七十三岁了……开始重译《莎士比亚十四行诗》,他一鼓作气,只几个月就译完了"(甘少苏《宗岱与我》)。1978 年,人民文学出版社印行《莎士比亚全集》,把他的译作收入第十一卷中。这是他生前最后出版的著作。

梁宗岱在 1983 年去世后，远适美国的沉樱女史委托女作家林海音在台湾重新出版本书，1992 年由纯文学出版社印行，题名《莎士比亚十四行诗》。诗人余光中写了一篇长序《锈锁难开的金钥匙》。

梁宗岱翻译的十四行诗，遵循他一贯执行的自订原则：全译直译，无论句法或格律，尽量追随原诗。译文讲究视觉美感，基本上采用每行十二字的工整格式，用字典雅严谨，音调悠扬，节奏鲜明，极具音乐美感，充分发挥了他身为诗人的优越条件。

1978 年后，出版界出现一股翻译莎士比亚十四行诗的热潮，先后有十多种新的全译本问世。这不仅没有令梁宗岱的译作显得陈旧过时，反而更突出其文学光彩。梁宗岱一生坚持追求完美主义的翻译，从不把已发表的译文作为绝译，只要有机会便重新修改。从 1937 年首刊开始，中经 1943 年，1963 年，直至最后 1976 年，前后四十多年，总共进行过三次全面修订，每次改动的幅度都相当大，令译文更臻完美，其他译本都没有经过这样的历程。

只有对文学忠诚的有道者才会这样做，一个句子挂在心里数十年，千锤百炼。对于别人的批评，虚己受人，不以人言为忤。试举两个例子，他发表的第一篇译作是第三十三首，刊登在 1937 年《文学》一卷三期，主编朱光潜批评最后两句译文未全：

Yet him for this my love no whit disdaineth;

Suns of the world may stain when heaven's sun staineth.

我底爱却并不因此把他鄙贱，

既然天上的太阳也不免瑕疵！

二十年后，香港《文汇报》第三次刊登时，这两句已经改为：

我的爱却并不因此把他鄙贱，

天上的太阳有瑕疵，何况人间！

另一个例子是第二十四首第五、六句，三次发表，三次译文都不同：

> For through the painter must you see his skill,
> To find where your true image pictur'd lies,
>
> 你得要看进你那画家底身内
> 去发见他底技巧和你底肖像：（1943 年）
>
> 你要从他身上认识他的艺术，
> 去发见你的肖像珍藏的地方；（1963 年）
>
> 你要透过画家的巧妙去发见
> 那珍藏你的奕奕真容的地方；（1976 年）

当然，梁宗岱的译文整体从初刊便已是成熟的译作，修订时整句重译的情况极少，字斟句酌的推敲却随处可见。1976 年最后一次修改，全集一百五十四首诗，除了第七十六首外，其余一百五十三首都作过文字调整。所得的结果是意义表达更为精确，译文的句法和词语追随汉语的时代变化，加上原有的优点，令译文熠熠如新。

本集以人民文学出版社 1978 年版为蓝本，对照香港《文汇报》连载版和英文原文进行校注，综合了两版的一些文字和标点，所有改动均加上注释说明。每诗附有英文原诗，以便对照欣赏。

浮士德

浮士德（Faust）是欧洲中世纪民间传说人物，有关的文学和艺术作品林林总总。文学方面以德国歌德（Johann Wolfgang von Goethe，1749－1832）的诗剧《浮士德》（Faust）最著名。

　　梁宗岱在 20 世纪 30 年代便开始翻译这部作品。最先发表的译作是《守望者之歌》与《神秘的和歌》，收入译诗集《一切的峰顶》（上海时代图书出版公司，1936 年）。1937 年至 1948 年，他先后在文艺杂志《新诗》《时与潮文艺》《宇宙风》和《文学杂志》发表了部分译文。

　　全剧的翻译在 1957 年前后完成，但未能出版。延至"文革"，手稿被焚。70 年代末重译，因健康急剧变坏半途中断。1986 年，广东人民出版社整理出版了他的《浮士德》（第一部）。

　　梁宗岱在 1924 年秋前往欧洲游学，先到瑞士，除了深造法语外，还接触到德文。1925 年到法国，"他住在巴黎近乡一个工人家里，天天读着歌德的《浮士德》，他说他是用法文的译本对照了德文原文读的；德文原文里有几行他可以很响亮地读出来。"（邵洵美《儒林新史》，1937 年）。1930 年夏，他进入柏林大学专攻德国语言和文学，11 月在致罗曼·罗兰的信中说，"要是我耽搁致谢，那是因为我全身投入学习德国语言，希望两三个月内有足够的知识来应付，尤其不会被阻挡在这个文学收藏的财富之外。我瞥见了那么多好东西，我想一把占为己有！……"次年春，他转学海德堡大学，至 1931 年夏离开。

　　由此可见，梁宗岱翻译《浮士德》其来有因，他喜爱德国文学，喜爱歌德，喜爱《浮士德》。因此他的译作不是搬字过纸，而是像他所有诗译那样，"觉得这音响不是外来的而是自己最隐秘的心声。于是由极端的感动与悦服，往往便油然兴起那藉助和自己更亲切的文字，把它连形体上也化为己有的意念了"（《一切的峰顶》序）。

　　本书第一部分收入 1986 年版《浮士德》第一部，经过重新校订。第二部分为《浮士德》第二部的断片，数量不多，因是译者生前定稿，故弥足珍贵。

　　梁宗岱在 1930 年代下半叶开始翻译《浮士德》，这是他的翻译高峰期。本集超过三分之一篇幅来自 1948 年前发表的译文，大部分位于前面章节，但也散见其他地方。

至于来自手稿的晚年重译部分，由于未来得及作最后润色，读者自可分辨出来。梁宗岱在"文革"中身心受到严重摧残，开放之后奋起工作，就在重译《浮士德》时突然病发，素志未酬。这些略有参差的文字不仅没有损害这部译作的价值，反而增加了一层时代悲剧的苦涩味。

交错集

《交错集》是梁宗岱生前出版的三本译文集之一，收入八篇短篇小说。这本集子虽然出版于1943年，但翻译日期从1923年至1936年，因此带有明显的新文学时期的印痕。当时的翻译被视为引进西方文化的一种手段，译者的一个重要任务是介绍尚未广为人知的外国作家。在这个过程中，译者的文学知识、触觉和眼光成为关键。如果看中平庸的外国作家的作品，译作的生命便很短促，反之，选择到真正重要的作家和作品，便有长久存在的价值。

《交错集》属于后一类集子，总共收入四位作家的作品。印度的泰戈尔和德国的贺夫曼都是世界知名的经典作家。法国的鲁易斯作品不多，但其风格独特，作品至今仍在重印。

第四位是奥地利的里尔克，在今日中国无人不识，但他1926年去世时，即使在西方也不过小有文名而已。梁宗岱的文学眼睛锐利，从那时开始不仅在文学评论中引用他的句子，而且动手翻译他的作品。他是中国翻译里尔克的先行者：《罗丹论》《军旗手底爱与死之歌》，还有本集选自《上帝底故事》的四篇小说等，都是1930年前后翻译完成。比起最近几年才出现的里尔克热，早了大半个世纪。

《交错集》出版于抗战年代，内容与战争无关，但是真正的文学都以人类最向往的价值为基础，直接向个人的心灵诉说，战乱中的人对美好的事物依然充满憧憬。文化名人黄苗子在 1943 年前后致郁风信中说，"《交错集》是一本很美丽的书，尤其是《女神的黄昏》一篇，单读那一篇就够了，那蓝色的黑夜，与雪一样洁白而有一点红点的白天，这不是象征，丽达，这只是如何女孩子和男孩子的启示。"《交错集》单行本绝版多年，现重印出版正是为了这种文学价值。

本集以广西华胥社 1943 年初版的《交错集》为蓝本，参照杂志初刊校对，为存时代原貌，仅修订个别词语和专名的译名。

本集第二部分收入了梁宗岱生前没有结集的散篇译文，虽然只有五篇，却包括短篇小说、散文、哲学论著、文学评论等多种体裁。

如同梁宗岱其他作品一样，这些译作都是一丝不苟工作的成果。其中《歌德论》的原文深奥绵密，他在翻译过程中遇到一个单词 polyphile（多方面的爱好者），在手上的辞典里一时找不到释义，当时他客居日本，正忙于准备回国，仍然从日本专函原作者瓦莱里求教（1935 年 5 月 10 日）。这种认真诚实的精神保证了译文的价值，也造就了译者的文名。

本部分根据杂志初刊及已入集的原版校注，同时参考外文原著勘订。

蒙田试笔

梁宗岱先生是中国翻译蒙田作品的第一人，最早的一篇译文刊登在 1933 年 7 月上海《文学》创刊号上，篇名《论哲学即是学死》。此后十年，他在不同刊物上发表了三批译文。1935 年至 1936 年，郑振铎主编的《世界文库》第七册至第十二册连载了二十一篇，以《蒙田散文选》为总题。1938 年夏，香港《星岛日报》创刊，梁宗岱应文学版《星座》主编戴望舒之邀，从该年 8 月至次年 2 月，陆续发表了十一篇译文，为了适合报纸副刊需要，所选文章较短。第三批译文刊登在 1943 年重庆《文艺先锋》及《文化先锋》月刊上，共两篇，每刊一篇，篇幅较长。

　　1942 年前后，广西华胥社印行梁氏系列译著时，曾经预告出版《蒙田试笔》，但最后没有实现。1956 年，梁宗岱应聘为广州中山大学法语教授，继续致力翻译及修改译文，已完成数十万字，但手稿在"文革"中尽毁。

　　1984 年，湖南人民出版社印行《蒙田随笔》，第一部分是梁宗岱的译文，来源自《世界文库》，篇章的数目和次序完全相同，只在最末增加一篇未完成的译文《论儿童教育》。

　　本书以译者生前发表的各种初刊为蓝本，《论儿童教育》一篇转载自湖南版。编排顺序根据初刊日期，未注明出处者均来自《世界文库》。

　　蒙田使用文艺复兴时期的法文写作，文笔别具一格。梁宗岱先生的翻译深得其神韵，译文不仅忠实贴合原著，而且十分神似。编者依据他的译不厌精的精神，参照法文原作和一些专著，逐句校对过全部译文，除了补上注释外，还把常见的外文专名统一为通用译名，对个别词语和句子作过一些调整，以求阅读更为流畅。如有错讹之处，概由编者负责。

　　本书第二部分是蒙田书房格言录，介绍蒙田故居及其写作的具体环境。蒙田书房梁上刻写的古代圣贤格言，在作家故居中独一无二，除了教人深思，还可作为理解他的作品的钥匙之一。

　　Essai 是蒙田自创的文体，通译"随笔"。梁宗岱先生最早译为"散文"，1938 年 8 月在香港《星岛日报》的译者引言中改用"试笔"（参阅本书《译者题记二》），此后即一直使用。这个译名不仅为识者所欣赏，也代表了译者的神形俱到的翻译风格，故本书沿用梁氏原拟书名《蒙田试笔》。

罗丹论

罗丹（Auguste Rodin，1840－1917）是法国著名雕塑家。
《罗丹论》（Rodin）是奥地利里尔克（Rainer Maria Rilke，1875
－1926）的作品，写于1903年，1907年增补修订。梁宗岱熟谙
德语，但翻译这本书时尚在法国留学，刚开始学习德文，所以根
据贝兹（Maurice Betz，1898－1946）的法译本转译。

第一部分译文初刊1931年《华胥社文艺论集》，题名《罗
丹》，作者译名李尔克。

1943年，重庆正中书局出版《罗丹》单行本，除收入《罗
丹》外，补进第二部分《罗丹（一篇演说词)》，作者译名利
尔克。

1962年，梁宗岱在广州中山大学任教，应出版社之请，修
订全书，重写题记，但生前没能看到译作出版。他在1983年去
世，1985年新成立的四川美术出版社印行这本书，更题《罗丹
论》。

本集以四川版为蓝本，参照重庆版及法译原文校注。除了更
正排印错漏外，还适当增加注解，补回一些人名地名和作品标题
的外语原文，以供对照。

集后新增图录，收入文内列举的罗丹作品，按照出现次序排
列，方便读者对照和理解。

本书有一个十分独特的写作过程，也是20世纪世界文学史
的一段千秋佳话，但其开头却最平常不过。年轻的里尔克接到一
位德国出版商的稿约，为该社的艺术丛书撰写一本介绍罗丹的小
册子。里尔克认为必须亲眼观看罗丹所有作品才能下笔，专程从
德国不来梅赴巴黎，登门求见罗丹。罗丹当年六十二岁，已经名
满天下，但与这位二十七岁的青年作家一见如故，成为忘年之
交。他向里尔克敞开大门，提供手上所有评论家及报刊文章作参

考，让他自由进出作坊及仓库，观看全部草稿和作品，又经常一起聚首交谈。里尔克曾在他家里居住了差不多一年，为他处理日常文书杂务。

里尔克是一位诗人，没有受过系统的美术理论教育，凭着一双诗人的眼睛去"读"罗丹的作品，去观察罗丹的创作活动。然后用诗的语言来描写他的作品，来分析他的艺术，来作结论。因此这本书既非普通的传记，更不是传统的美术评论，这是一位诗人对雕刻大师罗丹及其艺术的颂歌，一首歌颂艺术美和人类伟大命运的赞美诗，同时又是一本见解独到的艺术评论。

这样的书，同时代的美术评论家无法完成，没有人经历过里尔克的际遇，能够那样近距离观看所有作品，近距离接触大师，深入他的日常生活和创作环境。一百年后的今天，当所有人都能够随心所欲观看罗丹的全部作品时，又因为没有里尔克的诗人眼睛，更没有他的诗人之笔，遇到要向读者深入描写罗丹的作品时，常常感到笔拙词穷，有些人干脆引用里尔克的文字来代替。事实上，里尔克看得深，写得透，不是那么轻易能够超越。在林林总总艺术著作中，这本书自有其不可替代的地位。

梁宗岱挑选这本书翻译是里尔克的运气。他在1930年左右完成第一部分的翻译，当时仍是留学生。三十二年后，他已经是大学教授与翻译家，再回头修订，"其中有些几乎等于再译"（《译者题记二》）。经过这样双重锤炼的译作并不多见，加上他本身是诗人，因此译文充分传达了作者澎湃的激情，重现了原著的微妙笔触。

歌德与贝多芬

1929年1月，在欧洲游学的梁宗岱第一次写信给罗曼·罗兰，请求准许翻译1928年出版的《贝多芬：他的伟大的创造时期》第一卷，得到大师回信同意。但他很快发现，译好该书需要学习更丰富的音乐知识，因此改变计划，先翻译另一部刚发表的作品《歌德与贝多芬》（Goete et Beethoven），同样得到大师回信同意。

这一年 10 月，梁宗岱结束瑞士阿尔卑斯山假期后，返回巴黎途中停留日内瓦，第一次前往莱蒙湖畔拜访罗曼·罗兰。在交谈中，他表示自己即将创办一本期刊，打算在最初几期刊登该书译文。1931 年离欧返国前，他应邀到日内瓦参加和平组织会议，再次谒见罗曼·罗兰，向他告别。两人度过一个下午，离开时获得罗曼·罗兰题赠这两本以贝多芬为主题的著作，以及四卷本《约翰·克利斯朵夫》。

回国后，刊物计划未能实现，但翻译继续进行。1935 年至1936 年，《时事类编》连载了该书第一至第三部分：《哥德与悲多汶》《哥德底沉默》与《哥德与音乐》。1941 年，梁宗岱在战火中辗转到达重庆，进入复旦大学任教，第四部分《贝婷娜》才在《学生之友》发表。1943 年，广西华胥社出版单行本，书名《哥德与悲多汶》。

本集采用华胥社版作蓝本，参照法文原著校注。为方便阅读，音乐名词及重要的人名地名改用通译，并且适当补回外语原文，以供对照。个别文字和标点按照常规处理。

本书的法文原著有大量注解，梁宗岱没有翻译。1981 年，坊间出现本书的重印本，加入从英译本转译的注解，但是没有加上说明，也没有注明译者的姓名，令人误会出自梁氏手笔。

梁宗岱当年放弃不译，因为这些连篇累牍的注解主要交代写作过程及资料来源，对读者理解作品的帮助不大，反而会分散阅读的注意力，因此代以小量简短的自撰注释。本集沿用同一原则，保留这些注解，另酌量增加一些新注。

同样情况出现于原著两篇附录《〈马赛曲〉在德国》和《贝婷娜谈音乐》，梁宗岱没有译出。重印本根据英译本补译，未署译者姓名。鉴于这两篇译文与法文原著颇有距离，编者根据法文原文重新翻译，附于书后。

2016 年 3 月
2017 年 11 月修订

（八卷本《梁宗岱译集》包括《一切的峰顶》《莎士比亚十四行诗》《浮士德》《交错集》《蒙田试笔》《罗丹论》《歌德与贝多芬》和《梁宗岱早期著译》。本文为前面七种书的"编辑说明"合篇）

其他

于愿已足

刘志侠　卢岚　马海甸

　　我们三人中，卢岚和刘志侠曾就读广州中山大学法语专业，1962年毕业后留校当助教，与梁宗岱先生有师生及同事之缘。数十年来心心念念，一直没有忘记他当年的关怀和期望。两人后来转辗到了巴黎，羁旅于今。80年代初，生活稍为安定，开始重新写作。1987年首次重回外语学院，已见不到梁宗岱先生最后一面，惆怅难遣，私心期许为老师做一点事情。

　　马海甸是香港新闻工作者，早在中学生时代就从报刊认识梁宗岱先生的诗歌和译作，并且景慕不已。"文革"期间就读暨南大学，曾从学校所在的北郊石牌，穿越整个广州市区，到珠江南岸康乐园中山大学看大字报，最关心的不是什么"国家大事"，而是梁先生的遭遇。并且从焚书的劫火中，如获至宝地捡拾《一切的峰顶》等册籍。此后数十载，多方搜集梁氏译著，未尝稍懈。1988年，梁先生业已仙游，他特地到过广州外语学院，瞻仰梁氏故居的书房和制药车间。

　　1999年4月，三人在香港聚首，闲谈中提起梁宗岱先生，一谈大半天仍意犹未尽，此时有人提议编辑一部比较完整的《梁宗岱文集》，立即得到大家的赞成，并且坐言起行，分工合作，推由马海甸拟订大纲及搜集资料。

2000年夏，文集主要内容收妥，开始整理。最初以为很轻松，因为80年代之后，不少出版社重刊过梁氏著作单行本，例如《晚祷》、莎士比亚《十四行诗》、《诗与真》一二集、《歌德与贝多芬》、《浮士德》、《罗丹论》等，后来者只需校正一些外文或手民错误便行。

但事与愿违，一经浏览，便发现重版书颇多误漏及改动。尤有甚者，其中一部评论集《诗与真·诗与真二集》的排版错误，内文第159至174页重复；另一本法文传记的译文，出现"英译注"的字样，梁氏精通法文，直接从法文原文译出，没有理由借助英译本注释的，令人有鱼目混珠的感觉。最令人吃不消是在一本插图本里，编辑妄改达到随心所欲地步，翻开第一页便有五处（底线者为编者改动，方括号内为梁氏译文）：

> 我们将要在这里论及的作品已经生长有年，而且在[还]一天天长大起来，像一座森林一般，片刻也不停息。我们所逡巡[穿插于]千百件作品中，心悦诚服于那层出不穷的发现与创造……

> 他是一位老人。……这生命早已抽根，它将延长，深入一个伟大时代的深处，而且对我们仿佛已经过去了不知多少[许多]世纪了。我们对此一无所知。我们想像它必定经过某种[或种]童年，在某处，在穷苦中挣扎的童年……只有这样的生命（其中什么都是同时发展与苏醒，什么都是永无止境的）才能够常春[长春]永健，不断地向着崇高的功业上升。……

有鉴于此，我们订立了新的编辑原则：一、继续搜集散佚作品；二、还原单行本著译的原始面貌，以最接近作者生前亲自过目的最后版本为依据。

这两个原则平平无奇，却花了整整一年半时间，梁氏的著作大部分在民国时期初版初刊，距今六七十年，俱成珍本，寻觅不易。我们得到好些朋友帮助，包括两位也是梁宗岱学生的王德志和叶清光先生，奔跑于国内各大图书馆，搜集各种版本。最头痛的是抗日战争时期的广西桂林华胥社系列著译，还有巴黎刊行的法译《陶潜诗选》和中华印书馆线装本《水仙辞》。最后这两本，踏破铁鞋才在法国国家图书馆珍本部找到。

2002年初，原始资料基本就绪，我们联络中央编译出版社，王吉胜先生毫不犹豫便答应："梁宗岱先生的文集是很好的项目"，他把文集交给谭洁女士负责，并且亲自过问整个进程。由于梁氏作品年代久远，题材变化多端，特别邀约大家熟悉的施康强先生替法译卷把关，又请来荣挺进先生参加其他部分的编辑校订。在这过程中，还得到香港关礼光先生和1979年香港文学出版社《梁宗岱文集》编者璧华先生的协助。

近年文坛有一股渲染作家私生活的潮流，把读者的注意力从文学范畴转移到生活枝节上去，梁宗岱是其中一位受害者。我们这部文集反其道而行，从纯文学角度着手整理，还原梁宗岱的作品真面目，让读者自行评价他的文学成就。

编校的重心放在去伪存真，同时加上必要的注释。我们相信这套书即使不能算是定本，至少是一个可靠的版本，避免坊间已存在的谬种流行。集内每一个字都有原始出处，来自初刊或初版，现在四卷文集中，只有一首新诗、一篇短文和一篇未完成译文转载自重版书。疑难之处经过大家互相讨论琢磨，甚至争论；外文及译文则尽量找来原著校订，反复落实，读者可以放心阅读、引述及作研究之用。

这套文集由读书人启端，由专业人士总成，经过几年劳作，现在书出来了，我们松了一口气，自觉尽了对前辈的一份心意。只等待各位朋友不吝指正编校的错漏，更期望对梁宗岱先生的作品多加评论和介绍。

2003 年 9 月

（在中央编译出版社《梁宗岱文集》发布会的书面发言，2003 年 9 月 12 日。刘志侠执笔）

一日为师，终生为师

刘志侠　卢岚　王德志　叶清光

　　我们四人同为中山大学法语专业 1962 年毕业生，曾受教梁宗岱老师门下。在多位留学法国的教授中，他是唯一没有外国大学文凭的老师，却留给我们最深刻的印象。无论上山下乡劳动，在课堂上讲解，或者课余闲谈，他的开朗性格、渊博的文学修养和不拘一格的教学方式，令我们慢慢明白，我们有幸得到一位学贯中西的教授的教导。进入社会后，他的言传身教继续潜移默化影响我们。

　　梁老师的文学作品在 1949 年后很长时间里没有重版，书店和图书馆里不见踪影，虽然知道他享有很高的文名，但无法想象他的文学成就。直到 60 年代，他开始在报刊发表零散的译著，我们才有初步了解。"文革"之后，梁老师的著作相继重版，从《晚祷》《诗与真》到《蒙田试笔》《莎士比亚十四行诗》，我们重新发现老师的作品，了解他在中国当代文学史上的重要地位。他的作品鹤出白云，无论新诗或翻译，至今仍充满魅力，不断吸引新的读者；而他的文学评论和理论，更是颗颗明珠，一泻千里的论述，斐然成章，发人所未发，自成一家之言。他的作品历久如新，像一瓶葡萄美酒，日添香醇，愈来愈引起文学研究者的注意。

梁老师生逢乱世，经历了抗日战争、解放战争和各次政治运动，在"文革"中受到猛烈的冲击，身心严重被摧残，以致开放不久便辞世。文坛损失了一位诗人、文学理论家和翻译家，黉宫损失了一位教授和导师，令人握腕痛惜。

一日为师，终生为师。我们对梁老师的敬意未因数十年的岁月而稍减。北京中央编译出版社决定出版《梁宗岱文集》，我们四人分别参加了搜集资料和部分编辑工作。在这个过程中，为了替老师作品去伪存真，我们无法满足于坊间的重刊本，于是奔跑各大图书馆，千方百计寻找初版、初刊及重修本。这些书出版于六七十年前，已成为图书馆的镇山之宝，分散南北各地。经过一年多的努力，除了几篇散篇，我们终于收集齐全，其中包括抗日战争桂林华胥社出版的系列译著、收藏在法国国家图书馆珍本部的法译《陶潜诗选》，以及梵乐希亲笔题辞的《水仙辞》中译线装本等，此外还有一些相关的法文著作。

不久前，徐真华校长告诉我们，广东外语外贸大学新图书馆落成之后，原有的梁宗岱纪念室将迁进去，重新布置开放。我们打算把这些来之不易的珍贵版本，通过纪念室全部公开，和各位朋友分享。梁老师的作品属于中国文学宝库，任何秘藏自珍的小算盘都是对老师的不敬。

我们衷心期待，更多有心人认识老师著作的真正面貌，写出更多的评论和介绍文章，这是我们作为学生今天纪念老师一百周年诞辰的诚挚心愿。

2003 年 9 月

（在广东外语外贸大学纪念梁宗岱百年诞辰学术研讨会的书面发言，2003 年 9 月 21 日，刘志侠执笔）

梁宗岱的欧洲脚印

卢岚

　　今天的纪念会，可以说是在一股"梁宗岱热"底下举行的。近几年来，报章杂志上出现关于梁老师的文章不少，学术论文的数量也在不断增加。出乎预料的是，当我们的《梁宗岱文集》和单行本出来以后，以为这个课题可以到此为止，想不到后来还有新发现。

　　由于图书馆的书籍电子化，过去迷失在书海里的资料，就变得有打捞的可能。志侠得到线索后就跑图书馆，搜查数以千计的网页，把材料筛选组织，两三年来，找到一些以前不敢想象能够得到的材料，比如梁老师的索邦大学生活，在巴黎文学沙龙的活动，跟象征派诗人瓦莱里，跟《新法兰西评论》的编辑普雷沃的关系，以及跟瑞士文化人的来往，等等，都是发生在九十年以前的事。使人感到珍贵的是，新材料中所记载的，都是跟他的同学和朋友共同经历过的生活，后来写成文章，分别发表在不同的刊物上，都是些活生生的笔头记载。那些文字，像随手拍摄下来的镜头，有着很强的透露能力。从那里我们看到一个奋发向上，孜孜不倦地追求学问的梁宗岱。当年，一个二十一岁的青年，从东方去西方问学，并非被动地接受，而是有备而去，他的"备"就是身上带着深厚的中国文化，以陶渊明、屈原、苏轼的诗词绝句作为与另一种文化嫁接的砧木。去到西方，就以自身的文化去理解另一种文化，又从另一种文化来琢磨自身的文化。他撇开所有偏见，全方位地给两种文化以同等的位置，从中进行比较，融汇。这种态度主导了，也成就了他日后的翻译和文学创作活动。

新找到的资料给我们提供了对照、印证和更好理解他的作品的可能性，也提供了一些具体的生活细节。法国有的是香水、美酒、探戈和浪漫，但这位富家子弟一下子就把自己定位在文学上，以诗歌作为进入另一种文化的手段。他第一次会见瓦莱里，就把自己的小诗带给他看，得到瓦莱里的称赞，赢得了瓦莱里这个人，也赢得了《水仙辞》的翻译，这是他的法译中的开始，文学路向也就此一锤敲定；另一个对他影响至深的人物是普雷沃，跟他最初的交往也是"在塞纳河畔，在一盏守夜灯下"读一首小诗，同样得到对方的称许，后来他的中译法就从这里开始，并引出了一场十分动人的友谊。他跟美国青年作家萨林逊，跟瑞士女作家阿琳娜的友好关系，都跟诗歌有关。他充分地利用了诗，和诗人的身份，来跟另一种文化打交道。

他跟瓦莱里的师生关系，按他自己写的是："得常常追随左右，瞻其风采，聆其清音"，但在当时一位文学青年塔尔狄厄（Jean Tardieu）的笔下，有更详细、更精彩的描写。他们的关系比你所想象的，比他自己所描划的，要更深厚，更密切，更丰富。有一天，塔尔狄厄去到夏惠兰夫人的沙龙，在为数不少的来客中，首先是梁宗岱吸引了他的注意力。后来文章的重点就放在这位中国小伙子身上，把他和瓦莱里的关系写得惟妙惟肖，成为我们了解他们的关系的一个重要环节。塔尔狄厄还说，梁宗岱"是瓦莱里认为唯一能及得上自己的人"。

梁老师《水仙辞》的翻译，是真正的新韵清听，难以超越。几近一百年前的文字，却显得非常现代，既是诗，也是歌；既是翻译，也是创作。要翻译这首诗，必须克服双重难度，一是原诗的精炼和隐晦，其次是中文的使用刚从古文转为白话文，白话文的使用还不成熟。宗岱师不但把原诗的敏感、脆弱都表达出来，还将白话文的使用提高到相当完美的程度，因为梁老师对语言特别敏感，拥有特强的驾驭能力。从新材料中还可以看到，当时的索邦大学正在闹"瓦莱里热"，也在闹"《水仙辞》热"，同学之间，每三句话，就有两句关系到他们的偶像瓦莱里，他们生动活泼地朗诵、引述他的诗句，或作欢快恣意的引申改动。置身于这种气氛中的梁宗岱，正好在翻译这首诗，这种气氛使他去掉某些思想感情上的壁垒，让他酣畅淋漓地进入到诗歌的本质。梁老师对歌德的《一切的峰顶》特别推崇，现在我们更明白，其中一个重要原因是他在瑞士朋友的"船堡"里有过身处峰顶的体验。

有趣的是，从那些文字记载里，我们还看到一个在"隆冬季节，只穿一件衬衫"的梁宗岱。好几位作者都有类似的文字记载，可见他们的印象跟我们当年的一样深。记得当年我们穿棉袄时，他穿的还是一件翻领运动衫，一条过膝短裤。你以前发现，他每逢到一个场合，不用挥旗响号，会马上成为中心人物；原来在国外也一样，甚至在有瓦莱里出现的沙龙，也不例外。宗岱师并不故意突出自己，宁可平人善与，但一经接触，人家会马上发现他，给他定位。当时一位杂志撰稿人得悉他正在翻译《水仙辞》，去访问他，后来在文章里说："梁宗岱———一位前途无量的年轻中国诗人。"另一个人则说他"胸怀宏图大志，确信日后立身扬名。"

七年的游学生活，于他不单只是追求知识的耕种期，收获季节也来了，学术成就不亚于一位职业作家，这是他做学问的高峰期之一，出版了《水仙辞》翻译，《陶潜诗选》的法译本，《小说月报》刊登了他的《保罗·哇荔里评传》，《诗刊》刊出了他的《论诗》。法国的《欧罗巴》《欧洲评论》和《鼓》也先后刊发了他的法文诗、英文诗和中国古诗的法译。宗岱师的欧洲生活，是他的人生关键时期，没有那段日子，就没有日后的梁宗岱。回国以后，他知道这个过去造就了他，给了他特殊标记，为此感到骄傲，有意把这个过去延续下去，让他身上的文化烙印继续说话，就产生了《象征主义》《屈原》《论崇高》这些作品和翻译风格的奇迹。他也不会忘记跟罗曼·罗兰的两次会面，追随瓦莱里的日子更是他的人生亮点，是他的机缘，他的幸运，他很认真地把这一切放在心上。

我们大学四年，有两年时间由他担任主要课程，其他班级只有一年，我们班就有这种幸运。但在那个思想不宽松的年代，课堂讲的，课外读的，都是很有限制的东西，也没有机会接触他的作品，他写过什么，我们完全不知。但是，他的人给我们的印象特深，总觉得他跟别人不一样，课堂上课，课外交谈，生活作风，都跟别人不一样，多出了一些什么，又少了一些什么。他的脑袋和身体，好像有很多东西浸透在里面。你学不来，但肯定对你有影响，你知道里面藏着的是知识，是学问。去国以后，才有机会陆续接触他的著作。想起当年他对我们的充满期望的语重心长的教导，就有"见贤思齐"的愿望，虽然明知道只会"瞠乎其后"，但努力是本分，收获是意外，还是他给我们的教导。这何尝不是我们填饱肚子以后，不忘记弄弄笔杆子的原因。

有这样一位学历特殊、学术成就斐然的老师给我们传授知识，于我们是一种幸运，也感到很骄傲。梁老师教学数十年，桃李满门，学生遍布国内外，出色的实在不少，比如在座的黄建华校长。今天我们在这里纪念宗岱师，为的是把他的文学精华、治学风范继续发扬。郑立华老师让我作为学生代表发言，我就代表在座的承蒙他教导过的学生，和我自己，对梁老师表示怀念和感谢。

2014 年 11 月

（在广东外语外贸大学"纪念梁宗岱诞辰 110 周年学术研讨会"的发言，2013 年 11 月 2 日）

后记

刘志侠

我们在 1999 年开始整理梁宗岱老师的著作，无论卢岚或是我，都没有个人目的，只是出于对老师的怀念，出于对被遗忘的杰出文学著译的惋惜，希望多一些人认识，因此只着眼于收集已出版的著作，旁及报纸杂志发表的文章。这个阶段延续到 2005 年，我们仿佛闯进了一个荒废多年的花园，蓬蒿遍地，蒺藜载道，几座熟悉的亭台依旧伫立，《诗与真》《诗与真二集》《罗丹论》《歌德与贝多芬》《浮士德》，但满布时日的尘埃与绿苔；其余《水仙辞》《交错集》《屈原》《一切的峰顶》《芦笛风》《试论直觉与表现》以及法译《陶潜诗选》等，在天荆地棘掩蔽下，轮廓飘忽，难以捉摸。景象如斯，怎不教人黯然。我们努力清理，当一切恢复原貌后，发现这些楼台气韵不凡，园中茂树繁花，多姿多彩，美不胜收。这个时期的收获是四卷本的《梁宗岱文集》和六卷单行本的《梁宗岱著译精华》。

两套书面世后，得到一定的回响，认识宗岱师的人逐渐增加，我们以为工作可以告一段落，下一步由研究者和评论家继续下去。到了 2007 年，便把整理过程收集到的资料和文献，悉数送给广东外语外贸大学梁宗岱纪念室。

整理工作让我们明白，宗岱师留下一个空白，早期著译数量极少，附带对他这个时期的文学活动几乎一无所知，在一定程度上妨碍了对他的著作进行更全面的认识和研究。这种美中不足理应设法消除，可是面对的空白一片模糊，没有明确的线索，不知从何入手。而且这是一个未知数，空白可能很大，也可能微不足道，专心去做，不保证成功，成功了，不保证收获丰硕，由于没有迫切需要，暂时搁置在心里。

转眼过去几年，20世纪末刮起的全球信息大爆炸的风暴，在新世纪开始的十年越演越烈。书信被电子邮件代替，电话从固线变成无线，互联网迅速发展和成熟，涌现出很多文化网站，语言辞典、百科全书、电子书……应有尽有，代替了书柜中很多印刷典籍。世界各大图书馆电子化，新旧书店目录广泛传播，写作人过去要舟车劳顿才能找到的信息，现在足不出户，面对荧光屏便即时获得，而且无远弗届，上网搜寻成了不可或缺的工具。尽管平日的写作与宗岱师无关，但在上网的时候，偶尔会遇到一些出现他的名字的网页，如果有点闲暇，总会点击打开来阅读。

宗岱师不是没有留下任何线索，在他的著作和晚年的口述中，有一些早年生活的回忆，可惜语焉不详，又没有同期文献可对照，至多只能算是若隐若现的文学脚印。没有想到，我们随意点击网页的清脆声音，却引来宗岱师脚步的回响，把我们在不知不觉间领进一条绵长的时光隧道。紧跟这些声音，难以辨认的足迹慢慢变得清晰，最终把我们带回他的少年和青年时代。这是一个童话般的奇境，于我们如此陌生和新鲜，用之不尽的青春活力，无邪的欢乐，向往高尚的境界，诚挚的友情，没有叹息，没有眼泪，没有尔虞我诈，每个人按照自己的方式自由地选择生活，随着自己的喜爱捡拾花花草草，宗岱师在那里度过了一辈子最美好的日子。

如果说前一个阶段要完成一个心愿，那么第二阶段便是自由的探索。从 2011 年至 2015 年，事先没有任何计划，没有任何路线图，没有成功的把握，就这样越走越远，七弯八拐，回崖沓障，最后带着两本书归来：《青年梁宗岱》和《梁宗岱早期译著》。前一本是青少年时代传记，后一本收集了新发现的早期佚文以及珍贵的中外历史文献。这两本书填补了那个谜一般的空白，这一回，我们相信工作完成了。

两个阶段加起来，延续时间超过十年，不可能不影响到平日的写作。自从卢岚在 1993 年写成第一篇纪念文章起，梁宗岱这三个字每过一段时间便会出现在两人的笔下。或者为了让更多人了解宗岱师的生平与著作，或者为了记录自己对他的经历或作品的感触，或者为了报告探寻的进展，就这样一次又一次自发地写下一批文字。

2017 年暑期之后，觉得到了总结的时候，于是把多年有关文字结成一本集子。文章按时序排列好后，除了按照时代的要求，删去一些冗言，还发现有两个特别地方：一是早期文章包含一些不够准确的信息，因为当时对宗岱师的生平和著作尚未完全了解，也没有足够的参考文献或资料；二是个别文章内容间有重复，因为作者两人独立工作，文章要按照不同情况交代背景，很难完全避免交叉使用同一种文献。如果全面修改，可以改善。但这样一来，就无法保持文章的原始面貌，触动到写作时的自发性和独特性，更重要的是显现不出在这十多年时间里，我们如何一步一步重新发现真正的梁宗岱。经过考虑后，只作了必要的调整，如果打算引用本书内容作为史料，还请同时参考《青年梁宗岱》和《梁宗岱早期译著》。

集子初步编好后，和林青华老师谈起，他建议我们在广东出版，因为宗岱师是广东文化名人。让更多岭南人了解这位岭南名人，这正是我们的心愿，而且宗岱师的经历，可以为本地文化人提供一些启发。在过去十多年间，我们就宗岱师的著作，接触过北京上海一些学者和教授。一开始就发现，由于广东是离开北京最远的省份之一，文化人数量尽管很多，成就很高，但囿于地理位置，只有极少数人的名声能够走出广东省。即使宗岱师，对很多人也是一个相当陌生的名字，只有几位老一辈的法语教授认识他的作品，稍为年轻的教师连他的名字也不知道，甚至不如外国人。陈众议现任中国社会科学院外文所学部委员，他在开放后第一批被选派出国深造。1979年在墨西哥一次座谈会上，从当时尚未获得诺贝尔文学奖的拉美诗人帕斯口中，才第一次听到梁宗岱的名字。为何帕斯会提起梁宗岱？原来在所有中国古代诗人中，他对王维情有独钟，曾经搜集王维诗歌的法译和德译，转译为西班牙文。他向陈众议探听宗岱师和王维的情况，称赞梁译王维诗数量不多，却很精彩。

宗岱师自少心怀壮志，高中时期开始新诗创作，一迈步便走出省界，跨进北京和上海出版的全国性刊物。他出国留学时是岭南大学一年级学生，护照在广州发出，一般人名的外文翻译按照广东方言发音，梁姓写成 Leung，可是他独树一帜，使用国语读音，译为 Liang Tsong Taï。到了海外，不仅人走出国界，作品也跨越国界，他发表了法译《陶潜诗选》和一批英法文诗歌，得到瓦莱里、罗曼·罗兰、帕斯这些文学大师的正面评价，他不仅代表广东，更代表中国。这种面向全国、面向世界的胸怀，他不断重复实践，因此1931年欧洲留学归来之时，等待他的是省外全国最著名的北京大学。也因为如此，他才能够在被埋没大半个世纪后重新被人发现。当年那位帕斯的对话者回国后，寻找梁宗岱的作品，只能零零碎碎读到一些，这和今天的情况有天壤之别。宗岱师已经得回他在文学史上应有的地位，研究的学者、评论家和硕士博士生越来越多，可以预期来日方长。

宗岱师这种奇特的重生，广东人民出版社厥功至伟。早在1986年，便整理出版了他的遗译歌德著《浮士德》第一卷。这个及时的抢救行动，让这本以前因为文学以外原因被出版社拒绝的译作，在他辞世三年后第一次出版，逃过湮没的命运。尽管现在坊间译本繁多，唯独此书得到德语专业界人士越来越高的评价。2003年宗岱师百年诞辰，出版社刊印了五卷本《宗岱的世界》（黄建华主编），其中的传记《梁宗岱》（黄建华、赵守仁著）在2013·年宗岱师诞辰一百一十周年，以插图本形式重版。这套书和中央编译出版社的四卷本《梁宗岱文集》同时面世，引起学术界广泛的注意，成为研究工作转入新阶段的关键。

广东人民出版社对宗岱师的高度评价和重视，未因岁积月累或人事更迭而稍减。我们还没有机会合作过，但是钟永宁总编辑知道本书的计划后，立即决定接受出版。在后来的工作中，先后和沈展云、谢尚、王俊辉和胡扬文诸位编辑进行过多次交流，他们的热情和专业精神，令人印象深刻，互相间的愉快合作让这本书能够顺利出版。

我们的集子没有野心，只是想和更多人分享宗岱师带来的意想不到的惊奇和喜悦。就像渔人发现桃花源，爱丽丝漫游仙境，寻寻觅觅过程中无法避免的困难和失望，一一被发现的快乐千倍百倍所补偿。到了最后，自己无法不相信，任由时光无情，任由历史巨浪，冥冥中有一种力量，不让世界上美好的事物消亡。

现在，每当有人提起自己从未踏足的培正中学，或者回到熟悉的中大康乐园这个岭南大学旧址，或者在巴黎古老的拉丁区漫步，或者到瑞士、德国或者意大利作暂短的过客，宗岱师的形象常常会不期而然出现，依然那种童真式的笑容，那种爽朗的声音，那种停不下来的手臂挥动，依然是我们熟悉的梁老师。

2019 年 5 月于巴黎